体育院校通用教材

体育实践概论

李相如　主编

全国体育院校教材委员会　审定

人民体育出版社

《体育实践概论》编委会

主　编：李相如

副主编：王月华　周家颖　徐　佶

编　委：(按姓氏笔画为序)

　　　　马卫平　王月华　王志强　王慧琳　邹本旭

　　　　张建会　张基振　李相如　赵　琦　徐　佶

　　　　周家颖　鹿志海

前 言

教育部、中央宣传部、财政部、文化部、总参谋部、总政治部、共青团中央教育部等部门联合下发的《关于进一步加强高校实践育人工作的若干意见》（教思政〔2012〕1号）中提出："进一步加强新形势下高校实践育人工作，提出加强实践育人工作总体规划。实践教学、军事训练、社会实践活动是实践育人的主要形式。""要区分不同类型实践育人形式，制定具体工作规划，深入推动实践育人工作。"《意见》还提出"统筹推进实践育人各项工作"。强调"实践教学是学校教学工作的重要组成部分，是深化课堂教学的重要环节，是学生获取、掌握知识的重要途径。各高校要结合专业特点和人才培养要求，分类制订实践教学标准，增加实践教学比重"。在《意见》中用相当大的篇幅提出要"系统开展社会实践活动，社会调查、生产劳动、志愿服务、公益活动、科技发明和勤工助学等社会实践活动都是实践育人的有效载体"。

体育学科是以大量的运动项目支撑起来的学科群，体育实践是体育学科的核心要素，没有体育实践就没有体育。体育在实践中发展、发达、发扬光大。

紧扣《国家中长期教育改革和发展规划纲要（2010—2020年）》和多部门联合下发的《关于进一步加强高校实践育人工作的若干意见》，我们汇集了一批在全国各高校体育教学实践第一线的有经验的教师，他们既是体育实践领域的专家、学者，又是在体育实践方面的实践者和集大成者，对相关的体育实践理论与教学实践问题具有独立思考和见解，并在此基础上通过进一步查阅大量的文献资料和多次深入细致的研讨，梳理出本书的知识体系和理论框架。在编撰过程中，我们吸收和借鉴了近年来国内外体育实践领域的最新研究成果，使得本书具有较强的理论性、系统性和实践性，是高校各体育专业的本科生、研究生专用体育实践用书，也可作为其他社会体育工作者、体育教师、相关研究人员以及从事全民健身指导工作人员的参考工具书。

本书由李相如担任主编，周家颖、王月华、徐佶担任副主编。各章具体分工如下：徐佶（广州体育学院）撰写第一章；李相如（首都体育学院）撰写第二章；马卫平（湖南师范大学）撰写第三章；鹿志海（首都体育学院）撰写第四章；邹本旭（沈阳体育学院）撰写第五章；王月华（吉林体育学院）撰写第六章；赵琦（南京体育学院）撰写第七章；王慧玲（天津体育学院）撰写第八章；张基振（山东体育学院）撰写第九章；周家颖（西安体育学院）撰写第十章；张建会、李跃生（河北体育学院）撰写第十一章；王志强、邵玉华（武汉体育学院）撰写第十二章。李相如、周家颖、王月华、徐佶、鹿志海对全书进行了统稿，李相如负责最终定稿。

在本书的编撰中，我们阅读、参考和引用了大量相关文献（见参考文献），表明本书是站在前辈和同行们的肩上创造完成的，在此对他们致以由衷的谢意！

《体育实践概论》是一门新创的课程，有许多理论问题和实践问题尚需不断探索，加之作者的水平所限，如有不当之处，请读者给予指正。

主编 李相如

2014 年 2 月 22 日

目 录

第一章 绪论 …………………………………………………… （1）
第一节 体育实践的意义 ………………………………… （1）
第二节 体育实践的内涵、形式、特征与功能 ………… （3）
第三节 体育实践的研究对象、内容与方法及学习意义 ……… （12）
第四节 国内外大学生实践能力培养概况 ……………… （16）
【思考题】………………………………………………… （21）

第二章 校园人际交往 ……………………………………… （22）
第一节 校园礼仪的内涵与特征 ………………………… （22）
第二节 校园交往中的礼节 ……………………………… （27）
第三节 大学生人际交往 ………………………………… （36）
【思考题】………………………………………………… （44）

第三章 人际交往心理 ……………………………………… （45）
第一节 人际关系概述 …………………………………… （45）
第二节 人际关系中的自我认知 ………………………… （53）
第三节 人际关系中如何认知他人 ……………………… （56）
第四节 体育专业大学生的人际心理特征 ……………… （58）
【思考题】………………………………………………… （62）

第四章 体育项目概要 ……………………………………… （63）
第一节 体育项目的形成与概念 ………………………… （63）
第二节 体育项目的分类 ………………………………… （70）
第三节 体育项目的发展与演化 ………………………… （79）
第四节 体育项目未来发展趋势 ………………………… （98）

1

【思考题】 …………………………………………………………… (102)

第五章　课堂实践教学 …………………………………………… (103)

　　第一节　课堂实践教学的概念、分类及作用 ……………………… (103)
　　第二节　课堂实践教学的方法与模式 ……………………………… (108)
　　第三节　课堂实践教学的实施方案和具体措施 …………………… (116)
　　第四节　课堂实践教学的管理与注意事项 ………………………… (123)
　　【思考题】 …………………………………………………………… (130)

第六章　第二课堂教学实践 ……………………………………… (131)

　　第一节　第二课堂教学实践概述 …………………………………… (131)
　　第二节　第二课堂教学实践内容体系 ……………………………… (139)
　　第三节　第二课堂教学实践的应用 ………………………………… (146)
　　【思考题】 …………………………………………………………… (153)

第七章　体育专业实习 …………………………………………… (154)

　　第一节　体育专业实习概述 ………………………………………… (154)
　　第二节　不同体育专业实习活动比较 ……………………………… (162)
　　第三节　中、小学体育专业实习活动 ……………………………… (173)
　　【思考题】 …………………………………………………………… (183)

第八章　社会实践与服务调查 …………………………………… (184)

　　第一节　社会实践与服务调查的基本目标 ………………………… (184)
　　第二节　社会实践与服务调查的基本程序 ………………………… (187)
　　第三节　社会实践与服务调查的基本方法 ………………………… (194)
　　第四节　社会实践与服务调查的基本内容与要求 ………………… (210)
　　【思考题】 …………………………………………………………… (219)

第九章　基本写作能力的培养 …………………………………… (220)

　　第一节　公文文体的写作规范 ……………………………………… (220)
　　第二节　新闻文体的写作规范 ……………………………………… (228)
　　第三节　日常事务文体的写作规范 ………………………………… (234)

【思考题】………………………………………………………………(243)

第十章　体育社会实践中创新能力的培养……………………………(244)
　　第一节　创新能力培养的相关概念、原则与意义 ………………(244)
　　第二节　影响创新能力培养的因素 ………………………………(247)
　　第三节　创新教育的基本内容 ……………………………………(248)
　　第四节　创新能力培养的基本途径 ………………………………(256)
　　【思考题】………………………………………………………………(259)

第十一章　本科毕业论文的选题、撰写与答辩………………………(260)
　　第一节　本科毕业论文的特点、结构 ……………………………(260)
　　第二节　本科毕业论文的选题、文献检索与开题报告 …………(267)
　　第三节　本科毕业论文的撰写与答辩 ……………………………(273)
　　【思考题】………………………………………………………………(278)

第十二章　职业规划与求职应聘指导…………………………………(279)
　　第一节　职业规划 …………………………………………………(279)
　　第二节　求职应聘指导 ……………………………………………(286)
　　【思考题】………………………………………………………………(300)

参考文献 …………………………………………………………………(301)

作者简介 …………………………………………………………………(308)

第一章 绪 论

【本章导读】 体育是一门实践性、应用性非常强的学科,无论是体育知识的积累,还是体育技能的获得,其最根本的途径是实践。因此,实践活动在体育高等院校人才培养过程中发挥着不可替代的重要作用,已成为体育院校大学生成人成才的重要环节。本章简述了开展体育院校大学生实践教育的意义和《体育实践概论》的研究对象、内容与方法,阐明了体育实践教育的内涵、形式、特征及功能,介绍了国内外大学生实践教育的基本概况。通过本章学习,可以帮助体育院校大学生树立正确的体育实践观,提高《体育实践概论》这门课程学习的重视性和自觉性,为进一步学习后续章节奠定基础。

第一节 体育实践的意义

《体育实践概论》是关于体育院校大学生体育实践的基础理论。通过这门课程的学习,学生掌握体育实践基础理论、知识和技能,并灵活运用到自身的大学生涯中自觉服务于自身体育实践能力的锻炼和提高,能够指导体育实践活动。实践在体育院校教育体系中具有重要地位,是促进学生全面发展的必不可少的途径,是实现教育目标的必然过程,也是体育院校大学生展示自身才华的最佳形式。注重实践环节培养学生的创新精神和实践能力,已成为当今世界各国体育教育改革与发展的潮流,这是由实践在体育院校教育体系中的重要地位所决定的。

一、实现体育院校教育目标的需要

体育院校是培养有理想、有道德、有文化、有纪律的社会主义体育事业建设新人的基地。无论是为祖国体育事业发展、为人民健康幸福而奋斗的理想信念,还是体育科学知识与体育工作技能,都只有通过实践的感悟与运用,才能够真正被学生吸收内化。脱离实践的单纯的理论灌输，难以让体育专业学生接受，更不可能得到巩固，是不利于体育院校培养目标的实现的。体育实践使体育大学生接近体育实际，获得大量直观的感性认识和许多课堂中没有讲授的知识，并且提高学生将课堂中学习的知识在实际运用中转化为认知和解决实际问题的能力。为了有效地促进人的全面发展，体育院校必须把实践教育视为整个教育体系的重要组成部分，积极引导体育专业大学生在实践活动中健康全面成长。

二、提高体育院校教学质量和培养学生实践能力的需要

实践活动是课堂教学的必然延伸和有益补充。教师不仅要使学生"知其然"，而且要使学生"知其所以然"，激发学生的能动性与创造性。实践是体育教育的重要途径，可以促使学生找到具体的体育感应对象，深化理性认识。与单纯的课堂体育理论教学相比，体育实践活动的课堂教学比较系统完整，但也相对抽象化、理想化，惟有结合实际才能更好地为学生所接受。只有通过体育实践的有机配合，才能使学生在实际锻炼中加深理解，获得对知识的巩固与提高，并及时将体育理论知识转化为体育实际工作能力。

三、促进体育院校大学生全面健康成长的需要

实践是实现人的全面健康发展的基本途径。体育院校的大学生精力旺盛、接受新事物快，但思想单纯，辨别和选择能力较弱，这必然会对他们的健康成长造成妨碍。而"生产劳动同智育和体育相结合，它不仅是提高社会生产力的一种方法，而且是造就全面发展的人的唯一方法"。当代和平稳定的社会环境和都市化生活，更需要体育教育与体育实践的结合。在体育实践中，既有活动伙伴，又有社会群众或指导老师，这种情况有助于体育大学生学会如何与同学分工合作，恰当地处理人际关系，同时实践活动也是考验体育大学生修养品行的好环境。体育实践有助于体育大学生逐渐养成坚韧、顽强的优良品行，养成务实的学习态度和生活作风，不断提高自己，完善自己，坚定理想信念，激发历史使命感、社会责任感，促使他们自觉提高学习的积极性，更严格地的要求自己，从而促进自身的全面健康发展。

四、整合体育院校社会教育资源的需要

体育院校是体育大学生学习运动科学知识与体育技能的主要场所,然而在现实中仅仅掌握在学校中教师传授的运动知识与体育技能是远远不够的。体育院校的大学生要实现全面发展,不仅在接受教育种类上要多样化,在接受教育的途径上也要多样化。体育院校可以给体育专业大学生提供系统化的体育教育,但其体育教育资源是有限的。实践尤其是社会实践可以借助于各种社会教育力量,如大型运动会提供的志愿者活动、基层学校提供的教育实习或顶岗实践等,对体育院校的大学生进行全方位、全方面的教育,实现社会教育资源与学校教育资源的有机整合。

第二节 体育实践的内涵、形式、特征与功能

理解基础上的行动才会是最有效的。体育院校大学生要做到积极主动地参与体育实践活动,首先必须对体育实践的内涵、形式、特征与功能等有明确的理解和认识,才能提高实践活动的主动性与针对性。

一、体育实践的内涵

广义来讲,实践是人类自觉自我的一切行为,是指人类认识和改造社会与自然的有意识的一切活动。狭义而言,实践是指有目的地实际地去做某种事情。实践由主体、客体和手段构成。实践的主体是从事实践活动的人,客体则是实践活动所指向的对象,而在主体和客体之间还有一个将二者现实地连接起来的中介,这就是工具、手段。体育实践就是体育院校在人才培养过程中有目的、有计划、有措施地组织体育专业大学生参与课程、校内、校外等各类实践活动,从而对学生实施思想情操、综合素质、专业技能等全面发展的教育过程。

理解体育院校大学生体育实践的概念,我们应把握如下几个基本层次。

(一)体育实践是一种学习性实践

学习性实践是一种以学习知识、应用知识、创造知识为主的实践活动。首

先，人类知识大体可分为说明"是什么"的陈述性知识和关于"怎样做"的程序性知识两种。这两种主要通过课堂、书本等专门学习活动习得，而包含专门学习活动在内的多种体育实践活动则是引导学生从现实中学、从实验中学、从研究中学，并帮助学生了解知识的源泉与运用，它为学生提供更多的程序性知识和对陈述性知识的进一步理解，弥补课程学习和专业学习中知识的不足，真正做到有所实践，有所认识。其次，体育是一门应用性很强的学科，作为体育院校的大学生，对体育知识与技能的掌握不能只着眼于领会和会做，更重要的是学会在实践中灵活应用，完成相应的实际任务，在体育实践活动中学会发现、学会践行，达成知识应用的目标。再者，体育实践活动的开展既是体育院校大学生知识应用的过程，也是知识创新的过程。通过体育实践活动，能帮助体育院校大学生完成知识的聚合与整合，涌现新思想、新观点、新思路，从而实现从无到有的知识创新。

（二）体育实践是一种成长性实践

成长、成熟、成才是大学生实践活动的基本特征。体育实践活动有助于体育院校大学生学业的深化、精神的完善、专业的成才。首先，体育实践是体育院校大学生学习的专业化、精深化的学业深化活动，它能推动体育院校大学生完成知识与能力在更高层面的统一，夯实学业基础，充实专业知识，提升专业能力。其次，体育实践是体育院校大学生一种世界观、价值观和人生观形成和完善的活动。体育实践有助于体育院校大学生形成坚定的信仰、信心与信念，树立志存高远的追求，铸造不畏艰难的坚强品质，培养健康的人格与包容之心，学会待人接物，善于协调个人利益与集体利益的矛盾，在精神不断完善、升华的过程中实现自身全面发展和成长成才。再者，体育实践有助于体育院校大学生在学会学习的基础上注重提升综合素质，拓展各种能力，尽快成长为社会所需的优秀人才。体育大学生勇于投入成长性实践活动，就会使自身尽早成长为优秀人才。

（三）体育实践是一种社会化实践

大学阶段是大学生即将走出校门踏入社会的准备期。体育实践有助于体育院校大学生投入真实的社会环境，尽快完成社会化过程。首先，体育实践是体育院校大学生职业定位与职业选择的准备活动。在体育实践活动中，可以通过接触真实社会环境，具体了解与获取社会职业需求信息，完成职业认知，明确职业定位与选择，从而主动结合自身所学专业与专长，制定自己的职业生涯规划。其次，体育实践是一种体育院校大学生在即将踏入社会过程中学习扮演体育工作者角色的活动。通过实践活动，逐渐了解、熟悉和掌握体育工作活动的各个环节与流程，充实相关知识，提高体育技能，为即将成为体育工作者做好充分的准备，同时也能增加社会阅历，提升自身的社会认同力。再者，体育实践能增强体育院校大学生与社会的互动，接受社会教化，有助于掌握现实社会生活与生产的基本知识和技能，习得并遵守社会通行的价值体系与规范，培养符合劳动者角色要求和其他社会角色标准，适应社会需要的存在方式。

(四) 体育实践是培养创新精神的重要途径

创新精神不仅来源于对问题的深入钻研，也得益于深厚的体育基础知识、较强的运动感受和宽广的视野。有了丰富的体育知识才能产生联想和综合，才会有新的思想产生。体育教育实践表明，依靠单纯的课堂体育教学和专业知识学习无法完成素质教育的全部任务。创新思维和创新能力必须要有广博的知识作基础，这种基础只靠体育专业教育难以形成，必须加强体育社会实践，把体育教学活动拓展到社会，打破系、专业、班级对大学生的禁锢，变被动的封闭教学过程为主动的开放的教学过程，从而激发学生的学习兴趣。通过体育实践可以使体育大学生在实践中学习如何组织体育活动，如何解决大众在锻炼和训练中出现的新问题，在实践中培养科学文化素质，增强实践能力，从而开阔视野，激发创新意识，培养创新精神。

(五) 体育实践是提高实践能力的重要手段

大学生的活动范围主要是家庭和学校，接触社会有限，其实践能力和活动能力相对较低。因此，有必要利用恰当的实践机会去体验生活、了解社会，通过社会实践培养多种实践能力。体育实践正是提高体育院校大学生实践能力的重要途径。学生在体育实践中发现问题、了解情况、获取信息，从而提高自己的观察能力，培养比较灵敏的社会嗅觉；通过对实践调查的材料进行选择、加工和处理，找出解决问题的方案和实施办法，培养学生运用知识和分析解决问题的能力；在体育实践中，通过和他人的交往，同他人发生联系，逐步学会与人沟通、待人接物，增强社会适应性，学会正确处理好各种社会关系、人际关系；在具体实施并全盘把握体育实践的进展过程中，需要独立思考、随机应变，这不仅可以锻炼学生的独立思考能力、系统思维能力、独立活动和随机应变的能力，还有助于减少体育大学生的依赖性，并发展其独立性、培养开拓的勇气，使之自立于社会。

二、体育实践的基本形式

体育实践的形式多样，概括起来主要有如下几种基本形式。

（一）课程学习实践活动

课程学习中的实践活动是体育院校大学生体育实践的基础形式，是指以教师为主导、以学生为主体、以课程资源为依托、以基础知识和基本技能的教与学为主要载体展开的体育实践活动。它突出了教师和学生的双主体性，强调了对丰富课程资源的开发和利用，并要求将体育实践落实到体育基础知识和基本技能的教与学的"双基"教学当中，以"双基"的教与学为载体体现体育实践的理念、呈现体育实践的方式、实现体育实践的效果。这种体育实践活动主要包括：以讨论和辩论、案例教学、教学录像、现场教学、模拟教学为主的课堂实践活动；以实验与专题调查、课程设计、专业实习等为主的专业实践活动；以包括毕业实习、毕业论文（设计）和课题研究（大学生研究计划）为主的综合实践活动。

（二）校园生活实践活动

校园生活实践活动是体育院校大学生实践体系的重要组成部分，是在学校教师的指导和规范下，由学生自主设计、发起、策划、组织和开展的，以校园为舞台，以课外时间为活动时间，以学生的需求为基础，以学生的趣缘关系为纽带，在长期互动中形成的旨在促进学生社会化和全面化展的一系列活动和过程的总和。这种实践活动具有校园化、生活化、趣缘化、有限化的主要特征。其内容主要包括大学生的道德养成教育、学术科技和创新创业、文体艺术和身心发展、社会工作和社团活动、勤工助学和志愿服务等活动。

(三) 校外社会实践活动

体育院校大学生校外社会实践活动，是体育院校大学生课程学习中的体育实践活动和校园生活实践活动的有效延伸，是通过校外社会实践活动的方式与途径，达到让大学生投身现实社会中，了解社会、了解国情，与社会实际进行紧密接触，在实践中培养、锻炼才干，从而提高思想觉悟，增强专业意识，树立正确的世界观、人生观、价值观的活动。这种校外社会实践活动主要包括校外参加专业对口的学校体育教学与运动实践、群众体育组织与指导实践、社区体育文化活动服务和体育科研实践、勤工助学、青年志愿者活动、"三下乡"活动等。

三、体育实践的基本特征

体育实践活动以体育院校大学生为实践主体，具有鲜明的阶段性、专业性、综合性、创造性和预演性特征。

(一) 阶段性特征

处于人生身心成长成熟阶段的体育院校大学生体育实践活动不仅具有鲜明的年龄阶段特征，而且体育院校大学生体育实践活动也具有自身发展的不同阶段性特征。体育院校大学生进入大学后的学习活动实际包括从中学到大学的转换阶段（大学一年级）、大学学习生活相对稳定阶段（大学二、三年级）和即将毕业走向社会的转换阶段（大学四年级）。在这三个不同阶段分别承担着基础课学习、专业基础课学习、专业课与专业技能学习的不同学习任务，因而其体育实践活动也表现出不同的阶段性特征。

(二) 专业性特征

体育院校大学生的实践活动主体是在校大学生，其参与体育实践活动的主要优势在体育专业服务方面。通常体育院校大学生的实践活动主要围绕体育专业技能服务和调研来开展,并在实践中发展专业技能,增强社会适应性。以体育专业为中心的实践活动,能够促进体育实践的目的性、教育性、服务性和效益性的统一。在新形势下,体育院校大学生体育实践能否以专业化为中心展开,是衡量其发展水平与深度的一个重要标准。

(三) 综合性特征

体育院校大学生体育实践活动具备实践内容的全面性、实践形式的多样性和实践理念的包容性,这就赋予了体育院校大学生体育实践活动所具有的综合性特征。这种综合性不仅表现在实践活动为学生提供了综合学习、掌握、应用多种知识的理论与实践相结合,以及学生自我教育、学校教育和生活教育相结合的机会,同时也表现在实践形式的多样性和实践活动中学生素质全面锻炼提高的综合化发展方面。

(四) 创造性特征

培养具有创新精神与实践能力的高素质人才,是高等教育肩负的历史使命。体育实践活动为体育院校大学生创新能力培养提供了平台和拓展空间。体育专业大学生的体育实践活动具有鲜明的发现问题、分析问题和解决问题的活学活用知识的应用性特点。这种应用性的体育实践活动,有助于体育院校大学生尽快完成所学与所用、知识与能力、理论与实践的连接,为创造性实践奠定基础。在体育实践活动中,许多具体问题需要学生在实践活动中追求新知、探求未知、探索创造,能挖掘创新潜力,激发创新活力,从而增强创新能力。

(五) 预演性特征

大学阶段的教育和相应的体育实践活动必须为体育专业大学生从学校生涯步入社会生涯的转换奠定良好的基础。在体育实践活动中的所有行为,无论是在课堂内外或者校园内外,无论是求知还是践行,学生的实践活动都只能算作未来工作、学习和生活方式的提前演练。通过演练,能锻炼学生设计实践活动方案的思维能力与应对各种复杂情况的预案能力,达到模拟真实环境和情况下的思维预演效果，熟中生巧，为未来积累经验。这种演练，对于今后走上社会的实践活动都是有益的借鉴，有利于学生尽快融入社会，加快社会化进程，早日成才。

四、体育实践的基本功能

实践活动可以将书本知识与实践知识很好地结合起来，对实现体育院校人才培养目标具有十分重要的作用。

（一）掌握、应用和创新知识的功能

1. 掌握知识的功能

学生通过课程学习获得的主要是陈述性知识，而实践活动不仅有利于学生对陈述性知识的理解和程序性知识的掌握，还强调了从现实中学、从实验中学、从研究中学的路径，突出了学生对知识的概括、提炼和领会，重视了学生的知识应用。因此，体育实践是体育院校大学生获取新知的导航器、知识巩固和知识领会的助推器、知识掌握状况的检测器。

2. 应用知识的功能

体育实践是以满足需要和解决问题为核心，注重学生在活动中学会发现、学会践行，是学以致用的平台。通过体育实践活动，学生不仅可以了解和洞析现实社会，还可以在活动中体验感悟、创设情境、主动探究，从而使自身的知识与能力得到完美的结合和释放。

3. 创新知识的功能

知识的创新缘于实践。学生在体育实践中遇到新问题，只要充分调动个人潜力，就可能获得新发现，产生新思路，涌现新观点，从而在实践中发现问题、解决问题，获取新知。体育实践是体育院校培养学生的创新精神和能力、推动学生创新知识发展的重要途径。

(二) 促进全面成长成才的功能

1. 提升体育院校大学生的综合素质

体育院校大学生综合素质的全面提升单纯依靠课堂教育是根本无法实现的，必须借助更为广泛的途径。体育实践活动打破了传统课堂狭小的学习空间而延伸拓展到校园、校外结成的超大时空，由原来单向地获取知识内容转变为学生综合素质全方位的发展。

2. 锻炼体育院校大学生的实践能力

体育实践可以强化体育院校大学生体育知识与运动技能的针对性应用和训练，帮助学生了解、熟悉社会各种体育职业和体育领域以及其所需的各种专项技能，并将这些要求作为锻炼与提高自己实践能力的目标。同时，体育实践还能有效锻炼体育院校大学生的分析、判断、决策、执行等能力，全面提升学生综合实践能力。

3. 完善体育院校大学生的人格

体育实践能极强地促进体育院校大学生准确定位自身价值，培育学生远大的奋斗目标和强烈的道德责任感，推动学生提高自我意识和形成良好的情绪调控能力，构建良好的社会适应能力与和谐的人际关系，讲究合作、自律，具备乐观向上的生活态度和崇高的审美情趣，塑造健康的人格。

(三) 推动体育院校大学生社会服务的功能

1. 推动体育院校大学生与生产劳动的结合

体育实践连接着高等体育院校的专业教育与社会体育活动。通过体育实践，可以增强学生体育工作经验和社会阅历，了解用人单位的人才需求信息和趋势，认识到来自社会职业竞争的压力，调整自身的立业目标以适应社会。另一方面，积极参与体育实践，可以发现自身的不足，调整课程选择，完善知识结构，强化专业技能训练，实现知识向能力的转化、学业意识向职业意识的转化，拓宽职业选择的渠道，增强服务社会的本领。

2. 推动体育院校大学生与人民群众的结合

在体育实践中，体育院校大学生能较好地融入社会，通过为社会大众传授体育知识、开展体育健身与体育活动专业服务，达到对自身政治觉悟、精神境界的检验，也实现着对政治觉悟和精神境界的演练，使自身的知识体系和能力体系得到充实、检验和演练，能做到书本知识与实践知识相结合、能力发展与社会需求相统一。因此，体育实践能够推动体育院校大学生与人民群众的结合。

五、体育实践的保障

充实体育实践的内容，丰富实践的形式，实现实践教育的目标，必须以体育实践保障为前提。

（一）创造良好的舆论氛围和体育实践环境

在市场经济条件下，体育院校大学生的体育实践还需要社会各界的理解、支持和配合，创造良好的舆论氛围和环境，特别是与体育专业对口的中小学、运动学校、社区体育管理组织和部门，要从经济发展和人才培养的战略高度，大力支持大学生实践活动，提供适当的实践场所、技术指导和条件。高等体育院校要加强与社会各方面的联系，拓宽学生的实践渠道，为其提供必要的条件。

（二）加强体育实践制度化、规范化、科学化、基地化建设

高等体育院校要积极将体育实践制度化、规范化、科学化，将体育实践纳入学校教育管理体系中，明确实践环节的时间比例和计划安排，建立明确的科学定量指标，并以规范化的形式固定下来，以防止和纠正实践活动的随意性和不平衡性。要建立学生参与实践活动的考核、总结、激励、管理制度，在开展实践活动中要注意与社会相结合，适应社会发展的需要，注重基地化建设。学校在积极争取社会的支持和建立稳定的实践基地的过程中，要主动出击，坚持互惠互利的原则，建立相对稳定的体育实践活动基地，增强双方的责任感和义务感。

(三) 有组织、有计划地开展体育实践

体育院校要积极探索体育实践的新内容、新方法，有计划、有目的地开展学生实践活动。首先要把高等体育教育和体育实践相结合引向深层次、全方位，不仅要引导学生积极参加实践活动，包括组织学生参加专业对口的学校体育教学与训练实践、群众体育组织与指导实践、社区体育服务和体育科研实践，还要引导学生积极走向社会，参加各种形式的社会实践，如结合专业特长到运动队开展体育科研活动、向社区体育活动提供技术服务、推广体育科技成果、参与体育科技开发和开展群众体育锻炼培训等。其次，学校还应积极引导学生走上街头，走进学校、运动队和社区，参加一些社会公益劳动，开展志愿服务、社区服务等多种社会服务，增强对大众的感情和对社会的了解。

第三节 体育实践的研究对象、内容与方法及学习意义

一、研究对象

所谓研究，简单地说就是一个认真地提出问题，并以系统的方法寻找问题答案的过程。体育实践研究的基本含义是指高等体育院校师生以经验的方式，对体育实践活动中学生的行为、态度、关系，以及由此所形成的各种体育实践活动现象所进行的科学的探索活动。

体育实践研究的目的是形成和产生有关体育实践活动的系统的知识，增加体育院校师生对体育实践的理解。从另一个方面来看，体育实践研究作为一种科学的探索活动，同时也是形成和产生各种有关体育实践知识的一种过程。这种过程比起常识、传统、权威、个人经验以及其他一些知识来源而言，无疑具有更高的系统性、结构性、组织性和科学性。尽管它所产生的知识不可能达到完美无缺的境地，但其存在缺陷的可能性却相对要小一些，因而这种知识也更为可靠一些。

从体育实践研究特点来看，其具有以下三个方面的基本特征。

（一）研究的主题是社会的，而非自然的

研究主题是指研究所涉及的体育实践领域或范畴。体育实践研究的对象包括体育实践主体的人及其行为以及由这些行为所构成的各种体育实践现象。它要涉及实践主体如何行动，如何与人交往；涉及实践主体如何思考，有何感受；它也要关注由实践主体所组成的各种群体、各种组织；关注个人与个人、个人与群体、个人与社会、群体与群体之间的各种社会关系，关注实践主体如何与不断变化的社会相互适应等。

（二）研究方式是经验的，而非思辨的

所谓经验性是指体育实践研究必须依靠可感知的资料。即体育实践研究只针对那些可以看到、听到、接触到的东西。体育实践研究者所收集的大量类似的经验资料，反映了更大规模的体育实践现象的某些部分，将所有这些部分的资料合起来，我们就可以"经验地"认识体育实践现象的整体。

（三）研究的问题是科学的，而非判断的

就像科学不可能回答一切问题一样，体育实践研究也不可能回答一切有关体育实践中遇到的所有问题。一个问题能否科学地进行探讨，首先依赖于这一问题是不是一个可以依据科学来回答的问题。体育实践研究和探讨的问题必须是可以依据科学来回答的，研究者是探讨"状况究竟如何"，或者"为什么如此"的问题。 鉴于此，本教材以科学地确立高等体育教育中实践教育的基本内涵为基础，研究对象主要涉及两个方面：一是教学计划内的校内实践教学；二是教学计划外的社会实践活动。

二、研究内容

体育实践是我国体育院校实施素质教育的重要形式之一，也是体育院校大学生掌握体育专业知识技能和发展综合能力的重要途径。体育实践兴盛于20世纪80年代，经过近30年的探索与实践，从小到大，由浅入深，现已蔚然成风，充

分体现出其强大的生命力和不可替代的功能，并因其独特的教学方法和教育效果受到大学生们的普遍欢迎。目前我国体育院校大学生体育实践教材的研究内容包括：（1）教学计划内的实践环节内容，主要体现在专业设置、课程安排、教学内容、教学方法等全教学过程中，包括毕业设计（教学实习、毕业论文）、课程设计（教学实习和训练实习）、课程实验（实验课程、裁判实习）、公益劳动（参与社区体育活动）和军训等。（2）教学计划外的社会实践活动，包括校外实践教学、社会调查与信息、社会服务、勤工助学活动、社团活动、校园文化活动、科技活动、学科竞赛，以及假期社会实践活动等。

三、研究方法

有关体育实践的研究方法是指高等体育院校师生从事体育实践研究的方法，而非理论研究方法。具体研究方法和技术是指在研究体育实践活动过程中所使用的各种资料收集方法、资料分析方法，以及各种特定的实践活动操作程序和技术。概括起来，体育实践的研究方法体系可用图1-1简要表示，其具体应用请见后续各章节中的介绍。

四、学习意义

《体育实践概论》系统归纳了体育院校大学生体育实践的基础理论知识，科学解释与介绍了体育实践的意义、内容、各种实践活动的形式及实施要点等。因此学习与研究《体育实践概论》能帮助体育院校大学生正确理解与认识体育实践在自身学习成长过程中的作用，全面、系统地掌握体育实践的基础知识，提高参与体育实践的技能，解决体育实践"是什么"和"怎么做"的问题，促进学生自觉地融入体育实践活动中，指导自身的体育实践活动，发挥体育实践对体育院校大学生全面健康成长、成熟、成才的积极效应。

开展体育实践知识学习与研究，能在体育院校大学生中普及体育实践知识，促进学生体育实践的参与，指导体育院校大学生的体育实践活动。在传统社会里，人们适应社会的方式很简单，在不知不觉中就已经适应了，人们在生活中积累起来的生活经验足以帮助人们适应社会。当代社会与传统社会不同，其结构复杂，规范繁多，变化迅速，因此，适应今天的社会单纯靠个人的直接经验已经不行了，必须依靠系统的社会知识学习。只有具备了关于体育实践的系统知识，才能自觉地参与体育实践活动，自觉地适应不断变化了的社会环境，成为现代社会中一个合格的公民。《体育实践概论》研究的是系统性的体育实践理论科学知识，对决策、规划和实施体育实践活动具有极高的参考价值和指导作用。正因为如此，开设体育实践概论的有关课程、普及体育实践行为的知识，无疑会对促进体育院校大学生的体育实践活动参与起到非常积极的作用。

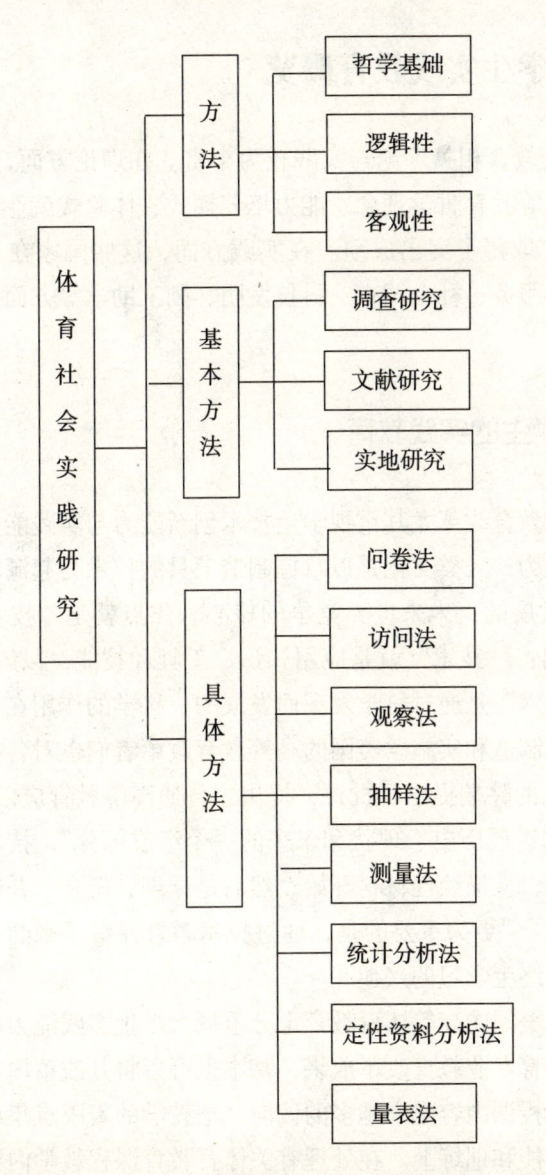

图 1-1 体育实践的研究方法体系

第四节　国内外大学生实践能力培养概况

了解国内外大学生实践能力培养概况，有利于加深对体育实践的认识与理解。

一、国外大学生实践教育概览

国外大学生实践教育相关理论与实践较为丰富。在理论方面，美国、英国、日本、韩国等国在高等教育哲学理念、能力培养模式、体验式就业体系等方面做了大量探索与实践，取得了突出成绩。在实践方面，这些国家在大学生实践教学、生产劳动、社会服务、社会调查、科技发明、勤工助学等方面开辟了许多重要的途径。

（一）美国大学生的实践教育

当代美国的高等教育改革尤其重视学生技术创新能力与实践能力的培养。美国的教育改革者们认为，人类文化是以掌握制造工具的技术为起源的，人类文明是随技术的发展而发展的，未来世界竞争的核心和焦点就是"技术创新能力"。对此他们进一步提出："技术"就是应用知识、工具和技能，以解决实际问题，拓展人的能力。"技术"是通过科学发现而发展的，科学的作用在于理解，"技术"的作用在于做、制造和实施。美国的高等教育改革者们也对各类高校课程中技术教育占极少比例的弊端提出了批评，提出"普通高等教育应以神圣的方式，使技术教育成为我们讲授历史、现状和未来的一个组成部分"，技术教育应"适合学生的年龄和经历，从描绘性材料开始，然后是原理、概念，并在不同水平上与直接经验相结合"，"更为重要的是，通过技术教育保留下来的一种对于不断变化的技术环境进行终生学习的兴趣"。

在这一背景下，美国的高等体育教育十分重视大学生实践能力的培养。纵览美国高校改革以及体育专业教育改革成果，基本上可以将其改革内容概括为以下几个方面：摒弃学校授课内容越来越多的偏向，把教学的着眼点集中在基本的科学基础知识、基本技能和训练上。在处理有关体育教育课程教学内容时采取了三项措施：（1）强调学科之间和运动项目之间的相互衔接，软化每门学科之间和运动项目之间的界限。(2)要求学生了解细节较少，把过去学生在专业术语和记忆方法上耗费的精力转移到学习概念和思维技能上，把课堂上学生专门进行运动技能的练习精力转移到指导学生学习运动技能练习方法上。

为此，美国的高等院校的体育教育改革在教学计划和教学方法上也进行了四项改革：(1)改变课程、减少时数，软化或排除课程中僵死的界限，着重培养体育科学的思维方法；软化或排除运动技能中复杂的高难动作，着重培养科学的运动技能学习方法。(2)改革体育教学方法，体育教学要根据学科的系统研究并认真验证和亲身体验的原则进行。强调体育科学知识的传授要与体育科学探索精神和体育科学的价值观融为一体。体育教学要从如何观察、提问开始，而不是灌输现成的答案，使学生积极地运用假设、搜集和应用证据，鼓励学生的好奇心和创造性，鼓励学生自主学习、自主练习。(3)改革必须全面，注重所有孩子的需要，包括所有年级的全部科目和教学环节。(4)改革必须要求体育界和全社会的协作。

（二）英国大学生的实践教育

1979年英国皇家文学、制造和商业促进会（RSA）颁布《能力教育宣言》指出，受传统培养学术精英型人才教育思想的影响，英国高等教育长期致力于传授知识和培养智力，学校教育既没有培养也没有训练学生掌握从事实际工作的技能，学生对专业知识"知晓"有余而在校外现实社会环境中有效运用和发挥专长的"能做"能力不足。这种缺陷不仅对学生个人，而且对整个社会、经济、工业都是有害的。《宣言》认为，学生综合能力的培养依赖"能力教育文化"的培育，这种文化应有助于学生将学习与实践有机结合，鼓励学生开展自主式、创造性的学习，达到寓教于乐、寓学于做的目的。因此，"能力教育"必须立足客观实践，鼓励学生通过自主发现问题、解决问题、服务社会的实践活动培养和锻炼实际工作能力。

20世纪90年代以来，英国高等学校已普遍认同"高等教育能力教育"的思想，并开展了积极的改革探索，推行了高等教育能力培养模式改革。英国高等体育教育在推进学生"能力教育"方面采取的主要措施如下。(1)课堂教学采取项目教学法对学生进行综合能力训练。如英国莱斯特大学体育系将体育学科领域按专业分成若干项目供学生选择，学生以小组形式自主确定一个项目。第1周分析项目特点和要求并进行任务分工，旨在培养学生自我组织和分析策划的能力。

第2周集体学习和进行进度、方案设计，教师指导学生找参考书籍、资料、图片及音像资料。第3至第6周系统学习和研究（训练），遇到问题找教师指导。第7周完成学习和研究报告，然后在全系公开展示，课程验收报告要进行汇报答辩，答辩会由学生轮流主持，全体学生和有关教师参加，每一个小组的成绩由全体学生按照规则和标准进行评议，最后成绩交教师评议组审议和修订，作为正式成绩。（2）重视实践环节。例如英国爱丁堡大学的体育本科专业人才培养过程中，强调实践能力，并且与中小学和其他教育机构保持伙伴关系，重视知识的转化与专业发展机会对学生成长的重要作用。以实践为基础的学习是学生教育项目的一个有机组成部分，实践在整个人才培养过程中占据着重要地位。其课堂学习形式中也十分突出讲座、小组讨论、案例研究、现场考查等实践内容，评价学生的方式除了考试外还包括学生完成工作任务、演示的实践能力等方面。学生第三年的学习方案的一个重要组成部分是为学生组织为期10周以实践为基础的实习。学生被安置在学校、社区、公司等部门中，在实践中要求学生要学习掌握一系列相关的工作技能，以提升就业能力。

（三）日本大学生的实践教育

长期以来，日本强调大学的使命是知识传承，因此，实践被排除在大学教育活动以外。但20世纪90年代中期以来，大学生就业难，迫使大学必须重视与职业世界的衔接，大学纷纷把体验式就业活动作为人才培养的重要环节，通过学生实践活动提高学习效果，培育学生的职业意识。1997年日本内阁发布的《关于经济结构改革与创新行动计划》提出：为培养适应产业结构调整所需要的人才……必须实行体验式就业的战略措施。文部省的《教育改革计划》也明确了体验式就业教育，建立以教育行政部门为主体，贯穿从大学到小学的职业体验制度。

伴随高等教育体验式就业改革，日本的体育专业教育改革显现出了以下特征。（1）尊重学生差异和自主发展。（2）鼓励学生追求"轻松愉快"的高等体育教育历程。（3）精选内容、精简课程，教学方法和教学手段更加先进、高效。（4）提倡特色教育，增加体育选修课。（5）体育理论教学重在培养体育科学素养，重视观察、实验探索活动等解决问题式学习和体验式学习，让大学生在实践活动中体验、发现和创造的乐趣。（6）面对国际化发展趋势，培养大学生对本国体育文化和传统体育的理解和热爱，培养大学生对外国体育文化的尊重和应用外语交流的能力。（7）更加重视应用互联网和光缆通讯网进行体育教学。（8）重视终生体育教育和社区体育教育环境设施建设。

(四) 韩国大学生的实践教育

韩国高等教育入学率居于世界前列，但随着生源减少、成本过高、就业困难、国际竞争力不足等诸多隐忧的出现，目前韩国高等教育已开始从量向质转变的努力，其中重要措施之一就是提高大学生的实践能力。韩国高等教育法第二十一条规定，"学校授课可分为全日授课、夜间授课、季度授课、广播与通信授课，以及现场实习授课等"，"为提高学生的社会实践能力，必要时，学校可根据校规实施实习学期制"。第四十四条规定，"教育大学、师范大学、综合教师培养大学及教育系的教育，应使在校生达到如下目标。（1）应具备受教育者应有的价值观和健康的教育伦理。（2）应领会教育理念与具体实践方法。（3）为具备作为一个教育者应有的资质，应打好基础，能用毕生精力努力从业"。目前，韩国的汉阳大学、同德女子大学等已将社会服务列为必修课，每学期安排约48个学时，大学生必须在孤儿院、养老院等场所从事服务工作，工作单位就献身性、诚实性、自觉性与工作态度等指标加以考评并给学分。

韩国体育大学生的实践教育主要体现在高等体育院校教育改革内容之中。(1) 把以体育知识和单一运动技能为主的体育教育向以培养创新能力和掌握多项运动技能为重点的体育教育转变。（2）精简课程，以学生为中心、以运动实践指导为中心改革教学，发展大学生的创新与实践能力。（3）减少必修课，增加选修课，鼓励大学生积极参加社会实践活动。（4）加强英语、汉语和世界文化史等教育，适应国际化发展。

二、国内大学生实践教育概览

教育与生产劳动和社会实践相结合是党的教育方针的重要内容，理论教育和实践教育相结合是大学生思想与能力教育的根本原则。为了促进高等教育中理论与实践的结合，1950年政务院《关于实施高等学校课程改革的决定》指出，"有计划地组织学生实习和参观，并将其作为教学的主要内容"，后又对文理工科学生的实习做了原则规定。1950年教育部成立了直属高等学校学生生产实习指导委员会，颁布了《学生实习指导委员会暂行组织规程》。1954年高教部颁布了《高等学校与中等技术学校学生实习暂行规程》，对实习的方针、任务、要求、原则和具体办法做了详细规定。随后实习成为高等学校培养大学生必不可少的环节。

1957年，刘少奇为《中国青年报》撰写了《提倡勤工俭学，开展课余劳动》的社论。1958年，教育部召开第四次全国教育行政会议，进一步肯定了勤工俭学的意义与作用，同年《中共中央、国务院关于教育工作的指示》中又规定"高等学校必须把生产劳动列入教学计划"，"在一切学校中，必须把劳动列为正式课程"，组织学生参加生产劳动。从此，勤工俭学在高等学校中广泛开展起来。

关于军训，我国《兵役法》规定"高等学校的学生应当在学校内接受军事训练"。1955年，北京体育学院、北京钢铁学院等进行了军训试点。1956年，国务院批准了国防部、教育部关于扩大到14所高校进行军训试点的报告。1961年，高校陆续建立了武装部，配备了专职武装干部负责组织高等学校学生的军训。

1978年邓小平在全国教育工作会议上指出，"各级各类学校对学生参加什么样的劳动，怎样下厂下乡、花多少时间，怎样同教学密切结合都要有恰当的安排"。此后教育部规定大学生在4年中都必须参加两周的生产劳动。1980年国务院在批转吉林省《关于开展勤工俭学情况的报告》中肯定了勤工俭学是全面贯彻党的教育方针的重要举措，此后各学校开展了多种形式的勤工俭学活动。1983年团中央、全国学联发出《纪念"一二·九"运动48周年开展"社会实践活动周"的通知》，决定开展以引导大学生利用假期搞社会调查、勤工助学、挂职锻炼，用知识和智力为社会服务的大学生社会实践活动周，对新时期如何组织好大学生社会实践活动提出了具体的指导意见。1984年5月，时任团中央书记处书记的胡锦涛提出大学生在实践中"受教育、长才干、做贡献"的口号，这一原则被确立为大学生社会实践活动的指导方针。

1999年《中共中央国务院关于深化教育改革 全面推进素质教育的决定》和教育部下发的深入开展素质教育的有关文件，再次成为大学生社会实践活动进入深化发展新阶段的重要推动力。随后，团中央、教育部等单位在全国高校组织开展了两年一届的"挑战杯"大学生课外学术科技作品竞赛、创业计划大赛，大学生支教、"三下乡"服务、青年志愿者服务等生活实践活动也开展得如火如荼。至今，大学生实践活动已被纳入高校教学计划，每年均有数十万大学生参加社会实践活动，大学生社会实践活动也逐步走向制度化、规划化阶段。

伴随着高等学校大学生社会实践活动的广泛开展，高等体育院校大学生实践教育也同样得到了长足发展。近30多年来，高等院校在培养体育专业学生创新与实践能力等方面发生了很大变化，其主要特征体现在以下几个方面。（1）更加重视实践在体育专业人才培养模式中的作用。体育院校在人才培养理念上更加突出以知识为基础，以能力为重点，突出学生实践能力的培养。（2）实践教育的内容更加宽泛。课程学习实践中突出了做中学、体验中学，积极开展探究式、研讨式学习；校园实践中各种俱乐部、文体活动、科技创新等如火如荼；校园外体育科技开发、社区体育指导、赛事志愿者服务等形式多样。（3）实践教育的制度与保障更加完善。各所高等体育院校的人才培养方案中都有明确的实践教学内容，不仅军训、毕业论文、教育实习等固定学时与学分，许多院校还纷纷将学生获取各种证书、竞赛获奖、社会实践、参与志愿者活动等作为拓展学分纳入学分管理。（4）更加强调实践活动中学生的主体性。尊重学生的主体地位和主动精神在实践中的作用，学生自己策划、组织、实施实践活动，注重开发学生的创新意识和实践能力，促进学生的个性发展。

【思考题】

1. 为什么体育院校大学生要积极参与体育实践活动？
2. 如何理解体育院校大学生实践活动的专业化特征？
3. 结合自己参加某一实践活动的案例，从功能的视角谈谈当代体育院校大学生参加实践活动的体会。

第二章 校园人际交往

【章前导读】 人际交往的起点是礼仪，大学校园更是讲礼、懂礼、学礼、成礼的地方。荀子说："人无礼则不生，事无礼则不成，国无礼则不宁。"安德鲁·卡内基说："一个人的成功，15%靠专业知识，85%靠人际关系和处事能力。"本章主要介绍了校园礼仪的内涵与特征，校园交往中的仪表、服饰、举止和见面时的基本礼节；介绍了课堂礼仪、学术报告会礼仪、升降旗礼仪等教学礼节；介绍了大学生人际交往的特点、形式与策略、技巧与应用及基本要素与要求。

第一节 校园礼仪的内涵与特征

我国素有"文明古国、礼仪之邦"的美称，自古至今，历年尚礼。古代流传下来的有《三礼》等专门记载礼仪的著作，历史典籍中也不乏关于礼仪的记载，孔子曰："不学礼、无以立"，"礼之用、和为贵。"荀子曰："人无礼则不生，事无礼则不成，国无礼则不宁。"这足以说明我们祖先对礼仪的高度重视。

一、校园礼仪的内涵

礼仪集中反映一个人的个性气质、道德修养、审美修养与文化品位。公众可以从礼仪水平上评价一个人或一个群体的道德修养、文化水平、审美情趣和文明程度。大学生是当代优秀青年群体的代表，是当代先进文化的承载者，也是未来参与社会实践和国际交往的主力军。随着中国的国际地位不断提升、奥运会申办成功、中国加入WTO，追求自身完善成为大学生群体的要求，因此，注重礼仪，讲究道德成为大学生必备的修养。

（一）礼仪的概念

礼仪是人类文明的产物，是人们进行社会交往的行为规范与准则，具体地表现为礼貌、礼节、仪表、仪式等。礼貌是指人们在交往过程中表示尊重、友好的行为规范，如尊老爱幼、热情待客等。礼节是指人们在交际活动中待人接物的形式，如拜会、回访、挥手致意等。仪表是指人的外表，如容貌、服饰、表情、姿态等。仪式是指在一定场合举行的具有专门程序的活动，如开业典礼、迎送仪式等。礼仪作为一种文化现象，是人们在长期的共同生活中相互交往中逐渐形成的，它以风俗、习惯和传统等形式固定下来，并伴随着人类的文明进步不断发展和完善。

（二）校园礼仪的定义

校园礼仪是指学校师生员工之间在校园内相处时待人接物的礼貌行为及应有仪表仪态的行为规范要求。校园礼仪有其特定的对象，主要指同学之间、师生之间，以及与学校人员间的礼仪。它有特定的应用范围，主要是学生在学校内与教师相处，学生与学生之间日常行为，个人仪容、仪表方面的规范要求。在校园生活中，校园礼仪是用以沟通思想、交流感情、表达意愿、促进了解的一种有效形式，是人际交往中不可缺少的润滑剂和联系纽带。对学生个人来讲，校园礼仪是一个人思想文化素质、道德修养和交际能力的外在表现。对社会来讲，校园礼仪是精神文明建设的重要组成部分，是一个社会文明程度、道德风尚和生活习惯的反映。

（三）校园礼仪的作用

1. 校园礼仪有助于维护大学生的形象

一个人的个人形象，重要的就是其他人对他的总体评价和基本印象。歌德曾经说过，"一个人的礼貌就是照出他的肖像的镜子"。由此可见大学生在日常生活里要注意学习礼仪、应用礼仪，使自己举止得体、表现不俗、温文尔雅，自然会塑造出自己的完美形象。大学生的个人形象，时常还被人们等同于大学生的群体形象，甚至是一个民族、一个国家的形象。所以大学生注意维护自己的个人形象，实际上也是在维护大学生群体形象，维护自己民族的形象，维护自己国家的形象。

2. 校园礼仪有助于学生提高自身综合素质

"教养体现于细节，细节展现素质"，一名当代大学生在日常生活中的一言一行、一举一动，通常都会被人们与他的个人素质联系起来。如果他在这些方面表现得恰如其分，往往获得肯定的评价。所以要学习礼仪，将其用于生活、用于社会，塑造完美的自我。

3. 校园礼仪使学生更善于正确处理人际关系

在社会生活中，每一个人都必须与人交往，作为有知识、有教养的大学生是渴望交流、喜欢交际的。人们都希望自己受到公正、平等的对待，这种公正、平等的对待是建立在相互尊重的基础上的。通过校园礼仪教育能使学生尊重他人，完善自己，促进素质的全面发展，同时也使大学生的交际能力得到很大的提高。

二、校园礼仪的特征

（一）共同性

礼仪是全人类共同需要的，它早已跨越国家和民族的界限，不分国别、性别、年龄、阶层。礼仪的产生往往与民族的生活环境、文化背景和历史传统有密切的关系。因此，不同地区学校的礼仪也有所不同，但是讲文明、懂礼貌、相互友好和尊重的礼仪原则已为各族人民所接受并共同遵守。这就是礼仪的共同性。

（二）时代性

由于一个时代的社会风貌、政治背景、文化习俗等都会对校园礼仪的形成或流行产生影响。因此校园礼仪也不是一成不变的。随着社会的进步、时代的发展，校园礼仪也随之变化，并在实践中不断完善，赋予其新的内容。某一阶段被公认的校园礼仪、准则、规范随着历史的发展，有的被肯定、有的被否定、有的被充实、有的被抛弃。同时有新的内容补充进来，不断推陈出新，使校园礼仪适应时代发展变化的要求。同时随着对外交流的扩大，世界经济全球化和信息化的到来，各国、各地区、各民族之间的交往日益密切，各自礼仪随之相互影响、相互渗透、相互取长补短，校园礼仪也随之不断被赋予新的内容。

(三) 简易性

校园礼仪同时作为一种道德规范，是学生的行为准则中最简单、最普及、最易于实行的标准，是学生普遍应当遵守的最低限度的行为要求。只要讲究校园礼仪，按照校园礼仪的原则和规范去做，达到习惯和自然，就可以收到很好的效果。校园礼仪简单易行、应用性强，在生活交往中易被广泛地运用。

(四) 地域性

校园礼仪是人类历史发展过程中逐步形成并沉淀下来的一种文化。由于学校所在地区民族文化、习俗、地理环境和交通条件等因素的影响，不同地区、不同民族有着不同的发展历史，各个地区和民族又都有自己的一些区别于其他民族表达礼仪特定含义的方式。因此校园礼仪也因区域、民族的不同而表现出形式上的差异性。

(五) 延续性

校园礼仪作为社会礼仪的一个有机组成部分，不可能是一成不变的，是要经过一个较长的衍变过程，从而在学生的心灵深处形成强烈的认同感。一种礼仪一旦形成后，通常会长期沿袭，经久不衰。特别是尊老爱幼、父慈子孝、礼尚往来等一些反映民族传统美德的礼仪，一代接一代流传至今，将被后代所继承，并随着时代的发展不断发扬光大。

三、校园礼仪的原则

(一) 真诚尊重的原则

真诚尊重是校园礼仪的首要原则。只有真诚待人才是尊重他人，只有真诚尊重，才能创造和谐愉快的人际关系，真诚与尊重是相辅相成的。所谓尊重原则，首先是在自尊、自爱的同时，尊重他人的人格、劳动和价值，以平等的身份同他人交往；其次是尊重他人的爱好和感情，而不应强求他人按自己的爱好和志趣来生活、行事。

(二) 平等适度的原则

平等是人与人交往时建立情感的基础，是保持良好的人际关系的诀窍。平等表现为不骄狂，不我行我素，不自以为是，不厚此薄彼，不目中无人，更不能以貌取人。而应处处时时平等谦虚待人。适度是指在施行礼仪过程中，必须熟悉礼仪准则和规范，注意保持人际交往的距离，把握特定环境相适应的人们彼此间的感情尺度，以建立和保持健康、良好、持久的人际关系。

校园里，与同学交往时，既要彬彬有礼，又不能低三下四；既要热情大方，又不能虚伪客套；既要坦率真诚，又不能言过其实。并且要注意举止适度，既要优雅得体，又不能夸张造作；既要尊重习俗，又不能粗俗无礼。正如培根所言："礼貌举止正好比人的穿衣，既不可太宽又不可太紧。"

(三) 自律自信的原则

自律是自我约束的原则。在校园交往中，要在心中树立起一种内心的道德信念和行为修养准则，以获得一种内在力量，并用这种力量约束自己的行为，严以律己，实现自我教育，自我管理，摆正自信的天平。自信是一份很可贵的心理素质，自信的原则是一个人心理健康的原则。校园中一个充满自信的人才能在交往中不卑不亢，落落大方，遇到强者不自惭，遇到磨难不气馁，遇到侮辱敢于挺身反击，遇到弱者会伸出援助之手；一个缺乏自信的人，只会处处碰壁。

(四) 守信宽容的原则

守信就是指在交往中要讲真话，并遵守诺言，实践诺言。古语说："人而无信，不知其可也。"孔子曾有言"民无信则不立，与朋友交，言而有信"，强调的正是守信的原则。在校园交往中，一个讲信用的人能够做到前后一致、表里一致、言行一致，人们可以根据他的言论去判断他的行动、预测他的行为，以促进交往正常发展。因此，许多礼仪都体现了守信用这个基本精神。

所谓宽容是指心胸宽广，忍耐性强。"海纳百川，有容乃大"。在校园中一个有着宽阔胸怀的人往往能做到宽容别人，并易于博得别人的爱戴和尊重。宽容就要求在校园交往中严于律己，宽以待人；大事清楚、小事糊涂；有理时也要让人。

第二节 校园交往中的礼节

一、校园日常礼节

（一）仪表

1. 仪表的定义

仪表指人的外表。它包括人的容貌、服饰和姿态等，是一个人的精神面貌、内在素质的外在体现。

2. 仪表美的含义

（1）指人的容貌、形体、体态的协调优美。如体格健美匀称，五官端正秀丽，身体各部分比例协调，线条优美和谐，这些先天性的生理要素，是仪表美的基本条件。

（2）指经过修饰打扮及后天影响形成的美，天生丽质令人羡慕，人们大都通过化妆、服饰、外形设计等来达到仪表美的效果。

（3）指一个人高尚美好的内心世界和蓬勃旺盛的生命力的外在体现，这是仪表美的本质。真正的仪表美是内在美与外在美的和谐统一，"秀外慧中""诚于中而形于外"，是内在美的一种自然展现。

3. 仪表美的意义

（1）可以给人留下美好的第一印象，人们可以通过仪表来推断一个人的身份、学识、能力、性格、态度等，并据此来决定接受对方的程度，因为第一印象形成的心理定势常常是很难改变的。

（2）自尊自爱的体现。爱美之心，人皆有之。衣着整洁美观，仪态端庄大方，既体现了一个人良好的精神风貌，同时又是一个人自尊自爱的表现。仪表美在人际交往中体现了一种安全感，一种认真的作风，一种自信、热情、向上的精神风貌。

（3）尊重他人的需要。在校园里注重仪表美是讲究礼节、礼貌的表现，是对他人的尊重。仪表美不仅能满足他人审美的需要，而且又能使他人感到自己的身份地位得到了应有的承认。同时，注重仪表还可促使人们在思想上、情感上的沟通，有利于同学之间相互增进了解和加深友谊。

（二）服饰

俗话说："人要衣装，佛要金装。""三分长相，七分打扮。"我们不仅要用科学文化知识充实头脑，还应当用雅致的衣服和精美的首饰打扮自己的外形。穿着，往往可以体现一个人的文化修养和审美情趣，也从一个侧面反映其经济实力和生活水平。

教育部颁布的《高等学校学生行为准则》中要求学生"服饰简洁、大方，在进入教室、图书馆等地，参加集会、演出，参加集体活动以及在公共场所不能穿着背心、吊带背心、拖鞋、运动短裤、超短裙等不适宜学生穿着的服装"。大学生处于成长发育的最旺盛时期，在日常的学习、生活、工作中多穿着便于行动、适合年龄要求的休闲装、便装等；但在一些特定的场合，在着装上应体现大学生的文化层次、道德水平、审美水平，体现大学生对于老师、长辈和他人的尊重。

1. 着装的原则

（1）合适原则。所谓合适，即衣着要与时间、地点、目的相协调，也即西方人穿衣的"TPO"原则。"T"指时间，泛指早晚、季节、时代等；"P"代表地方、场地、位置、职务；"O"代表目的、目标、对象。TPO原则是目前国际上公认的衣着标准，当然也适合于在校大学生。

（2）整体性原则。正确的着装，能起到修饰形体、容貌等作用，形成一种和谐的整体美。服饰的整体美构成因素是多方面的，包括人的形体和内在气质，服饰的款式、色彩、质地、工艺及着装环境等。

（3）个性化原则。着装的个性化原则，主要根据人的性格、年龄、身材、气质、爱好等要素，力求在外表上反映一个人的个性特征。而现代人的穿着风格主要讲求美观、实用、突出个性，因此，服饰也就呈现出越来越强的表现个性的趋势。

（4）整洁性原则。在任何情况下，服饰都应该是整洁的。不能沾有污渍，衣领和袖口处尤其要注意，扣子等配件应齐全，衣服不能有绽线的地方，更不能有破洞。

2. 着装的技巧

（1）着装要因人而异。着装因人而异，其重点在于展示所长，遮掩所短。身材较高的人，上衣可适当加长，衣服颜色以深色为佳；身材较矮的人，上衣宜稍短一些，不宜穿大花图或宽格条纹的服装。体形较胖的人，可选择小花纹、直条纹的衣料，最好是冷色（蓝、绿、白色）相谐调；体形偏瘦的人，不要穿过软、过薄的料子。肤色较白的人穿深色的服装，更能显出皮肤的细洁柔嫩；肤色较深的人穿浅色服装，会获得健美的色彩效果。肩胛窄小的人，宜选择有衬肩的衣服；但如果膀大肩宽，则以无肩为好。腰粗的人宜选择肩部较宽的衣服，以产生肩宽腰细的效果。腿较短的人，可以选择上衣较短、裤腿长的服装；腿较粗的人，宜穿上下同宽的深色直筒裤，不宜穿太紧的裤、太短的裙。颈长的人，适合穿高领的服装，颈短的人可选择无领或低领的款式。

（2）着装要符合不同的场合。1）公务场合。公务场合和社交场合一并合称为正式场合。在所有的场合中，公务场合可谓是最正式、最讲规矩的场合。公务场合里穿戴的基本标准是庄重、保守和传统。惟有穿制服、校服、套装、套裙、工作服等符合标准的服装，除此之外，长衣、长裤、长裙等也可以考虑。公务场合里，人们最忌讳的是过分张扬和随便，如各式时装以及牛仔服、运动装、沙滩装、家居装等。2）社交场合。大学生社交场合里穿戴的基本标准是时尚、典雅和个性。可以选择时装、礼服、民族服装以及专为个人制作的服装，时装要符合流行趋势，礼服以高贵典雅为主要特征，民族服装与专为个人制作的服装要具有鲜明的个性。3）休闲场合。大学生休闲场合里穿戴的基本标准是舒适、方便、自然。可以选择家居装、牛仔装、运动装、沙滩装、街市装等类型的服饰，如T恤衫、夹克衫、太阳裙、棒球帽、旅游鞋等。

（三）举止

举止是一种不说话的语言，它真实地反映一个人的素质、受教育的程度及能够被人信任的程度。"言为心声，行为心表。"的确，美好的行为是美丽的心灵的表现。我们追求真善美，希望做一个成功者，那就应当注意自己的音容笑貌、言谈举止，让我们的一言一行、一举一动都符合行为规范，展现出当代大学生的美丽光彩。

1. 基本姿势

（1）站姿。站立时，要抬头挺胸收腹，双目平视前方，身体正直，两肩舒展，双臂自然下垂，两手可交叉在腹前，也可以把右手放在左手上。在非正式社交场合，亦可把手背在身后。站立时，不要东倒西歪或弓腰驼背或挺肚后仰，不要耸肩或一肩高、一肩低。站着与人交谈时，不要把手插在裤带里或叉在腰间。站姿可靠墙训练，后脑勺、双肩、臀部、小腿及脚后跟都紧贴墙壁，也可两人一组，背靠背站立。

（2）坐姿。入座时，动作要轻盈、和缓、平稳，从容自如，不要慌张和用力。穿裙子的女士，落座时用手稍稍向前拢一下，表现优雅的风度。从座位的左边入座，只坐椅子的三分之二，不要坐满或者只坐一点边儿，入座后，坐姿要端正，上身挺直，两腿并拢，双手自然地放在膝上，亦可放在椅子扶手或沙发上，不要前俯后仰。与人交谈时，可以侧坐，注意上身与腿同时转向一侧。落座后，不要摇晃上身，也不要跷起"二郎腿"，更不要抖动跷起的腿，切忌脚尖朝天。

（3）走路。走路，是人体用自身的能源产生移位的方法之一。男性走路的姿势应当是：昂首，闭口，两眼平视前方，挺胸，收腹，直腰，上身不动，两肩不能摇晃，两臂在身体两侧自然摆动，两腿有节奏地交替向前迈进，步态要稳健有力，显示出男性刚强、雄健、英武、豪迈的阳刚之美。女性走路姿势应当是：头部端正，不宜抬得过高，两眼直视前方，上身自然挺直收腹，两手前后摆动幅度要小，以含蓄为美，两腿并拢，碎步前行。步态要自如、匀称、轻盈，显示女性庄重、文雅的阴柔之美。

走路时脚步要干净利索，有鲜明的节奏感。不可把手插在衣服口袋里，尤其不要插在裤袋里，也不要掐腰或倒背着手，这些都不美观。几个人走路既不要走得太快，一个人遥遥领先，也不要走得过慢，孤单单地落在后面，显得与他人格格不入。

（4）蹲姿。蹲姿，即人蹲下来时的姿势。下蹲时，可以左脚在前，右脚稍后，两腿靠紧向下蹲。左腿全腿着地，左腿小腿基本垂直于地面，右腿脚跟提起，脚掌着地，形成左膝高右膝低的姿态，臀部朝下，主要用右腿支撑身体。

2. 常用举止

在校园交往中，一举手一投足，一颦一笑，都表现出一种态度。这里主要讲四种常用的举止。

(1) 点头。两位熟人同时在路上相遇时，不要视而不见，态度冷漠，而应点头打个招呼，以示礼貌。点头打招呼也可以在较大的迎送场合使用，当迎送者较多或距离较近时，可以点头致意。

(2) 举手。与对方距离较远或没有时间寒暄时，可以举手打招呼。举手很简单，却向对方表达了敬意，乐此不疲。

(3) 起立。在正式场合，有长者、尊者到来或离去时，在场者应起立表示敬意。

(4) 鼓掌。在一些场合，当重要人物出现或演出圆满结束，或精彩的演讲完毕，人们应热情鼓掌，表示欢迎、祝贺或赞赏。

在公共场合，人们应拘于小节。注意不要随地吐痰，不要当着别人的面甩鼻涕、挠头发、掏耳屎、打哈欠、剔牙齿。咳嗽、打哈欠时，应用手帕捂住口鼻，面向一旁，尽量不要发出太大声音。

3. 饮食起居

(1) 吃的规矩。吃饭时，最忌讳显出贪吃的样子。如饭前眼睛直勾勾地盯着餐桌上的菜，进餐时狼吞虎咽等，这些都是不规范的行为。正确的做法是：入席落座后，菜没上齐前，可与大家聊聊天；进餐时，应细嚼慢咽，这不仅有利于品味和消化，也符合餐桌上的礼仪要求。进餐时，不要自己先挑食。不要抢先夹菜和用力翻动菜肴，一次夹菜不要太多。吃到不合自己口味的菜，切不可吐舌或做怪相。注意可用餐巾擦嘴和手，而不要用餐巾擦桌子等。

(2) 喝的礼貌。不要用嘴去吹汤。刚端上桌的菜汤很热，有人习惯用嘴吹来降温，这样既不雅观，也不卫生。正确的做法是：当汤太热难以马上入口时，可将汤舀入自己的碗内，轻轻地舀一舀，待降温后再喝。喝汤时应用汤匙一勺一勺舀着喝，当汤快喝完时，可用左手端碗，将碗向内倾斜，用右手持汤匙舀着喝，而不要口对碗边一饮而尽，整个过程不要发出大的声响。

(3) 住的文明。同学们住集体宿舍，一定要互相尊重，彼此以礼相待。要自觉遵守作息时间，不要因为自己的活动而影响别人的工作和休息。同时邻里之间也要互相关照。住在楼上的人千万不要把楼下当作垃圾场，随意乱扔果皮、纸屑等。晾晒还在滴水的衣服时，应看看楼下邻居是否晒了东西，小心不要将水滴到楼下晾晒的衣服上。如果在阳台上种了花草，浇花时应小心翼翼，以免浇湿楼下邻居的东西。

（四）见面

见面是人际交往的第一个环节。一般而言，一个人留给他人的第一印象，大抵都形成于双方见面之初。有鉴于此，珍视自我形象的大学生，务必要对自己与他人的会面慎之又慎。见面礼仪亦称会面礼仪，它所指的是人与人在会面之际所应遵守的主要礼仪。称呼、问候、介绍、握手等，都属于会面礼仪的基本内容。

1. 称呼

称呼，通常指人际交往中所使用的称谓语。在人际交往中，称呼尽管短而又短，往往被人们一带而过，但是在实践中它却备受关注。大学生在日常生活里称呼时，切莫对其马虎大意。称呼从总体上来讲，可以被区分为正规称呼与非正规称呼两大基本类型。它们各自所适用的具体场合，通常有着明显的不同。

（1）正规称呼。主要用于人与人之间的初次交往、公务交往和对外交往。正规称呼的总要求，是通过称呼的具体使用，来体现出称呼者对被称呼者的谦恭和敬意。大学生所使用的正规称呼具体又可以分为下列6类。一是以"您"相称。二是以"同志"相称。三是以"同学"相称。四是以"小姐""先生""女士"或"夫人"相称。五是以学衔、军衔、警衔相称。六是以职务、职称或职业相称。

（2）非正规称呼。主要适用于各类非正式场合，并且为亲朋好友故旧之间所采用。非正规称呼的主要特点，是要借助于此类称呼的使用，去表达称呼者对被称呼者的亲近或随和。一般来讲，非正规称呼大体上共有下列5类。一是以"你"相称。二是以姓名相称。三是以"老"或者"小"加上姓氏相称。四是以名字或者小名相称。五是以辈份相称。

2. 问候

问候，又叫作问好或者打招呼。它适用于人们见面之初，主要用以向他人询问安好、表示关切或者致以问候。在正常情况下，一个人在与自己的熟人见面时，双方理当相互致以问候。否则，就是一种目中无人的表现。

在问候他人时，大学生主要应当注意下列三个方面的问题。

（1）问候的内容。主要包括三类。

问好型，即见面后直接问候交往对象："您好""早上好""下午好"或者"大家好"，它言简意赅、直截了当，既不失礼貌，又可避免东拉西扯，所以最为正规，使用范围最广。

寒暄型，即人们在平日问候他人时所讲的一些应酬话，诸如"吃了没有""上哪里去""忙什么呢"等。对于这类问候语，多适用于熟人之间。在跨文化交往时慎用。

交谈型，即人们在问候他人时直接找到一个话题，在问候对方的同时，希望就此交谈下去。此类问候语，多适用于公务场合。

（2）问候的顺序。两人见面时，双方均应主动问候对方，而不必非要等对方首先开口不可。正常情况下，标准是所谓"位低者先行"。一人与多人见面时，问候对方有两种具体方法可循。一是由尊而卑，依次一一问候对方。二是统一问候对方，而不用具体到每个人。例如，"各位好！""同学们好！"

（3）问候的态度。在问候他人时，大学生务必要使自己言行一致，因此此时此刻，人们往往是讲究对交往对象"听其言，观其行"。大学生在问候他人时，一定要力求态度热情而友好，切勿显得傲慢冷漠，敷衍了事，得过且过。在问候他人时，应做到：起身站立、迎向对方，面含微笑、待人友善，目视对方、专心致志，认真对待、及时回应。

3. 介绍

介绍，一般指的是在人际交往中使彼此双方互相有所了解。在人际交往中，互不认识者之间唯有通过介绍，才能够彼此认识，并且进而建立联系。

（1）介绍自己。在自我介绍中，要求介绍的语言简洁明了，又能使对方从你的介绍中找出继续谈下去的话题；既要使对方通过对你的介绍对你有所了解，又不使对方觉得你在自吹自擂。其基本程序应该是：先向对方点头致意，得到回应后再向对方介绍自己。

就具体内容而言，介绍自己可以分为三种。一是应酬式，即只介绍自己的姓名。二是交流式，即除了介绍自己的姓名之外，还须介绍自己所在的具体单位，所担负的具体职务，或者所学习的具体专业。其目的是要使他人对自己的基本情况初步有所了解。三是答问式，即根据交往对象所提出来的具体问题，来选择自我介绍的基本内容，有问有答，答其所问。

（2）介绍他人

介绍两人认识时，应先介绍位低者，后介绍位高者，遵循对应受到尊重的一方有了解对方的优先权的原则。在口头表达上，先称呼身份高者、年长者、主人、女士和先到场者，再一一介绍给对方。在介绍时，手势动作应文雅，仪态应端正，表情应自然。无论介绍哪一位，都应手心朝上，手背朝下，四指并拢，拇指张开，指向被介绍的一方，且眼神随手势转向被介绍的一方，并向另一方点头微笑。介绍时，除长者、女士外，一般应起立，但在宴会桌、会谈桌上也可不起立，被介绍者只需略欠身微笑点头，有所表示即可。

4. 握手

（1）握手的方式。与他人握手时，应该起身站立，使用右手，握手的双方相互握住对方右手拇指之外的其他四个手指，握手的时间以3秒钟左右为宜，握手时的力量以2公斤左右为宜，与别人握手时，应目视对方双眼，并且面含微笑，握手的同时稍事寒暄，问候对方或叙叙家常。

（2）握手的顺序。与他人握手时，双方伸出手来的先后顺序有着一定规矩，最基本的讲究是"尊者在前"。即双方握手时，应由地位较高者首先伸出手来。地位较低者若是首先伸出手来，则是失礼的表现。具体而言，长辈与晚辈握手时，应由长辈率先伸手；老师与学生握手时，应由老师率先伸手；女士与男士握手时，应由女士率先伸手；已婚者与未婚者握手时，应由已婚者率先伸手；职务高者与职务低者握手时，应由职务高者率先伸手。

二、教学礼节

（一）课堂礼仪

1. 学生课前礼仪

学生应在上课预备零响前5分钟进入教室，做好上课的准备，端坐恭候老师到来。这是一种应有的礼貌，也是对老师的尊重。教室里的肃静气氛，既能为老师取得良好的教学效果创造环境，又能密切师生之间的关系。

2. 学生上课礼仪

学生如遇到特殊情况，不得已而在老师开始上课后才进入教室，应特别注意举止文明和礼貌。到教室门口应先停下脚步，如果教室门关着，就应先轻轻叩门，得到老师的允许后，才能进入教室；走向自己的座位时，速度要快，脚步要轻，动作幅度要小；然后应集中注意力端坐静听老师讲课；总之要把自己因迟到对课堂秩序造成的影响减少到最低限度。

老师提问时，学生应该举手回答问题。如果对老师的提问自己回答不出来，但又被点到名字，这时应该站起来，以抱歉的语调向老师实事求是地表明自己回答不出来，或没有准备好。

学生课堂纪律很好，教师会感到自己的劳动得到了应有的尊重，于是内心会升起欣慰和亲切之感，思路就会越讲越顺，教学会发挥到最佳状态。所以，每个学生都应遵守课堂纪律。这既是对教师辛勤劳动的尊重，也是一种基本的礼貌。

3. 学生下课礼仪

老师宣布下课之后，学生才能整理自己的课本和书包。整理时做到课桌上、抽屉里没有果皮和纸屑等物品。若有这样的物品学生应带出课桌，放进教室或走廊的垃圾桶里。学生应帮老师擦干净黑板，整理好讲桌；若老师使用多媒体课件，帮老师关闭电脑等设备。

要等老师离开教室之后，学生才能有序地离开。若学生有问题要向老师请教，语言应简练，不能时间太长，以免影响老师课下的安排，若问题暂时无法解决，应同老师约时间再进行探讨。

（二）参加学术报告会礼仪

参加学术报告会衣着应整洁、仪表大方、准时入场、进出有序，依会议安排落座。具体来说，要注意以下几点：

1. 遵守集会纪律，做到准时、有序

参加集会应提前几分钟到达集会地点。入场时不要勾肩搭背、大声谈笑、东张西望或找人打招呼。集会结束后，应让贵宾及教师先离开会场，然后学生按次序退场，切忌一哄而散。

2. 尊重报告人，适时向报告人表示敬意

当报告人出现在主席台上时，全场应立即安静下来，并报以热烈的掌声；报告人做报告时，学生要端坐静听，不要交头接耳、窃窃私语；一般情况下不要随意离开会场，如有特殊原因需出场，应悄悄出场，以减少对报告人和观众的干扰。对报告中的精彩部分，学生可以鼓掌，以表示赞同和钦佩。对报告中某些观点不同意，或由于报告中的引例和数据不够准确而有不同的看法时，与会同学应采取正确而礼貌的方式予以处理，或通过向报告人递条子的方法指出报告中的某些欠妥之处，或会议结束后，向会议组织者提出意见。当场在下面议论、喊叫，或当面指责，都是极不礼貌的行为。

3. 自由发言要注意礼貌

要求发言先举手，得到主持人的同意后，方可发言。在别的同学发言时，要认真听，不要作出无所谓或不耐烦的样子，不要随便插话，更不能强行打断别人的讲话，假如不同意发言人的观点，在他没有讲完之前，既不要立即反驳，也不要和周围的同学议论，扰乱会场纪律，更不能公然露出鄙夷的神色或拂袖而去。发言要观点明确，以理服人。对不同的意见，不要乱扣帽子、乱打棍子，切忌出言不逊、恶语伤人。别人批评自己的观点或对自己的观点提出不同看法时，应虚心听取，要让别人把话说完，不要急躁，不要说出有损别人人格的话，应相互切磋，求同存异。

（三）升降旗礼节

在整个升降国旗的过程中，首先，要肃立端正。当听到"升旗、奏国歌"时，要立正、脱帽、行注目礼，在降旗时同样要立正脱帽，并行注目礼。其次，神态要庄重。升降国旗和奏国歌本身就是一种爱国教育，所有的人都要保持肃静。切忌自由走动、嬉闹谈笑和东张西望等不恭表现。

第三节 大学生人际交往

人际交往是指人与人之间相互传递信息、沟通思想和交流感情的联系过程。

通过人际交往，形成人与人之间的好恶感，以及排斥或吸引等心理关系，这种关系即人际关系。马克思曾指出："人的本质并不是个人所固有的抽象物，在其现实性上，它是一切社会关系的总和。"人际关系作为人生实践的重要组成部分，对人的成长、发展影响重大。因此了解人际交往的规律，构建和谐的人际关系，培养真挚的友谊，是当代大学生探索人生必须面对的问题。

一、大学生人际交往特点和作用

（一）大学生人际交往的特点

1. 开放性

大学生交往的开放性主要表现在交往对象的开放性，交往对象由班上的同性同学到异性同学，由老师到社会各类人员。其次，是交往范围的开放。从一个宿舍到整个学生楼以及其他班级、系别、院校。再次，社交内容的开放。大学生社交内容不仅是围绕着学习这个中心，许多社会上的事情也渗透进来，特别是勤工助学活动的开展，使不少社交活动与经商、打工联系在一起。

2. 平等性

由于大学生在年龄、经历、知识水平和生活特点方面相差不多，所以大学生的交往有明显的平等性。这种交往可以使大学生间的信息传递、思想交流、情感沟通等过程比较轻松自如，没有与父母、师长交往中的心理压力和不平等感，从而能更好地发挥人际交往的作用。

3. 情感性

大学生的交往，无论是在学习上的互相帮助还是思想上的相互激励，都表现出较强的感情联系。大学生处于青春期，不仅思维敏捷、感情丰富，而且珍视友谊，很富有浪漫色彩，其社交倾向带有很强的情感性。同时由于学生之间的利益关系纽带不强，没有经济和思想上的较强依赖，所以都尽力保持着自己独立的人格。

4. 互助性

社会交往的一个重要原因是由于人们间的相互需要和相互依赖。大学生交往中联系感情的一个重要原因就是能够互相帮助，同时由于大学生个体的能力是弱小的，对集体和社会力量产生依赖和需要，从而使个体的能力得到发挥和发展。

5. 独立性

无论是活泼好动还是文静温和的大学生，在交往中都表现出一种自主性。大学生的交往多是兴趣所致，情趣相投，人格平等，位置相近，所以交往具有一定的稳定性，但是由于外在的约束力较弱，所以大学生个体又具有较强的独立性。

（二）大学生人际交往的作用

1. 促进大学生社会化进程

人要成长发展就必须适应社会，掌握一个社会成员所应具备的知识技能、行为规范和情感方式。大学生在完成学业、完善自身的同时，也离不开人际交往。人际交往是人社会化的起点，人际交往有助于大学生个性形成和社会适应，培养大学生的人际交往能力，已经成为一种生存、竞争、获得发展的必要手段。

2. 大学生个性发展与完善的条件

一个人的个性除了受先天遗传因素的影响外，更重要的是后天环境的影响。人际交往使大学生获得多样互补，包括知识互补、性格互补和心理互补。这些互补主要通过聊天、结交朋友、共同兴趣活动等形式来实现。相互交流和共同探讨的过程中，促进了友谊，增长了知识。大学是人的个性定型的关键时期，积极的人际交往、和谐的人际关系有助于大学生培养良好的个性。

3. 大学生深化自我认识的过程

是否正确认识自我是一个人成熟的标志之一。他人对自己的认识，可以较完善地映照出自我的全面形象。大学生在交往过程中，往往以同龄人作为参照系，从他人的反应、态度和评价中发现自己的长处和短处，找到自己恰当的社会位置，从而选择更为恰当的行为。所以，大学生在交往中应多结交一些志趣高尚、乐于进取的朋友，由此才能不断调整自我，走向成熟。

4. 保持心理平衡的有效方法

人际交往的时间、空间越大，人的精神生活就越丰富，得到支持与帮助的机会就越多，就越能保持心理平衡。当交往的需要得不到满足时，会增加大学生的挫折感，从而引发内心的矛盾与冲突，造成情绪低落，心理失衡得不到调整，就极易导致身心疾病。

5. 实现人生理想和价值的桥梁

良好的人际关系是一个人修养的综合体现，人际交往能力已经成为现代社会衡量和评价一个人的基本素质的重要标准，而良好的人际交往能力又是一个现代人所拥有的无形财富。大学生作为人类文明的继承者和促进者，正确对待和处理人际交往问题显得更为重要，这不仅是及时吸收新知识、新信息、新经验，开阔视野的重要手段，同时又是在知识的学习和讨论中增强思维的敏捷性、开发智力和进行科学创造的前提，更是大学生实现人生理想、人生价值的桥梁。

二、大学生人际交往形式与策略

学生交往的形式大致有学习、聊天、通讯、参加体育活动、郊游、联欢玩耍、各种沙龙聚会、社团活动、社会实践等。这些形式各有自己的特点。

(一) 学习活动

学习活动是大学生交往的主要方式，它主要是通过课堂上问题讨论中的交流，自习中的相互帮助，作业练习和实习活动中相互鼓励以及对优异成绩追求中的竞争表现出来。这些以学习为核心的活动是大学生社会交往的主要方式。

(二) 社团活动

大学生社团活动是由在校大学生组成的，以促进学业、培养兴趣爱好、锻炼能力为目的的课外活动群体。社团活动使大学生能充分地表现自我，满足大学生自由交往的需要和情感上的交流。大多数的社团活动都有一定的主题,例如各种球、棋、画、文学、演讲、心理、舞会、合唱等等。

(三) 社会实践

各个高校每年暑假都要组织学生参加一些社会实践,这些社会实践有大学生内部的交往,但更多的是大学生与社会其他人员的交往。勤工俭学是大学生参加社会实践的主要形式。社会实践能使大学生更直观地接触社会、了解社会。大学生以选择与自己专业相关的社会实践为最佳。

(四) 通讯

随着科技的发展,通讯手段的多样,信件的来往,电话信息传递,运用网络与世界接轨,成为大学生交往中人际信息沟通的一种必不可少的手段,通讯与各种交往方式相配合,使大学生的社会交往呈现开放状态。

三、大学生人际交往技巧与应用

人际交往当中蕴藏着丰富的交往艺术,主要包括交往的时机、场合、方式、风度、角色、语言等。

(一) 要有洒脱的交往风度

风度是人的素质的"外化",是人的内在和外在品质的综合。主要包括(1) 待人态度。不论交往的对象是谁,待人应该诚恳直率、平等亲切;不阿谀奉承、卑躬屈膝;要做老实人、办老实事;要端庄而不过于矜持,谦虚而不矫揉造作,不卑不亢,保持落落大方的风度。(2) 精神状态。要保持精神振奋,情绪饱满,就能活跃交往气氛,丰富交往话题。反之会使对方兴趣索然。(3) 仪表礼节。一个人仪表整洁,举止端庄,礼节周到,就能产生吸引别人的魅力。这种魅力不仅存在于人的外表,更在于人的内心品质的自然流露。(4) 注意力。在交往中集中注意力,不仅能使对方有受到尊重的感觉,同时有助于交往思路更加条理化,启迪和开阔视野。

(二) 正确运用语言艺术

语言是社会交往的工具,在交往中起重要的作用。首先,运用语言,学会用清楚、准确、简练、生动的语言表达自己的思想,养成对人用敬语,对自己用谦语的习惯。其次,学会有效地聆听,耐心虚心倾听对方的讲话。再次,把握谈话技巧,要吸引和抓住对方,交往中的话题内容和形式应适合对方的知识范围、经验,合乎对方的心理需要和兴趣,妥善运用赞扬和批评,使交往的氛围和谐友善,谈话要有幽默感,同时还要注意讲话时的语气、表情、节奏等。

(三) 要讲究交往的规范

正确的社会交往应该具有四度,即向度、广度、深度和适度。向度是指交往的方向性;广度是指交往的范围与交往对象;深度是指交往的程度、情感状态;适度是指能把握交往的分寸,处理好社交与其他活动的关系。这四度是人们交往的一般行为规范。不同的交往对象,不同的交往情景,人际空间距离是不同的,所以讲究交往的行为规范还应包括礼节性行为与身体的姿态,如点头、鞠躬、握手等,运用得当可增进交往的吸引力,达到良好的效果。

(四) 克服交往中的障碍心理

常见的交往障碍心理有羞怯心理、自卑心理、猜疑心理、嫉妒心理等。羞怯心理使人害怕与陌生人交往,即使交往也难以清楚、准确、充分地表达自己的见解和情感;自卑心理使人在交往中首先怀疑自己的交往能力,交往中总是畏首畏尾,遇到一点挫折就怨天尤人,自我贬损;猜疑心理是交往的拦路虎,正常的交往因疑心作祟而产生裂痕,甚至发展为对立;嫉妒心理使人心胸狭窄,鼠目寸光,交往关系难以维持。因此,要保证正常的交往,必须通过努力,克服这些不良心理。

四、大学生人际交往基本要素与要求

加强人际关系课程的建设,引导大学生进行健康、顺利的人际交往,已成为一

41

个必须予以更多关注的课题。这就要求大学生在人际交往中掌握如下的基本要素。

(一) 提高认识，掌握技巧

高校教师要注意引导大学生不断调整自己的认知结构，对人际交往形成一种积极的准确的认识，而不要把人与人之间的关系视为尔虞我诈。同时加强交往技巧的培养，促使交往双方达到心理相容。因此，在人际交往中应尽可能地做到如下几点。

1. 肯定对方

人类普遍存在着自尊的需要，只有在自尊心高度满足的情况下，他才会产生最大程度的愉悦，才会对人际交往中对方的态度、观点易于接受。特别是处于青春期的大学生，自尊心极强，因而在交往中首先就必须肯定对方，尊重对方，这是成功交往的一半。

2. 真诚热情

人际交往中，若对方感到了你的真诚与热情，显然会得到对方肯定的评价。所以在交往中，不但需要充沛的热情，同时又坦诚言明自身的利益，显得真诚而又合情合理。这样，自然会被对方接纳，为成功交往架起了一道桥梁。

(二) 充分实践，改善交往措施

良好的人际关系是在交往中形成和发展起来的。大学生从入校的第一天起，只要注意加强交往的实际锻炼，良好的交往能力就一定会形成。初入校门的大学生，在和一些不熟悉的人交往时，可以从一般的寒暄开始，之后转入中性话题，如来自哪个学校，姓名，有哪些业余爱好等；而后再转入双方感兴趣的、触及个人利益的话题，如工作、学习、身体等；最后，即可随便交谈起来，这种交往能锻炼自己使对方开口的本领，寻找相互感兴趣话题的本领。同时，良好的人际关系也有赖于相互的了解。相互了解有赖于彼此思想上的沟通。因此要注意常常与人交谈，交换看法，讨论感兴趣的事情。这样，可藉此表达自己的喜怒哀乐，降低内心压力。在沟通中求得主观世界与客观世界的平衡，有益于身心健康。但在沟通时，语言表达要清楚、准确、简练、生动，要学会有效聆听，做到耐心、虚心、会心，把握谈话技巧，吸引并抓住对方。

（三）培养良好的交往品质

1. 真诚

"人之相知，贵相知心。"真诚的心能使交往双方心心相印，彼此肝胆相照，真诚的人能使交往者的友谊地久天长。

2. 信任

美国哲学家和诗人爱默生说过：你信任人，人才对你重视。在人际交往中，信任就是要相信他人的真诚，从积极的角度去理解他人的动机和言行，而不是胡乱猜疑，相互设防。信任他人必须真心实意，而不是口是心非。

3. 克制

与人相处，难免发生摩擦冲突，克制往往会起到"化干戈为玉帛"的效果。克制是以团结为金，以大局为重，即使是在自己的自尊与利益受到损害时也是如此。但克制并不是无条件的，应有理、有利、有节，如果只为一时苟安，忍气吞声地任凭他人的无端攻击、指责，则是怯懦的表现，而不是正确的交往态度。

4. 自信

俗话说，自爱才有他爱，自尊而后有他尊。自信也是如此。在人际交往中，自信的人总是不卑不亢、落落大方、谈吐从容，而决非孤芳自赏、盲目清高。而是对自己的不足有所认识，并善于听从别人的劝告与帮助，勇于改正自己的错误。培养自信要善于"解剖自己"，发扬优点，改正缺点，在社会实践中磨炼、摔打自己，使自己尽快成熟起来。

5. 热情

在人际交往中，热情能给人以温暖，能促进人的相互理解，能融化冷漠的心灵。因此，待人热情是沟通人的情感、促进人际交往的重要心理品质。

随着科技的突飞猛进，经济全球化趋势的加快，交往和沟通在整个社会活动中的地位日益突出，成功的交往和沟通不仅能够建立良好的人际合作关系，而且能够转化为生产力,取得巨大的经济效益。因此,加强大学生之间的人际交往,掌握人际交往的技巧,建立良好的人际关系,形成良好的校园氛围,既有利于大学生的健康成长,又有利于为大学生将来走向社会、走向未来。

【思考题】

1. 简述礼仪的概念和校园礼仪的定义。
2. 校园礼仪有哪些特征?
3. 怎样理解校园礼仪的原则?
4. 校园的日常礼节包括哪些方面,各有什么意义?
5. 大学生人际交往有哪些特点和作用?

第三章 人际交往心理

【章前导读】人际交往是人类社会特定的社会现象，交往在人类社会中既是团结个体的方式，也是发展个体自身的方式。本章重点介绍人际关系的基本概念和一般技巧，探讨人际关系的认知机制，探讨自我认知和他人认知对人际交往的影响，进而使学生了解体育专业大学生的人际心理特征。

第一节 人际关系概述

古希腊哲学家亚里士多德曾说：一个生活在社会之外的人，同人不发生关系的人，不是动物就是神。如果人完全脱离了人际交往，脱离了社会，人就不再是人，而成为动物。社会生活中的每个人都生活在人际关系的网中，个人所有的活动都是在与他人交往过程中进行并实现的，社会交往是个人社会化的基本途径，也是心理健康、情感成熟的根本保证。

一、人际关系的概念与意义

人际交往是标志人类活动的特殊领域的概念。交往在英语中使用"communication"一词表达，其含义有通讯、传达、交流、意见的交换等。交往在汉语中又称为"交际"。"交"有接合、通气赋予的意思；"际"有接受、接纳、交合、会合、彼此之间等意思。人际关系是指人们在社会实践中形成的人与人之间直接的心理关系，它包括三个方面的内容。(1)人际关系是在人际交往中形成；(2)人际交往是指人与人之间的一种心理和行为的沟通过程；(3)个体无论与何种人进行交往，都会发生一定的心理关系，这种心理关系就是人际关系。人际关系是人的心理行为的综合体现，其发展方向、好坏程度往往有多种因素决定，因此人际关系会在生活中表现出不同发展水平和追求目标，有着各种类别的区分。

人际交往是人们社会生活的重要组成部分，在现实生活中人际交往具有十分重要的作用和功能。人际交往有利于人的才能的发挥，有助于高素质人才的成长，它可以使人们获得知心朋友，可以得到他人的关怀和帮助，可以活跃和丰富人们的社会生活，有益于人们的身心健康。

二、人际关系的分类

人际交往是人类生活不可缺少的重要组成部分。在现代社会中，人们所从事的劳动和工作越来越复杂，社会化程度越来越高，既有严密科学的分工，又有严格的整体配合，需要越来越多的人合作才能成功。同时，随着物质生活水平的提高，各种信息纷至沓来，人们比以往更渴望对话、理解、沟通，更多地渴望文化生活和精神交往，而人际交往恰似劳动、语言和闲暇一样，是人类生活不可缺少的重要组成部分。

（一）按交往层次人际关系的分类

1. 低层次、低水平的人际关系

建立在个人需求、好恶、兴趣之上的人际关系，其思想基础薄弱，显现脆弱、肤浅、表面、波动等特征，如吃吃喝喝狐朋狗友。

2. 中等层次、一般水平的人际关系

建立在共同社会目标和一定行业规范基础上的人际关系。思想基础较单调，显示出团结合作、友爱互助及较稳定深入特征，如行业行规下的同事关系、师生关系等。

3. 高层次、高水平的人际关系

建立在对自然和社会发展规律的认识基础上，具有远大理想、抱负和志向，动机高尚。人际关系稳定持久，能经受各种严峻考验。如马克思与恩格斯的友谊、宋庆龄与孙中山的爱情等。

(二) 按形成基础人际关系的分类

1. 血缘人际关系

以血缘为纽带的人际关系,如亲子关系、亲族关系等。

2. 地缘人际关系

以地域、习俗的类同为划分基础,如同乡关系、族群关系等。

3. 业缘人际关系

以行业划分人际交往类别,如同事关系、师徒关系、经营关系等。

(三) 根据对他人需求的内容和方式不同,人际关系的分类

美国心理学家舒茨认为,每个人都有三种基本的人际需要,每种需要都包含着主动性和被动性两种不同的维度。

1. 包容的需求

此类人愿意与人交往,希望与他人建立和维持相互容纳的和谐关系。按交往形式的主动与被动,主动性表现为主动与他人接触,被动性表现为期待别人接纳自己。交往过程表现出热情与宽容的情感特质。

2. 控制的需求

具有控制需求的人企图运用权力、权威和其他可以控制别人的因素来与他人建立和维持良好的人际关系,主动性的行为特质是领导、支配、控制或是反抗权力、藐视权威等,与之相反的被动性特质则是受人支配、追随他人,希望被人引导。

3. 建立在情感需求上的人际关系

此类人希望在情感方面与他人建立并维持良好关系,其主动性行为特质表现为热情、友好、喜爱、亲密、同情、友善,总是主动表示友爱;被动性行为特质

是冷漠、疏远、憎恶，交往时等待别人对他亲密。

三、人际交往的基本原则

（一）平等的原则

这是一条最基本的原则。青年学子年龄经历、文化水平大致相当，无论来自城市或农村、学文或学理，均无贵贱尊卑之别。无论何时何地、年级高低，均应自觉做到平等待人。调查显示，凡优越感很强，喜欢显示个人特长和家庭背景的大学生多数人缘较差，即使能力很强，也无法发挥，因为不平等与人交往，同时也不被他人欢迎和接纳。

（二）尊重的原则

尊重是人际交往的礼仪之本、待人之道。"尊"，就是要尊重别人，不要自以为是，自命清高。关心人，爱护人，同情人，体贴人，这是尊重人的思想基础和感情基础。生活中每个人都有自己的人格尊严，并期望在各种场合得到他人尊重。所以交往首先必须学会尊重别人，包括其人格、权利和劳动成果。"敬人者，人恒敬之"。俄国作家屠格涅夫一天在街上，一个年迈体弱的乞丐向他伸出发抖的双手，大作家找遍所有衣袋，分文没有，感到惶恐不安，只好上前握住乞丐那双脏手，深情地说："对不起，兄弟，我什么也没有，兄弟！"哪知，大作家这一声声"兄弟"却超过了钱币的作用，立即令这名老乞丐为之动容，泪眼蒙蒙地说："哪儿的话，这已经很感恩了，这也是恩惠啊！"这个故事说明，无论什么人，无论地位高低，渴求得到尊重的心情是一样的。

（三）真诚的原则

真诚待人被认为是人际交往中最有价值、最重要的原则。诚实是友好交往的重要基础。"诚"，就是对于别人的缺点、短处不讥笑。批评别人时，注意尽可能避免伤害对方的自尊心，同时采用诚恳的态度，平静的口吻，不含讽刺意味的词句，努力使别人感受到批评后面的善意和友情。对于别人的优点、长处也不嫉妒，而是虚心学习，取人之长，补己之短。美国心理学家安德森于 1968 年列出 555 个描写人品形容词，让大学生说出最喜欢和最不喜欢的词语。结果，学生评价最高的品质是"真诚"，评价最低的品质是"虚伪"。所以我们应说老实话，办老实事，做老实人，"以诚感人者，人亦诚而应"。总之，"仁者无敌"，老实人不吃亏。

(四) 宽容的原则

即在人际交往时能宽容大度。人无完人，谁想交没有缺点的朋友，谁就没有朋友。"宽容"表现为，不但在小事上不去斤斤计较，就是在对方明显"亏"了自己的事情上，也要学会"以德报怨"。人与人相处是需要有些"弹性"的。人际交往中，难免有不愉快的人和事，遇到人际挫折时，要从长计议，学会宽容、克制和忍耐。不能动辄与人冲突或是干脆就不与人交往了。苏轼在《留侯论》中论到："匹夫见辱，拔剑而起，挺身而斗，此不足为大勇也。此其所扶持者甚大，而其志甚无也。"匹夫之勇非大勇，不过是志大才疏的体现。所以人际交往时，心胸要宽，姿态要高，气量要大。

(五) 谦逊的原则

谦逊是一种美德，谦虚一方面是能严格地以各种行为规范、道德准则、纪律制度约束自己，绝不侵害他人或使他人受痛苦；另一方面是在受到别人误解、委屈、亏待时，能够克制自己的情绪，避免不理智行为的产生。谦虚好学者，人们总乐于与之交往，反之狂妄自负，目无他人者，人们往往避而远之。

(六) 理解的原则

相互理解是人际沟通、促进交往的条件。常言"金玉易得，知己难寻"，知己即能够理解和关心自己的人。人际交往中，不仅要细心了解他人处境、心情、特性、好恶、需求等，还要根据彼此情况，主动调整和约束自己行为，尽量给他人以关心、帮助和方便，多为他人着想，处处体恤别人，自己不爱听的话别送别人，自己反感的行为别强加于人。所谓"己欲立而立人，己欲达而达人，己所不欲勿施于人"。处处理解和关心他人，深信别人也不会亏待你。

四、克服人际交往的破坏性因素

在人际交往中与上述人际交往原则相悖的破坏性因素包括社交自卑、社交猜疑和社交报复三种社交心理障碍。

（一）社交自卑感及其调整

一些人在人际交往中，总以为别人瞧不起自己，时时担心在交往中失去体面，甚至受到伤害；在交际场合，他们不积极参与，主动交流，而是过于警觉、被动防守，等待别人来亲近和抬举自己，压抑了自身能量的释放，守护的是个人过度的自尊而非运筹如何改善人际关系效果。这一切的实质其实是自卑心态的流露。

1. 产生社交自卑感的原因

（1）缺乏自我认识：往往高估别人或低估自己。

（2）经验不足：凡外交家和公关人员，其从容的外交能力来自优良的心理素质及丰富实际经验，如长期当学生干部者交际能力相对较强，就是经验的作用，所以古人说"世事洞明皆学问，人情练达即文章"。如果不懂经验可积累，空羡他人，却没有有效的行动加以锻炼和改造，则只会导致盲目的自卑。

（3）缺乏特长：生活中不乏有才华出众、多才多艺者，如有的擅长琴棋书画，有的能歌善舞，有的口才不凡，他们在交际场合往往受到关注和接纳。而无特长的人往往感到能力低下，相形见绌，强化了自卑，在人际交往中常表现出消极、拘谨、尴尬。

（4）畏惧挫折：人际交往，可能成功亦难免失败，唯有经常锻炼，不怕挫折，才能得心应手。可有些人成功欲极强，加上事前踌躇满志，信心百倍，无受挫心理准备，一旦失败则丧失信心，不愿再加以尝试。

（5）生理条件相对不足：生理缺陷造成社交自卑。如有的人虽然文章才华一流，但与人交谈则口吃或语塞；有的人身材短小，容貌不佳，强烈缺乏对自我的认同感，害怕被人嘲笑，因而在社交活动中处于被动地位。

2. 克服自卑感的方法

严重的自卑会造成心理变态，给生活、学习和工作带来精神负担，克服自卑有如下几种方法。

(1) 正确认识自己，提高自我评价能力，要善于发现和肯定自己的成绩。

(2) 尽可能弥补自己不足。一个人身高、长相难改变，但能力特长可以通过后天努力获得。

(3) 进行积极自我暗示，自我鼓励。如经常自言自语"我行！""我一定能成功！"

(4) 以积极心态面对挫折，及时从社交失败经历中吸取教训总结经验，是从失败阴影中解脱出来的有效方法。

(二) 社交猜疑心及其调适

1. 产生社交猜疑心的原因

猜疑是一种由主观推测而产生的不信任的复杂情感体验。心理学认为，猜疑是闭路思维的结果，特征是"自圆其说"，怀有猜疑心的人一般说从某一假想目标出发，脱离考查，缺少实证依据，进行封闭式思维，最后又回到假想的目标上来。就像画圆，越画越粗，越画越圆，最后"越看越像，越看越真"，在人际交往中，有人丢了东西后往往胡乱猜疑；被上级批评了，老怀疑同事打小报告；未评上先进，老怀疑有人暗中捣鬼等。猜疑心过重，往往有损团结，造成人际间隔阂、矛盾和冲突。

2. 克服社交猜疑心的调适方法

(1) 学会正确的人际认识方法。对他人和客观事物认识力求客观、全面、公正。

(2) 加强沟通，多做调查研究，出现疑惑，不要马上乱猜测，否则可能招致忌恨和报复。主动与所疑对象交流，有时可获得意想不到的信息，根本取消怀疑。

(3) 学会"冷处理"，处事应"冷处理"，急不得，时间一长就水落石出。如车间做一把锤子，成型后，烧得通红，若立即把它放入冷水冷却，则硬而不韧，若出炉后让其在空中慢慢冷却，则又硬又韧。

(4) 学会识别信息。猜疑心可能源于自身，也可能是听信他人流言所致。因此人际交往中，要善于对信息和信息源鉴别、筛选，做到"耳要硬，口要紧，行要慎"，"兼听则明，偏听则暗"，保持警觉和清醒头脑。

(三) 社交报复心理及其调适

1. 社交报复

社交报复的原因是因为交往者一方自认为受委屈，被羞辱甚至是情感、人格被伤害时所产生的反击心理。社交报复按不同标准分类有：(1) 公开报复和隐蔽报复。(2) 直接报复和间接报复。如你骂一句我还一句，你打我一拳我踢你一脚；后者如你明处羞辱我，我背后诽谤你，甚至移情于物，弄坏你一件东西以进行报复。(3) 及时报复与事后报复。(4) 对等报复与失当报复。有社交报复举措的人多半是心胸狭窄、脾气暴躁，文明水准较低的人，他们常把战争中的"以牙还牙"和法律上的"正当防卫"移植到朋友间的人际交往中来，实在不可取。如不克服，任其滋长，必导致严重后果。

2. 报复心理调适方法

(1) 正确认识自己所受的伤害。对于什么是伤害，各人理解完全不同，同一句话和同一件事有人认为是伤害，有人根本不当回事。实施报复行为之前，应冷静考虑自己到底是否受了伤害，伤在哪里，是否过于敏感、多疑，有无报复必要与价值。

(2) 正确分析别人对自己的伤害。即使是伤害，也要弄清别人是有意伤害还是无意伤害，是偶然伤害还是蓄意伤害，是故意伤害还是附带伤害，是严重伤害还是轻微伤害等。即使受到伤害，也应三思而后行，暂时忍一忍，头脑冷静地弄清原因，用表情暗示对方停止和用适当语言表达自己心态。

(3) 多考虑报复的结果，在施行报复前，仔细想想，通过报复，除了或许能从中体验到报复本身所带来的所谓"快感"并给对方造成危害外，还能得到什么？在唇枪舌战、日常交往中自己是否再次受到伤害？后果是什么？会否出现恶果甚至受法律制裁。古话说："饶人不是痴汉，痴汉不会饶人""忍得一时之气，免去百日之忧"，值得大家牢记。

(4) 学会忍耐与克制。人们在确实受到伤害时，只能有两种态度，一是反击，即报复；二是忍耐，自我克制。在正常人际交往中，一般极少出现大害，多半是一些有悖文明礼貌和出言不逊起的心理伤害。每个人与人交往时均应严于律己，把握好一言一行，尽量不伤害他人，若有差错，及时检讨、道歉，争做文明风范。

第二节　人际关系中的自我认知

认知是刺激与反应的中介，通过认知的转换，而使刺激具有了不同性质不同程度的意义，是影响个体心理健康水平和幸福感的重要因素。人际知觉指对人与人间相互关系的认知。包括自我认知和他人认知。要判断人际关系时我们特别注重个人的人格、意见、态度等与他人有关的特征，同时，对自己的身体、欲望、情感、思想亦有反应。对他人的认知引导我们对别人的反应，对自我的认知更决定了我们人际交往行为的基本形态和基本态度。

一、影响自我认知的因素

符号互动论者强调从社会互动的角度去理解自我知觉。库力认为，自我只有在社会互动中才能产生，他用"镜像自我"来说明自我知觉的形成，它包括三个方面：一是个体想象自己在他人面前的形象；二是个体想象对自己形象的评价；三是上述两方面结合便产生自我认知或自我知觉，因此有无正确的自我认知，会影响人际交往中的自我表现。比如，低估自己会引起自卑，导致社交中的畏缩，甚至引起社交恐惧症；高估自己引起自大，导致交往中盛气凌人，指手画脚让人受不了。

自我认知涉及主体对自己各方面心理特征的认识，一般分为态度和情绪两个因素。

（一）态度的自我认知

人要认识自己的态度，除了内省，必须通过观察自己的外显行为去推测内心的态度。但是这种行为应该是处于自由意志的选择。比如，当你毫不犹豫为扶贫计划捐钱时，事后回忆起来你会认为自己是富于同情心的人，相反如果是摊派下来的捐款任务，将无法判断内心的真实想法和态度。

（二）情绪的自我认知

　　人们有时能够意识到自己的情绪体验，尤其是快乐、悲哀等一些基本情绪，但有时并不一定能够准确知觉到自己的情绪体验，比如当心境不好时，很难说清是忧伤还是愤怒。沙赫特认为，人对情绪的知觉取决两个方面，其一是人们体验到的生理唤起水平，其二是认知判断，认知判断来自于人们对自己的行为和情境的考察。如果人们感到生理唤起并被电视转播的精彩比赛鼓舞，他们就判断自己是愉快的；如果自己对一个差强人意的比赛结果咆哮不已，则判断自己是愤怒的。沙赫特认为，内部状态是模糊的，因此情绪的自我认知也要高度依赖外显行为及其发生的情境。一旦生理上唤起之后，人们总要寻找其产生的原因，如果内部找不到，便从外界环境去寻找。例如，比赛前，在未被告知的情况下，运动员误服了兴奋药物，当他突然觉得情绪被唤起时，很激动，但不知道为什么，此时如果他正好想起有人刚刚骂了他，他就将这次唤起归因于那个人的攻击行为，并会感到异常的愤怒。但如果该运动员已知服食了兴奋药物，当感到激动时，其情绪将得到很好的控制，情绪体验不似前者强烈。所以情绪的自我认知最重要的因素是生理唤起，其次是个体要对这种唤起进行认知标定，即寻找唤起的原因。而对外在情境的认知会引起比内部生理唤起更激烈的情绪反应。

　　除了态度和情绪，个体对外界信息的易受暗示性也影响自我认知的判断。人很容易相信一个笼统的、一般性的人格描写特别适合他，即使这种描写十分空洞。算命先生、看相师大多依照人的这种特性，根据人们表现出的较为明显的线索，如口音、衣着，说出一段无关痛痒的话，人们便以为他真的能够预测自己的命运。如口音是南方人，就说此人谨慎、周全，如果身材高大似北方人，就认为阁下勇敢、豪气等，这种现象称为"巴纳姆效应"，源自一位名叫巴纳姆的著名杂技师对自己表演的评价。他说，他的演出之所以很受欢迎，是因为节目中包含了每个人都喜欢的成分，所以他使得"每一分钟都有人上当受骗"。

二、自我认知与人际交往模式

　　正确的自我认知是良好的人际关系的基础，有了正确的自我认知就有了对自己作为一个独特个体而存在的固有价值的认识。任何一个个体都是无法完全被取代的，都有其独特性和创造潜能，因而具有独特的自我价值和尊严。伴随这种对自我价值的认知而来的是对他人独特性价值的理解及尊重，并直接影响到人际交往的模式。

人际交往是一个互动的过程，一方的行为会引起对方相应的行为。一般规律是，一方积极的行为会引起对方相应的积极行为，一方消极的行为会引起对方的消极行为。所谓"敬人者恒敬之""爱人者人皆爱之"。

美国著名心理学家爱利克·伯奈对自己和他人所采取的基本生活态度，突出了四种人际交往模式：我不好—你好，我不行—你行；我不好—你也不好，我不行—你也不行；我好—你不好，我行—你不行；我好—你也好，我行—你也行。这四种交往模式都与自我认知以及自我认知对外的投射与互动有直接关系。

根据心理学家阿德勒提出的观点，人的生命初始是为他人而生存的，与他人相比，儿童常感到自己的无能，因而人从小就有自卑的自我认知。因而在内心深处形成了"我不行—你行"的心理模式。人的成长就是逐渐克服这种心态的过程。处于心理成熟过程中的某些青年学生，尚未完全摆脱儿童心理模式，因而在人际交往中常表现出不同程度的自卑和恐慌，最为极端的表现就是社交恐惧症。

"我好—你不好""我不好—你也不好"这两种交往模式常在人际交往中表现出来。前者表现出：充满优越感，骄傲自大，自以为是，总以为自己是对的，别人是错的。这种自我认知的偏差进一步导致另一种交往障碍——自我投射。自我投射是指内在心理的外在化，即以己度人，把自己的情感、意志、特征投射到他人身上，强加于人，认为他人也和自己一样。主要有情感投射——其机制在于忽视了自己与交往对象的差别，认为他人跟自己一样，对对方进行自我同化；愿望投射——把自己的主观愿望投射于他人，认为别人也如自己所期望的那样，把希望当成现实，产生认知偏差。其影响在于，从自我出发认知他人，自我与非我不分，主观与客观不分。当自己对别人好而别人对自己不好时，常愤愤不平，把人际关系中失败的原因归为他人。"我不好—你也不好"的行为模式表现为，不喜欢自己也不喜欢别人，既不去爱人也不能体验和接受他人的爱。这两种人际交往心理模式的实质是自卑感的变种，即儿童心理的成人化，在强调团体合作的竞技体育中，这两种模式将大大影响团队的成绩和个人水平的发挥。

上述的三种交往模式都是不正确自我认知的体现，不利于心理健康和心理发展，因而是不符合心理卫生的。成熟的健康的交往模式应该是"我好—你也好""我行—你也行"，这种心态的特点是，充分体会到自己拥有一种强大的理性能力，并对生活的价值有着恰当的理解，是相信自己与相信他人、爱自己与爱他人的统一。虽然良好的自我认知并不能保证十全十美，但由于可以客观地悦纳自己和他人，正视现实，并努力去改变自身能够改变的事物，具有良好自我认知的人善于去发现自己、他人及世界的光明面，从而使自己保持一种积极、乐观、进取、和谐的精神状态和竞技状态。

"我好—你也好""我行—你也行"的心理态度，既有助于人际交往，也有助于心理健康。

第三节 人际关系中如何认知他人

一、认知他人的内涵

认知他人与自我认知一样，也涉及他人许多方面的认识。归结起来主要是对他人情绪、情感的认知以及对他人人格的判断。

人的情绪状态可以大致地反映出其心理活动的基本状态，而情绪情感又通过人的外在表情表现出来，人们能够凭面部表情较为准确推断他人情绪。之所以如此，是因为几乎所有经历同一情绪体验的人都会表现出某种大体相似的面部表情。早在1872年，达尔文基于他的进化论思想认为，面部表情在所有文化中都表达的是同样的情绪状态，比如高兴时都会"笑逐言开"，焦急时都会"紧皱眉头"。有些文化鼓励人们公开表露自己的情绪，而有些文化则压抑人们的情绪表现。这往往影响对他人的情绪判断。但真实情绪也会从人的语调、身势、目光等多种非语言线索中泄露出来。

人格是个体多种心理特征的组合，它集中反映了一个人的精神风貌及不同他人的独特的心理类型。因此认识他人人格有助于我们全面把握他人并与其顺利交往。中国人常说人心难测，要准确了解他人人格，既要了解其过去的生活经历，又要在长时间内从各种情境下反复观察，最后概括出较为稳定的，反映其动机、意向、态度、价值观、能力等的人格特征。具体方法包括时间考验、危难考验、利益考验、事态炎凉考验。这些策略都是人们在长期的生活实践中总结出来的判断他人人格的方法。

二、影响认知他人的因素

(一) 知觉恒常性导致的障碍——第一印象

知觉恒常性导致的障碍又称第一印象，是指特定条件下首先映入认知者眼帘的信息在形成印象时占有优势地位。知觉恒常性常导致人际交往的表面性和片面性，比如以貌取人。

(二) 认知整体性导致的障碍——光环效应

人的认知具有整体特性，这是因为过去的知识经验的影响而造成的。认知整体性导致的障碍又称光环效应。光环效应是指对某个人的整体印象直接影响到对此人的具体特征的认识和评价的心理现象。其对人际关系的影响在于形成心理定势和促使中心性质的扩张化。所谓中心性质是指在人际交往中对形成印象有特殊意义、起决定作用的信息。中心性质的扩张化就造成了光环效应——从已知推及未知、从片面看全面的认知现象，即以偏概全，比如人们对明星、名人的盲目崇拜和偏听偏信。

(三) 认知选择性导致的障碍

知觉的选择性是指在社会实践中，人们从背景中有选择地对对象进行反映的心理现象。大千世界，纷纭庞杂，变化万千，人们就是凭借着知觉的选择性去认识世界和他人的。知觉选择受下列因素的影响：对象与背景的差异；对象的动与静；对象的特征；个人的经验、情绪、动机、兴趣和需要等主观因素。在人际交往中，认知选择性首先表现为根据自己的需要去看待他人；其次，认知主体总是从已有的经验出发，以已有的认知结构为基础，认知来自他人的信息，对之进行猜测、判断和评价；再其次，认知的角度不同，对同一认知对象的结果也不相同。

(四) 刻板印象

刻板印象是指在人际认知中笼统地把人划归为固定、概括的类型来加以认识的现象。人们在进行交往时，并不是把认知对象作为孤立的个体来认识的，总是把他看作某一类人群中的一员，他既有自己鲜明、独特的个性，又具有那一类人的共性，当我们把他归入某一类人之后，会认为他具有那一类人的特征。积极作用在于使认识他人的过程简化；消极作用在于可能会造成人际偏见和成见。比如一般人认为老年人保守，年轻人激进，农民勤劳等。

第四节　体育专业大学生的人际心理特征

一、体育生心理健康状况调查

西安体院教师陈彦曾运用 SCL-90（症状自评量表）对西安体院体育专业学生抽取样本 60 人进行心理健康状况调查，并与普通大学生样本进行比较，结果表明：(1) 按心理不适水平的五级评分标准，体育专业大学生在心理问题上属于轻度水平；(2) 体育专业大学生与普通大学生在躯体化和强迫症状两个因子上存在显著性差异；(3) 体育专业低年级学生在人际关系敏感、偏执和精神病性等因子上的得分显著高于高年级学生。

体育专业大学生作为当代大学生的组成部分，他们的心理健康状况既有与其他群体的相似性，又有其自身的特殊性。有研究发现，大学中的运动员焦虑心理比一般学生明显减少，而且支配性也更为良好，大学体育系的女生同其他专业的女生比较，较少患神经官能症，她们的支配性也更明显，而且更具有外倾性格，此外，她们具有高的自主性需求和交际需求。美国学者狄斯曼于 1986 年概括了 1750 名医生的材料，发现从事体育活动对于抑郁症的疗效达 85%，对于焦虑症的疗效达 60%。

一般来说，体育专业的大学生性格较外向，比较开朗，所以，体育专业大学生虽然存在着不同程度的心理问题，但还未达到病态程度。可是当体育生面对复杂的体育运动技术学习的任务或文化课的学习压力时，他们的情绪变化造成的心理上的不平衡、情绪紊乱以及人际关系的不适也不能被忽视。此外，体育运动的竞争性特点也会引起过度的紧张和焦虑，从而产生神经症性的情绪、强迫倾向、敌对、偏执和抑郁等心理问题。

有研究指出，从所学专业情况来看，可以认为所学专业的学习和竞争压力越大，发生心理障碍的人数越多。对于专门从事体育专业学习的大学生来讲，他们不仅要学好理论课，而且还要掌握好实践课。现代社会的发展和竞争性增强，由于他们的文化知识水平较差，所以不但要加强文化知识的学习和独立应付自己的日常生活，而且还要努力实现自己的未来，学会适应这个社会，而体育活动本身蕴藏着很多对人的各种刺激，相应地引起人的各种情绪体验。根据多年心理学家的研究证实，长期生活压力下的紧张痛苦情绪，是形成消化性溃疡的主要原因之一。躯体化主要反映身体不适感，体育专业大学生可能会由于以上原因导致身体的某种不适感，也有可能是由于他们营养失调、运动性创伤等原因引起的。但是，消极、突发而未能预料、不可能控制的生活变动或生活情绪以及一些心理应激（个人心理上的挫折与冲突）等对身体化症状影响是较大的。

此外，体育专业高、低年级心理健康状况存在区别。体育专业高年级的心理问题较轻，低年级相对较重。低年级的心理问题表现在人际关系敏感、偏执和精神病性三个因子上。低年级的学生出现这三方面的心理障碍，可能是因为他们面临着适应新环境的困难，建立新的人际关系，确立新的自我等方面的压力所致。罗杰斯的众多研究结果表明，理想自我与现实自我过分失调往往是产生神经症等心理障碍的主要原因，而大学低年级学生更容易产生理想自我与现实自我的失调。高年级的心理健康状况相对较好，是因为随着大学生活经验的增加以及自我的发展，他们一般都建立了比较稳定的人际关系和朋友圈子，分析与处理问题的能力有所提高所致。

K.Moninger认为："心理健康是指人们对于环境及相互间具有最高效率及快乐的适应情况。不只是要有效率，也不只是能有满足感，或是能愉快地接受生活的规范，而是要三者俱备。"有人研究总结出心理健康包括认知正常（normal cognition）、情感协调（harmonious emotion）、意志健全（sound will）、个性完整（integrated personality）和适应良好（good adaptation）五个方面。因此心理健康的关键性指标就是人际关系是否和谐，而这又有赖于认知与情感的协调，因此培养情感智慧便是提高人际认知能力的重要途径。

二、促进体育生人际认知的途径——培养情感智慧

人际认知能力体现出人的情感智慧,在体育教育中,培养学生的情感智慧,可使学生在学习体育技术、技能、锻炼身体过程中提高竞争意识、正确认知他人情绪和妥善管理好自己的情绪,促进心理健康的发展。

简单地说,情绪智慧包含五个方面的能力:认知自我的情绪能力;妥善管理自身的情绪能力;认知他人的情绪能力;人际交往的管理能力。这些能力在现代社会是相当重要的。一个人在校成绩优异并不能保证他一生事业的成功,也无法保证他达到企业领导地位或专业领域的巅峰。因此智商并不是成功的唯一条件。换句话说,在现代社会中情商的重要性绝不亚于智商,情感智慧是取得杰出成就的先决条件。情感是人对客观事物的态度的体验。在体育活动中,人们抱着各种各样的态度,有着各种各样的体验,因而产生各种各样的情感,产生各种各样的情感反应,如完成运动动作,比赛胜利,便产生满意、愉快的情感;在集体活动中得到同伴的赞许,便产生高兴、惬意的情感;在运动竞赛中由于对抗激烈,便产生紧张的情感,一旦得胜,便产生欢乐的情感,如果失利,则产生忧郁的情感。体育之所以产生丰富的情感,是由于体育运动本身具有的特性决定的,包括多样性、对抗性以及集体性。

运动项目的健身价值及多样性,能诱发学生参加体育运动的兴趣与爱好;而运动环境的复杂性和多变性,又使学生的整个身心处于一定的紧张状态,并激发学生的应变行为与能力。这种兴趣、爱好、能力的发展,提醒人的心理上的自我意识,产生体验,从而获得满意、愉快、欢乐、兴奋等感情。同时锻炼了对自己的情绪的认识能力。如健美操、木兰拳等课的内容,这些项目不但体现了健身价值,而且诱发学生的学习兴趣,锻炼学生情趣认识能力。

体育运动的对抗性,能使学生的情感随着比赛的进展而不断变化从而产生各种情感体验。所以在体育教学中,应多运用教学比赛,这样既培养学生组织竞赛、裁判工作能力,又能使学生在一场比赛中有胜利的希望时,常会体验到精神振奋、信心百倍、欢乐、喜悦等情感。有时在比分困难的情况下,需要荣誉感、义务感、责任感的推动下才能取得胜利。同时在对抗中,也锻炼学生对情绪的管理能力和自我激励能力。

体育运动的集体性,还能启发人的社会意识,增强人的自豪感、责任感、自尊心、自信心,使学生情感社会化。在体育教学过程中可多采用各种各样的游戏

活动，从而使学生产生互助合作、团结友爱等集体主义情感，同时锻炼了学生的人际交往能力。

所以体育运动是一种能给人以各种体验、激发各种情感的社会实践活动，使人产生喜、怒、哀、乐、恶、惧等情绪，同时不同的情感对体育教育的作用也不一样。学生具有良好的情感智慧对体育教育有促进作用，有利于学生发挥内在的潜力，掌握技术动作较快，从而保证学生顺利学习。反之则影响体育教育。在体育教育中教师要通过教育有意识地培养学生情感智慧，让学生通过体育锻炼来锻炼自己对情绪的控制能力，使自己能妥善管理好自己的情绪和协调与其他学生、教师的关系，处理好人际交往，养成思考问题、控制情绪、与人及时沟通的习惯。

三、在体育教学中丰富情感体验，提高人际认知能力

在体育教育中，体育教师要具备优秀的情绪智力，对学生和教学怀有热诚的情感，才能有效地对学生情感智慧进行培养。心理学家哈里斯研究发现，如果教师对学生抱有积极态度或较高希望，预期学生相处时心理气氛也比较和谐、融洽，学生则有机会学更多的东西，并能积极合理地表现自我，恰当地与别人交往并建立自信心。

在体育教学与训练中，体育教师首先必须具备同情心、富有激励和想象的倾向性。热情和同情心能使教师敏锐地洞察学生的内心世界，给学生以更多的情绪上的支持。要通过各种手段和方法，激发学生完成既定任务的愿望和信心，加深师生间、学生间感情，让学生树立起责任感、道德感。同时教师要尽可能关心每一个学生，避免对学生形成消极态度和用否定、拒绝、不公正、贬低等方式对待学生。教师要做到自己对学生的态度能够起到引导和改变促进学生情感智慧发展的作用。

其次，体育教师在教学中要创造适宜的情境来激发学生的情感。情感是引起学生心理活动的在外条件，适宜的情境，能唤起人的适宜的情感，在体育活动中，尤其是这样。体育活动的情境是多种多样的。布置一个优美的学习环境与运动场，是一种适宜的自然情境，它可以使学生得到美的感受，在怡然自乐的情感中学习；建立一个良好的体育集体，是一种适宜的社会情境，它可以使学生在团结友爱、积极向上的情感中学习。设计情境教学，这种精神环境中，运用联想、想象，带着忘我的、真实的情感去学习。这种方法在低年级学生的体育教学中更有运用价值。

第三，要培养学生用情感调节行动的能力。在体育活动中，机体能力的变化与情感体验有密切的联系。机体能力增加，情感体验也增加；反过来，积极的增加情感又能促进机体能力的提高。因此，体育教师在体育教学中要教会学生用情感的动力去调节自己的能力，同时在运动过程中，学生要善于支配和控制自己的情绪，保持动作与情感一致。这样，才能取得学习技术、锻炼身体、培养品质的良好教育效果。

第四，要注意师生人际交往的情感交融。作为教育工作者，教师要善于拨动学生的心弦，把爱洒在每个学生的心中，形成一种融洽和谐的课堂气氛。实践证明，只有当学生真正意识到教师在真心爱护他们时，才能乐于接受教师的教诲，即使严厉的批评，也会虚心接受。在体育教学中，对于一些基础差、技术掌握较慢的学生来说，教师任何不耐心、失望或看不起学生的情感流露都是对他们心理上的打击。教师应该多了解他们、关心他们，要乐于帮助他们。一个有效、成功的教师基本上是一个能用一种权威、真实、健康的方式处理自己和学生消极情绪的人。在体育课堂上从而既培养了学生情感智慧，又提高了体育课的教学效果。

第五，要培养学生竞争意识和抗挫折能力，倡导合作学习精神。竞争是时代的要求、社会发展的必然，没有竞争，无法求生存、求发展。同时当今学生的心理抗挫折能力较弱，在社会竞争中受挫、在情感上受挫、在人际交往中受挫等。而体育运动中能培养学生的竞争意识，体育教师要通过体育活动、比赛实践，鼓励学生拟订恰当的目标和理想，同时对学生加强引导，在失败面前要自我激励、坚定意志和树立奋发向上的信心。同时体育教师要教学生尊重、宽容和谅解他人。在体育教学和平时体育运动中学会妥善管理好自己的情绪，培养学生的能力和合作精神，以提高其人际交往和领导能力。

总之，我们在体育教育中除了要培养学生掌握基本知识、基本技能和基本技术外，还应该重视优化学生的情感智慧，促进人际心理的发展，并通过集体中成功的人际交往体现出来，把学生培养成为对社会有用的高素质人才。

【思考题】

1. 试述人际交往的概念与意义。
2. 人际交往可分为哪几个层次？
3. 试述自我认知和人际交往的模式。
4. 体育专业大学生人际交往中有哪些心理特征？

第四章 体育项目概要

【章前导读】体育的发展史就是体育项目的变迁史。世界体育的融合与变迁，东西方文化的交汇，使世界体育彼此融汇在一起，体育也就成为无国界的通用语言。人类社会，价值观的差异，深刻地影响到了某个或某类体育项目的生存与发展。正因为此，体育项目的价值功能才得以体现。本章主要介绍了体育项目的形成以及东西方对体育项目理解的差异；体育项目的分类以及分类标准和分类方法；正式体育项目的审批流程；世界正式开展的体育项目，特别介绍了中国正式开展的体育项目和少数民族运动会民族体育项目情况；竞技体育项目、民族传统体育项目、时尚体育项目历史嬗变；介绍了体育项目未来发展趋势。

第一节 体育项目的形成与概念

一部体育的发展史，也是一部体育项目的变迁史。我国体育项目从古代的导引术、气功、太极拳，到近代西方兵式体操、竞技体育项目在我国的引进传播；从局限于陆上的一些体育项目，拓展到海陆空三维空间的"绿色体育"项目；从作为帝王将相在深宫内殿的娱乐内容，到平民百姓的健身体育项目的演进……我们都可以感受到体育项目的历史演变之巨大。

一、体育项目的形成

体育项目作为体育存在的标识，它是体育实践中的真实内容。人们认识体育一般也是从具体的体育项目开始的。谈起体育，人们在脑海里出现的便是具体的体育项目，这种认识无疑是肤浅的，但也反映出人们对体育最基本的认识。

人类在漫长的进化过程中，由于所处的地理环境不同，其生产方式、思维方式、文化传统、风俗习惯、价值观念也不同，因此创造了形式各异的体育项目。如日本的柔道、西班牙的斗牛、中国的武术、蒙古族的摔跤和马术、朝鲜族的秋千和跳板、维吾尔族和哈萨克族的叼羊运动等。正是千姿百态的体育项目，才构成了体育这一内容丰富、绚丽多彩的社会文化现象。这些丰富多彩的体育项目作为一种文化符号，承载着各个民族特殊的深层文化心理，为我们探索中华民族体育变迁提供了直观、生动的素材。

（一）从历时性上看，体育项目的形成是一个漫长的过程，是人们在长期从事各种实践活动的基础上逐步形成和完善起来的

在原始社会，体育这种文化现象还处于一种萌芽的状态。人们在解决基本的衣食住行问题的过程中，产生了一些辅助性的活动，如原始的宗教祭祀活动、休闲娱乐活动、消除病痛的方法以及一些时常爆发的冲突战争。这些活动在长期的发展过程中，逐渐演变成体育项目的雏形或主要来源。至今我们仍可从世界各国的一些民族传统体育项目中看出各种原始"体育项目"的影子，如蒙古族依靠畜牧业谋生，其生产方式孕育了赛马、叼羊、"姑娘追"等体育项目，这类体育项目是一种初级文化形式。所谓初级文化形式是指那些精神文化成分（理性、科学、艺术的）较少，形式较为粗糙的、偏于感性和感官满足的文化现象，其表现是动作简单粗犷、接近自然，活动形式自由、随意，但缺少规则。直到今天，我们仍然可以看到许多把劳动作为一个体育项目的事例，如澳洲的伐木比赛，美国的驯马、骑野牛比赛等，以及中国农民运动会上的一些比赛项目，都与现实生活的劳动形式有关。只是那些项目只是一种模仿和借鉴，加工程度低，与真正意义上的专门化、规范化的体育项目还有一定的差距。

随着社会生产的发展和人类文明的进步，专门的体育项目在奴隶社会开始出现和形成，逐渐成为一种专门化的人类实践形式。如古希腊在公元前900年就出现了赛跑、投掷、角力等体育项目的竞赛，我国也于公元前400年创造出"导引术"之类的体育项目。尤其是作为竞技需要的体育项目，表现更为突出，古希腊奥运会为我们提供了大量的体育项目的原型。

经过了封建社会和资本主义社会，体育项目的内容得到了极大的丰富和发展。特别是近代科学的发展，推动了朴素的经验形态向科学形态转化。16世纪以后，在生产、科学技术以及其他文化活动的综合作用和影响下，大量新型的、有益于人类身心健康的体育项目涌现出来，汽车赛、赛艇、滑翔、热气球等人机结合的体育项目，就是随着科学技术的迅猛发展产生和发展起来的。另外，艺术化的体育项目也纷纷在体育与艺术的联姻中涌现出来，如艺术体操、花样滑冰、

花样游泳、花样滑雪、体育舞蹈等。

现代国际上流行的体育项目，尤其是奥林匹克运动会上的体育项目，绝大多数起源于英国的户外运动，是资本主义商品经济的产物。它们自产生之日起，就随着英国帝国主义的扩张而传播到世界各地，形成当今蔚为壮观的主流体育文化。许多现代竞技体育项目，基本上是按照这样一条逻辑线路演进发展的。最初某种人类活动具有竞技性、趣味性、休闲性，人们在业余时间进行玩耍时运用这种手段来进行。由于这类活动符合大部分人的需求，所以，经过一代代人的加工整理，产生了一些简单的规则和裁判方法，变成了某区域的民间游戏。再后来，这类游戏经过时间的检验后，经过一定组织的培养和推广，规范了规则、场地、器材，配备了裁判，成立了组织机构，完备了运动竞赛，逐步演变成为一个广为流传的体育项目。

（二）从共时性上看，伴随着世界各国之间经济、政治、文化交流的不断扩大和深入，传播媒体及交通工具的日益改良，不同民族、国家的体育项目作为文化交流最易于沟通的使者

因为体育在对外文化交流中更多地表现为具体体育项目的展示，即通过人们的形体语言来进行直接的对话和沟通，而无需翻译或相关的背景知识成为文化交流的先锋，不断地通过各种途径进行广泛交流。不同体育项目通过交流、碰撞、冲突、吸收、融合，不仅丰富了本民族的体育文化，也极大地丰富了世界体育项目的内涵和外延。我国现在开展的体育项目正是56个民族各类不同体育项目相互交流、融合以及与国外各个民族体育项目交融的产物。

（三）从体育项目产生和形成的过程来看，体育项目的形成大致有两条途径

一是从人类生产及其他实践活动中直接筛选出的某些身体活动形式，使之作为体育项目的"原材料"，然后根据体育特定的目的和要求，逐渐进行加工、改造、整理，做出某些规定，使之成为规范化、专门化的体育项目。例如跑、跳、投掷、射箭等体育项目，它们已经失去了最初的功能意义；另一条是按体育的目的要求，人为设计创造的体育项目，这些体育项目的运动形式不是对原始实践活动的简单移植或继承，而是"嫁接""复合"后创新的结果。例如表4-1。

表 4-1　部分嫁接的体育项目

嫁接的体育项目	嫁接来源的体育项目
水球	手球+游泳
花样游泳	游泳+潜泳+舞蹈
帆板	滑板+帆船
毽球	排球+足球+花毽
手球	足球+篮球
门球	高尔夫+台球
木球	高尔夫+门球

20 世纪 20 年代，美国自然体育学派曾把按第一条途径形成的体育项目称为"自然运动"，把按第二条途径形成的的体育项目称为"人工运动"。这种分类方法有一定的科学性，但毫无疑问，即使最简单的跑步，在田径场上的跑步，它的步幅、步频、摆臂等规范性的要求，已经是在人类的加工之下，远远超出了它最初作为生产、生活技能的含义了。

二、体育项目的概念阐释

(一) 体育项目的中文阐释

体育项目的概念在现实运用中比较混乱，甚至在同一本书，同一篇文章里，同一作者在不同时期的论文里，对于体育项目的称谓也不尽相同。有关体育项目的提法有以下若干种："体育项目""体育活动项目""体育运动项目""竞技运动项目""运动项目""体育锻炼项目""竞技项目""运动竞技项目""竞赛项目""体育手段""健身项目"，或直接简称为"项目"，甚至在很多情况下，用"体育"或"运动"代替了"体育项目"。

造成这种状况的原因主要有两点：第一是体育项目内容的丰富多彩、体育项目的外延不断拓展；第二是我国体育理论界关于体育的概念持有不同的观点，从而在根本上造成了混乱。但在一些权威的机构和文件以及重要的体育活动中都称为体育项目。2008 年北京奥运会期间，为进一步促进我国奥运体育项目术语普及，增进国际体育文化的广泛交流，使我国体育术语与国际接轨，在全国科学技术名词审定委员会和国家语言文字工作委员会的联合组织下，我国体育、术语、翻译、语言等领域专家通力合作，编译了涵盖第29届夏季奥运会28个体育项目、9000余词条、中英法西4种语言的《奥运体育项目名词》。在国家体育总局发布的文件中，也是用"体育项目"这一规范用语的。国家体育总局体竞字〔2001〕43号文件《关于我国设立正式开展体育项目的管理办法》，就是对我国正式开展的体育项目进行规范管理的文件，也用了这一极有规范意义的术语。

在《大百科全书》《体育词典》《体育大辞典》等有关体育的辞书上，都没有关于体育项目的概念，只有最近出版的《奥林匹克运动项目》中给运动项目下了个定义："运动项目，是具有竞赛性的、按照严格的规则进行的运动形式，是竞技运动的主要构成内容。"根据国家体育总局体竞字〔2006〕123号文件规定：体育运动项目，是指由国际奥委会、亚奥理事会、国际单项体育组织设立或具有中国特色和民族特点的体育运动项目。显而易见，这里的运动项目单纯指奥林匹克竞技场上进行的体育项目，它的外延比现实生活中体育项目的外延小得多。

我们可以发现，所有体育项目都有如下基本要素：参与主体（一定数量的运动者）；专门化、规范化的身体运动的形式和方法；一定的物质条件。本书尝试性地给体育项目做如下定义。广义的体育项目是指：一定数量的运动者通过一定的物质条件，运用特定的方法进行的专门性身体运动。狭义的体育项目是：通过人体运动运用体力和智力相结合的手段，具有相应的组织管理机构和制度、一定的技战术要求、具有一定竞赛成分的、取得物质文明和精神文明相统一的综合效果的人体活动形式。显然，狭义的体育项目与"运动项目"的含义相同，它仅仅指那些在正式体育比赛中的体育项目。根据国际奥委会《奥林匹克宪章》中的规定，体育项目又可分为大项、分项、小项。所谓分项，是指某一个体育项目的分支，它又包括若干个小项。例如田径，它是一个大的体育项目，包括田赛、径赛、全能比赛三个分项，每个分项又包括若干个小项。

体育项目作为人类文化的组成部分之一，它的构成同其他文化形式一样具有三个层面：第一，表现为物质层面，它包括一定的场地、器材、运动者；第二，表现为制度层面上，任何体育项目都有一定的练习方法（人与场地、器材的关系）、比赛规则或人们约定俗成的一些"规矩"（人与人的关系）；第三，任何体育项目都表现出一定群体的特定文化心理，如美式橄榄球，它反映出美国这个民族积极进取、前仆后继的拓荒精神，而气功则典型地反映出中华民族"天人合一"的哲学观念和与自然相统一和谐的精神追求。

以下几个与体育项目相关的概念：体育运动项目、体育手段、运动项目、健身项目等，它们与体育项目既存在联系又有区别。

第一，体育项目与"运动项目"。在某些语境里，尤其在特指竞技性、活动性的一类体育项目时，大家习惯用"运动项目"来指这一类项目。从根本上来讲，这是由于体育项目的上位概念也就是体育本身概念的混乱和不清，使用运动来代替体育造成的。况且，如果把棋牌类、科技类（航空航天模型）等归类为"运动"项目，从逻辑上也觉得风牛马不相及。

第二，体育项目与"身体运动"。身体运动也是以前大部分人称谓体育项目的一种形式，身体运动是体育的基本手段。这里所讲的身体运动，不是一般的人体活动，而是专指体育中的身体活动。这种身体活动是一种专门化、规范化的人体活动，是实现体育目的的基本手段。

第三，体育项目与"体育运动项目"。至于体育运动项目或体育活动项目，更是一个意思的重复，在体育界早达成共识。就是用体育一个词来说明体育运动这个词所包含的意义。如以前的"国家体育运动委员会"早更名为"国家体育总局"就是典型的例子。

第四，体育项目与"体育手段"。在现实中，尤其是在学校体育界，运用最多，和体育项目意思最接近的是体育手段。在学校体育学里与其他相关著作中，体育手段除了一些体育项目或改变后的体育项目外，包括阳光空气、生理卫生等，也包括于体育手段之中，是完成学校体育任务的重要组成部分。

（二）体育项目的英文阐释

在外语词典中，体育专业术语很难查到，常常出现难懂或错误的中国式的体育英语。由于体育的概念在中西方使用上内涵的不同，在"体育项目"如何翻译上，国内学者在表达上也不尽相同。通过中国期刊网，对体育项目及相关词的翻译进行查阅，统计见表 4-2。

表 4-2　体育项目及相关词语翻译统计表

中文名称	英文翻译
体育项目	sports items
	sports events
	sporting events
	sports projects

(续表)

中文名称	英文翻译
	Individual Sport
	sports program
	sport events
	sport project
	physical events
体育锻炼项目	sports exercise events
	physical training items
	physical exercise fitness programs
	Physical fitness activities
体育健身项目	Body-building items
	exercise events
	Sports, physical fitness projects
传统体育项目	traditional sports events
	traditional sports items
	traditional sports
	traditional sport events
	traditional sport event
	traditional sports project
新兴体育项目	new sports items
民族传统体育项目	national physical culture items
少数民族传统体育项目	minority nationalities' traditional sports events
	traditional sports events of Chinese minority
	minority national tradition sport
	traditional ethnic minorities' Sports

由于长期对体育内涵的不同理解，以及汉语中对体育的不同理解，"体育项目"在中国翻译成英语时，它的种类繁多，无法与国外进行交流。

在英语语境里，sports 是个实体词，它包括各类体育项目，如以人数来划分，单人项目称为 individual sports，集体项目称为 team sports。英文中常用 each 表示每项体育运动，用 kinds 表示各种体育项目，用 many 表示许多体育项目。所以，规范来讲，体育项目统译为 sports。"sports"一词是从古希腊语 deportare 发源，意指余暇时间的各种活动。在中世纪法语中，变成 desport，14 世纪后英国人又将其转成 disport，15 世纪又去掉词头 di，略写成 sport 或 sports。

综上所述，不论是在我国法律条文中，还是在奥林匹克运动会的相关文件中，体育项目通常被分为大项、分项和小项，如田径，分为田赛项目和径赛项目两个分项，田赛里又分为铅球、铁饼、跳高等项目。这时候它们相对应的英文单词是：sports（大项），discipline（分项）和 event（小项）。

第二节 体育项目的分类

一、体育项目分类的意义

我国体育理论界一直关注对竞技体育运动项目的分类研究。体育项目分类法是一门历史悠久的新学科，像其他学科一样获得逐步发展、完善，并致力于深化这方面的考察与研究。相信体育项目分类方面的研究对世界体育事业及我国"全民健身计划"的开展必将起到积极的推动作用，具有现实的指导意义。

对竞技体育运动项目的分类研究，不但可以加深对某一竞技体育运动项目特点的理解，而且可以加深对某一项目群特点的理解，同时还可以提高对某一项目群训练规律的认识，对竞技体育运动项目进行分类研究的实践意义更为突出。

我国学者根据项目群规律提出的我国竞技体育项目布局构想，对发展我国竞技体育具有十分重要的实践意义和理论指导意义。在进行体育项目分类时，要研究各项运动的形成原因、发展过程以及它们之间的区别和联系，以便确立分类原则。分类有助于揭示各类体育项目的一般规律，对各竞技项目的特点加深理解，使各项目扬长避短，发挥更大作用。

二、体育项目分类依据与现状

分类是研究的前提，分类是依据同一标准对概念所反映外延进行划分，是明确概念外延的逻辑方法。所谓划分，就是"把一个概念的外延分为几个小类的逻辑方法"。划分的标准，可以是一个属性，也可以是几个属性。例如，根据性别划分，体育项目可以分为男子体育项目和女子体育项目；如果根据体育参与群体、体育活动的场所和体育目的来划分，体育项目可以分为竞技体育项目、学校体育项目和社会体育项目。

划分的标准究竟采取哪些属性是根据实践的要求来决定的。划分必须依据一定的规则来进行，主要有以下三条：第一是划分的各个子项应当不能相容；第二是各个子项之和必须穷尽母项；第三是每次划分必须按同一标准来划分。从理论上来讲，划分不太复杂，但在现实中，由于事物属性的模糊性和实践的复杂性，划分的标准并不太容易掌握。常常用"二分法"来简化划分，可以直接对研究的对象进行研究而忽略其余部分。如把体育项目分为奥运体育项目和非奥运体育项目，就是一种二分法。

由于体育项目的分类是运动训练、全民健身、学校体育教育、体育科学研究中面临的一个重要问题，新中国成立以来，体育界不同研究领域的学者，根据研究的需要，从训练、教学、健身、科研出发，对体育项目的分类进行了研究，代表性的研究成果见表4-3。

表4-3 我国体育项目分类现状一览表

代表人	模式	类别
田麦久 刘筱英	竞技	运动能力的主导因素 运动项目的动作结构 运动成绩的评定方法
褚义功 王萍	竞技	心智能、技能、体能、综合
胡小明	审美	测速类、测距类、计数类 评分类、冒险类、自娱类
李宗浩	竞技	直接竞技类、间接竞技类
李江	体育文献	运动环境、运动器材、主要特征
王蒲	竞技	竞争项类、对抗项类

三、体育项目常见的分类方法

（一）根据体育项目包含的内容来划分

根据它在体育项目群中的层次即包括的项目多少，可划分为大项、分项和小项，这是比较笼统的一种分类方法，常运用于体育管理中。具体见图4-1。

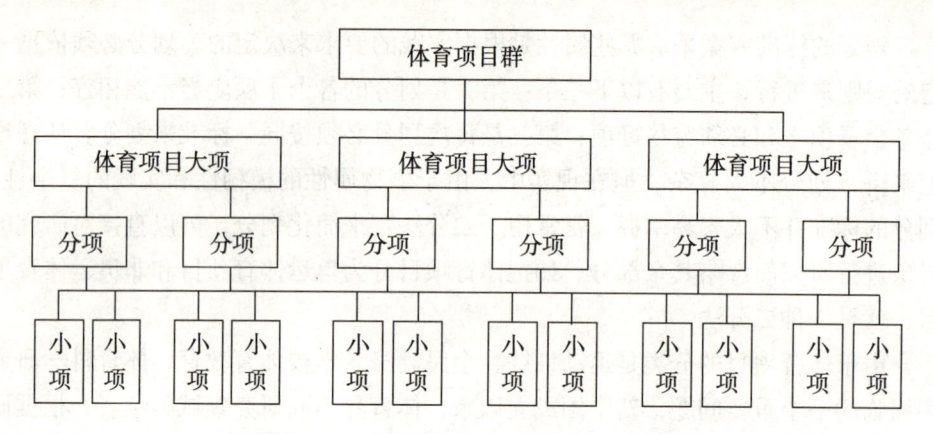

图 4-1 按体育项目内容对体育项目分类

(二) 按竞技能力主导因素划分

根据田麦久等人的《论竞技运动项目的分类》，按决定人体竞技能力的主导因素分类，反映各运动项目对人体竞技能力的不同要求，便于对运动训练进行更为准确的分析与控制（表4-4）。

表 4-4 按运动能力的主导因素对竞技运动项目的分类

大类	亚类	分组和项目
体能类	速度力量类	短冲：100米、200米、400米跑、100米游泳、短距离速度滑冰、短距离赛场自行车 跳跃：跳高、跳远、跳跃滑雪、三级跳远、撑竿跳高 投掷：标枪、铁饼、铅球、链球 举重：举重
	耐力类	中长距离划船；800米、1500米、5000米、10000米跑；竞走；200米、400米、800米、5000米游泳、长距离速度滑冰 超长距离：马拉松、公路竞走、公路长距离自行车、长距离滑雪
技能类	表现性	准确性：射击、跳水、射箭 难美性：体操、艺术体操、花样滑冰、花样游泳、武术
	对抗性	隔网对抗：（单双人）乒乓球、羽毛球、网球、（集体）排球 直接对抗：（单人）击剑、柔道、摔跤、拳击、散打 同场对抗：（集体）篮球、手球、足球、水球、曲棍球、冰球

(三) 按运动项目的动作结构分类

参考马特维耶夫按动作结构分类的基本思想,把所有项目划分为单一动作结构、多元动作结构、多项组合动作结构三大类。这种分类方法也是立足于运动训练的需要来进行的,对体育教育和全民健身也具有很好的参考价值。见表 4–5。

表 4–5 按动作结构对体育项目的分类

大类	亚类	分组和项目
单一动作结构	非周期性	铁饼、铅球、举重、跳跃滑雪
	周期性	跑、竞走、游泳、自行车、射击、射箭、长距离滑雪、速度滑冰、划船
	混合性	跳高、跳远、标枪、链球
多元动作结构	固定组合	体操单项、武术单项、艺术体操单项、技巧单项、花样滑冰、马术
	变异组合	篮球、手球、足球、水球、曲棍球、冰球、乒乓球、羽毛球、网球、排球、拳击、摔跤、柔道
多项组合动作结构	同属多项组合	田径十项、七项全能、速滑全能、体操全能、艺术体操全能、武术全能、技巧全能、射箭全能、跳水全能
	异属多项组合	现代五项、冬季两项

(四) 按照运动成绩评定方法的分类

这种分类方法可以反映各个项目运动成绩结构的一般规律,对于训练实践和成绩提高均有较高的参考价值。见图 4–2。

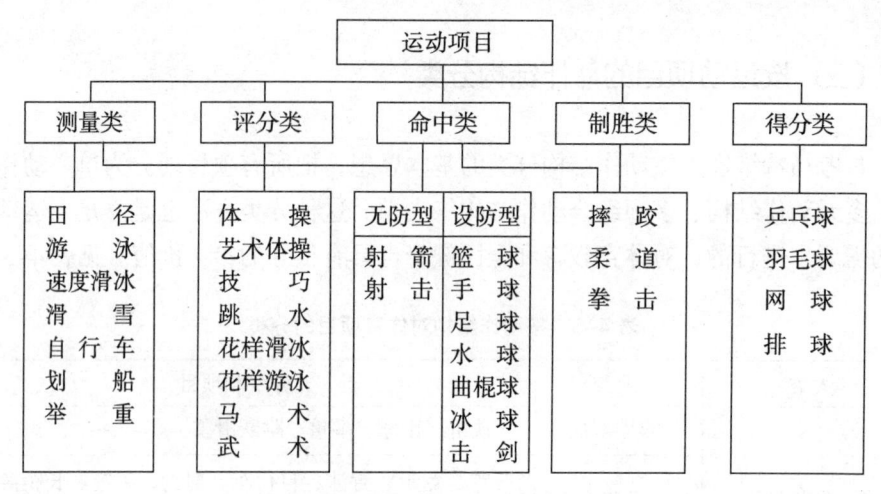

```
                              运动项目
        ┌──────────┬──────────┼──────────┬──────────┐
      测量类      评分类      命中类      制胜类      得分类
                            ┌────┬────┐
                          无防型  设防型
```

```
田  径       体  操        射  箭    篮  球     摔  跤    乒乓球
游  泳       艺术体操      射  击    手  球     柔  道    羽毛球
速度滑冰     技  巧                  足  球     拳  击    网  球
滑  雪       跳  水                  水  球               排  球
自 行 车     花样滑冰                曲棍球
划  船       花样游泳                冰  球
举  重       马  术                  击  剑
             武  术
```

图 4-2　按运动成绩评定方法对运动项目分类

（五）根据形式美的要素和法则分类

国外学者在对体育项目的分类中，很注重寻求形式美的要素或法则。如松田把平衡、匀称、比例、律动等作为形式美的要素。

德国的马依勒尔从运动学的角度寻求运动过程的本质特征，分为运动构造、和谐、节奏、流畅、弹性、准确、先达到目标等种类；达芙拉用舞蹈的组合原则，强调了多样、对比、均衡、高潮、次序、移动、反复、和谐这八方面的统一。见表 4-6。

表 4-6　世界体育项目分类一览表

类别	项目举例
田径	田赛、径赛、公路赛、越野赛、全能运动、室内田径、健身跑等
体操	基本体操、竞技体操、艺术体操、团体操、技巧、体育舞蹈、健美操、蹦床
球类	篮球、合球、内特球、板网球、壁球、巧固球、声球、台球等
水上竞技	游泳、花样游泳、实用游泳、跳水、潜水、冲浪、水下曲棍球等
冰雪	速度滑冰、花样滑冰、冰球、冰上曲棍球、掷冰壶、高山滑雪、雪车等
武术	长拳、八卦掌、刀术、散手、推手、短兵、枪术、棍术、形意拳等
重竞技	举重、摔跤、拳击、射箭、击剑、健美、柔道、相扑、拔河等
军体	摩托车、射击、航空、航海、跳伞、登山、无线电、越野识图、攀岩等
娱乐	垂钓、棋牌、集邮、游戏、风筝、跳绳、跳皮筋、信鸽、飞盘等
民间	卜巴迪、飞镖、投马蹄铁、套车、龙舟、秋千、珍珠球、姑娘追等
其他	汽车、自行车、手指运动、逆反运动、自然力锻炼、超级明星赛等

（六）图书资料中常用的分类方法

我国体育文献分类主要采用《中国图书馆图书分类法》《中国科学院图书馆图书分类法》和《中国人民大学图书馆分类法》3种方法。国际上多采用《国际十进分类法》。李江拟按运动环境与主要特点进行"目概念"，首次按门、纲、目、科、属、种的层次将体育进行了类群式分类的新分法。见表4-7。

表4-7 体育文献法比较一览表

分类标准	体育项目分类
中图法	田径、体操、球类、武术及民族形式体育、水冰雪、军体、其他、文体
科图法	体操、田径、球类、水上、冰雪及其他、文娱活动及游戏
人大法	体操、田径、球类、水上、冰雪、武术、重竞技、其他、国防、文娱、其他
UDC	户外、器械、球类、体操田径、登涉、骑车、机动车、重竞技、冬季、水上
新分法	航空、骑术、垂钓猎射
中图法	田径、体操、球类、水上、冰雪、武术、重竞技、军体、民间、娱乐、其他

（七）按竞技特征来分类

李宗浩等在对《奥林匹克运动项目分类及其项目群特征的研究》中提出按竞技性质和竞技特征对现代奥林匹克运动项目进行分类，分别以奥林匹克运动项目的竞技性质和竞技特征为分类标准对奥林匹克运动项目进行了二阶系统分类研究，并提出了以奥林匹克运动项目的竞技性质和竞技特征为分类标准的分类方法。这种分类方法，可以更好地对体育项目之间的一些相同属性进行研究，更好地指导训练与竞赛。见表4-8。

表4-8 奥林匹克运动项目分类表

竞技性质	竞技特征	体育项目
直接竞技类	格斗竞技类	拳击、摔跤、柔道、跆拳道、击剑
	（身体）接触性竞技类	足球、篮球、曲棍球、水球、手球、冰球
	非（身体）接触性竞技类	棒球、垒球
	隔网竞技类	排球、乒乓球、羽毛球、网球

(续表)

竞技性质	竞技特征	体育项目
间接竞技类	同时竞技类	田径（径赛项目）、游泳、自行车（同时竞技类项目）、皮划艇、帆板、帆船、赛艇、短道速滑、速度滑冰
	次第竞技类	田径（田赛项目）、体操、艺术体操、花样游泳、马术、跳水、射箭、射击、举重、自行车（次第竞技类项目）、花样滑冰、跳台滑雪、高山滑雪、自由式滑雪、速度滑雪、越野滑雪、雪橇、滑板滑雪、雪车、冰壶、冰橇

备注：对奥运项目的分类主要是按中国图书馆分类法而划分的。

四、我国正式开展体育项目类属

我国正式开展的体育项目大项为 78 项，中项为 143 项。根据我国参与奥林匹克运动的情况，可以将我国正式开展的体育项目分为奥运体育项目和非奥运体育项目。根据它的内容，可以进一步分为不同的项目群，见表 4-9。

表 4-9 我国正式开展的体育项目分类

名称	类别	数量（项）	项目
奥运会项目	夏奥会项目	28	田径、赛艇、羽毛球、垒球、篮球、足球、拳击、皮划艇、自行车、击剑、体操、举重、手球、曲棍球、柔道、摔跤、水上项目、现代五项、棒球、马术、跆拳道、网球、乒乓球、射击、射箭、铁人三项、帆船（帆板）、排球
	冬奥会项目	5	滑冰、滑雪、现代冬季两项、冰壶、冰球
非奥运会项目	民族传统类	12	围棋、中国象棋、龙舟、健身气功、舞龙舞狮、武术、毽球、围棋、拔河、国际象棋、桥牌、藤球
	西方现代类	33	电子竞技、航空模型、航海模型、车辆模型、业余无线电、滑水、潜水、登山、定向、救生、摩托车、汽车、摩托艇、热气球、跳伞、运动飞机、滑翔门球、软式网球、保龄球、地掷球、钓鱼、信鸽、健美、体育舞蹈、技巧、健美操、高尔夫球、橄榄球、壁球、轮滑、台球、飞镖

在我国开展的体育项目中，奥运会体育项目占我国正式开展体育项目的42%，其中夏季奥运会项目占到36%，冬季奥运会项目占6%。说明奥运会体育项目仍然是我国正式开展体育项目的重头戏，并且在体育项目的设置上开始与国际体育项目主流全面接轨。为适应全民健身的需要，大众化的体育项目不断涌现出来。非奥运项目占体育项目总数的58%，其中民族传统体育项目占到56%，现代时尚类体育项目占项目总数的43%（图4-3）。

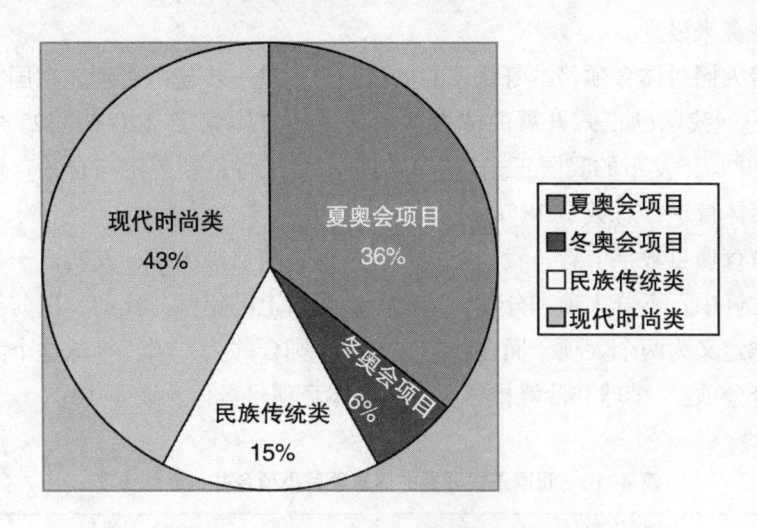

图 4-3 我国正式开展体育项目比例图

五、我国体育项目审批流程与合并

2001年，国家体育总局根据《关于行政审批制度改革工作的实施意见》，对现有所属的16项体育行政审批项目进行了严格的清理整顿，决定保留11项，撤消3项，改变管理方式2项。其中保留的11项行政审批中，我国正式开展体育项目的审批与裁判员技术等级、运动员技术等级、全国性赛事和国际赛事审批、体育运动全国纪录等属于行政审批。

审批程序是：拟申请成为我国正式开展所有项目，必须经各体育项目管理中心（或全国性单项体育协会）按条件要求申报（书面材料），报国家体育总局竞技体育司审核，后由国家体育总局批准，最后由竞技体育司行文公布。

审批设定依据，一是部分规章制度，即2000年国家体育总局令第3号《全国体育竞赛管理办法（试行）》第三条："体育竞赛项目由国务院体育行政部门确定，开展新的体育竞赛项目必须报经国务院体育行政部门批准立项。"二是部门文件，即国家体育总局体竞字〔2001〕43号文件《关于我国设立正式开展体育项目的管理办法》，此文件中界定"正式开展的体育项目"是指：奥运会比赛的大项与小项；单项世界锦标赛比赛项目的大项和小项；洲际比赛项目的大项和小项；在我国群众中普及的项目和民族传统性项目。设立的原则在该文件中也明确提出：要普及与提高相结合，既要照顾到群众健身活动的需要，又要针对为国争光的任务来设立。

随着人们对体育项目本身认识的加深，为了进一步规范管理，在国家体育总局下发的《我国已正式开展的体育运动项目》（体竞字〔2006〕123号）文件中，对1999年发布的我国正式开展的体育项目进行重新界定与合并，现在我国正式开展体育项目总数是78项。

从体育项目数字上看，我国正式开展的体育项目减少了，其实由于每个项目在原先文件中，不分大项和分项，造成分类逻辑上的错乱。比如，以前把沙滩排球和排球定义为两个大项，而在新的文件中，则合并为一项。排球这个大项，它包括两个分项：排球和沙滩排球。合并的体育项目具体见表4-10。

表4-10 我国正式开展的体育项目小项合并为新的大项

1999年项目 (8)	2009年项目 (3)
体操	体操
艺体	
蹦床	
排球	排球
沙滩排球	
速度滑冰	滑冰
短道速滑	
花样滑冰	

可见，在1999年体育项目的设置中，把每一个中项当成一个体育项目的名称，所以当时体育项目的数量比2009年体育项目的数量还要多。通过统计，2009年，我国开展的78个大项包含的中项数量是143项，是1999年开展项目数量的183%。仅从数量上来看，我国近十年开展体育项目的数量将近是以前的一倍。

第三节 体育项目的发展与演化

体育项目的活动主体——参与体育活动的人对某些或某个体育项目的看法，在人类社会发展过程中逐渐形成自己的体育价值观。体育项目的价值是体育项目（客体）在满足人（主体）的多方面的基本需要时显现出来的功能、意义和作用。

人们对体育项目的价值观念不是一成不变的，而是随着社会的发展，时代的进步，人们思想认识的不同而变化。体育项目的价值是随着体育项目本身的发展而不断扩展丰富的。人们对某体育项目价值的认识以及因此形成的价值观念是一个不断变化的过程。

人们对某体育项目的价值观，与主体本身的状况有关，如与主体的政治经济地位、性别、身体状况等因素有关。所以，不同的主体存在着不同或相同的价值观，不同国家、不同民族、不同文化背景、不同时代也存在着不同的价值观。人们对体育项目所持的价值观，不仅影响到他们对某体育项目的态度、所持观点，而且更深入地影响到了某个或某类体育项目的生存与发展。因为正是由于这些体育项目特殊的对人体的效应，相应地具备了一些功能，这些功能才产生了相应的价值。这些价值与人们内心的尺度相吻合，从而更好地满足人们的需要，推动了该体育项目的发展。

近代以来，特别是大众体育的发展，使体育包含的功能属性得到极大的发挥，体育项目所承载的功能在深度和广度上达到前所未有的高度。对体育项目所具有的本体功能和衍生功能有了更加深刻全面的认识，形成了全面科学的价值观。

人们在选择自己所从事的体育项目时，不再以政府的"发号施令"或别人的眼光来权衡，而是根据自己的爱好、需要来选择自己所喜爱的体育项目。人们对体育项目的选择从被动接受趋向主动选择。

同时，人们把参加某种体育项目也不再看成是一项福利，而是一种文化消费行为，参与体育项目的动机呈现多元化倾向。

随着人们生活水平的提高，现代人参与体育项目发生了以下四个转变。

第一，从消费疲劳型向休闲娱乐运动型转变。即以前的由于消费水平低而进行的"闭目养神"的消极性休息向参与到休闲、娱乐、健身活动中去转变。

第二，从接受型向创造型的方式转变。即从接受外部信息来度过闲暇时间向亲自参与体验到一些文体活动转变。

第三，从内敛式、封闭式向散发式、开放式转变。即人们从以前的囿于亲朋好友小圈子的各类活动向热衷于参加旅游、远足、登山、泛舟、探险、漂流、运动等外向型活动转变。

第四，从个体型向群体型社会化的方式转变。即人们参与休闲活动的对象发生改变。从过去的自娱自乐型转向积极与人交流，扩大社会交往转变。

体育项目的发展，随之带来的是体育项目技战术和规则的变化，体育项目技战术的发展和演进决定于体育项目竞赛中各种因素的变化。简单来讲，在外界受到社会各类因素的影响，包括经济发展的水平、科技进步的程度；在体育项目内部构成要素来讲，受到主体认识、生物能力的不同、训练水平的高低等影响，也受到技术、规则、场地器材变换的因素的影响。

随着体育项目的传播、体育项目细化与增殖、体育项目间的冲突与融合，为其在世界不断演进与衍变创造条件。体育项目可以通过各种传媒传播到世界各个角落，而且人类绝大部分文化形式是可以在各民族中相互沟通的。体育运动是一种最便于交流的"国际语言"，在交流中极少遇到障碍，具有极大的便利条件。

相互融合不同国家的优秀体育项目，如中国的气功、武术、龙舟竞渡、风筝、秋千等，在西方国家受到青睐，冲破了西方竞技一统天下的局面。而西方的篮球、足球、排球、乒乓球、田径等项目已深入中国各民族人们的心中并获得大家的喜爱。中国传统养生思想为西方所接受，西方竞争观念也为东方所认可。

一、西方现代体育项目在我国的发展与演化

近代鸦片战争后，帝国主义用大炮轰开了旧中国闭关自守的大门。19世纪20年代，西洋体育项目如体操、田径、足球、篮球、棒垒球、网球、拳击等项目陆续进入了中国，并以绝对的优势占据了中国高校的体育教学。19世纪70年代后，戊戌变法运动的资产阶级维新派，以"救亡图存"为目的，以进化论为武器，提倡近代体育。他们所倡导的新的体魄观为近代体育的广泛传播扫清了思想障碍，对近代西方体育的传入和传播提供了更好的思想基础，中国逐渐与世界体育市场接轨。旧中国共举办了七届全国运动会，1922年中国北洋政府外交部长王正廷被选为国际奥委会委员。运动会上体育项目设置仍然以西方体育项目为主。见表4-11。

表 4–11　旧中国历届全运会设置的体育项目一览表

届次	时间	举办地	项目设置
一	1910	南京	田径、足球、篮球、网球
二	1914	北京	田径、足球、篮球、网球、排球、棒球
三	1924	武昌	田径、足球、篮球、网球、排球、棒球、游泳、体操、拳术
四	1930	杭州	田径、足球、篮球、网球、排球、棒球、游泳、体操
五	1933	南京	田径、足球、篮球、网球、排球、棒球、游泳、体操、女子项目、垒球、太极拳（表演项目）、骑术（表演项目）
六	1935	上海	田径、足球、篮球、网球、排球、棒球、游泳、体操、女子项目、举重（表演项目）、蒙古摔跤（表演项目）
七	1948	南京	田径、足球、篮球、网球、排球、棒球、游泳、体操、女子项目、拳击、摔跤、乒乓球

新中国成立后，特别是改革开放的三十年来，中国走向世界并融入全球经济大格局，全球化经济环境中的体育文化在国内广泛传播渗透，形成了新的稳定的宏观体育有序结构。我国正式开展的 78 项体育项目中，发源于西方的体育项目数量 67 项，占到我国正式开展体育项目总数的 86%；源于中国的体育项目 7 项，占我国正式开展体育项目数量总数的 7.9%；源于亚洲其他各国的 4 项，占我国正式开展体育项目数量总数的 4.5%。

除却奥运会项目之外，西方的非奥项目在我国获得飞速发展。据统计，1979—1997 年底，我国运动员在获得的 1093 个世界冠军中，其中非奥运项目 818 个，占 74.8%。我国非奥运项目不但优势突出，而且比许多奥运项目有着更广泛的群众基础。截至 2008 年底，我国在各类世界锦标赛、世界杯等国际大赛共获得世界冠军 2283 个，其中非奥运会项目 1409 个，占总数的 61.7%。创超世界纪录 1190 次，其中非奥运项目 1067 次，占总数的 89.6%。

二、我国民族传统体育项目的对外传播与发展

现代体育作为人类文化的一种特殊形式，自近代以来就成为具有独立形式和特殊价值的实践活动。从 19 世纪开始就随着资本主义经济和文化扩张而传遍世界，并成为世界各国体育的主体。目前以奥运会为主体的现代体育项目已形成了一种比经济和其他社会活动更为明显的全球化趋势。但是，体育项目全球化并不意味着民族体育文化的消失。各国在采用相同的现代体育手段的同时，也大力发

展本国的传统体育项目，将其作为各自国家学校教育和大众健康娱乐的重要手段，并且某些民族体育项目还发展成新的世界性体育项目，如日本的柔道、韩国的跆拳道等，使现代体育项目的发展呈现多元化交融的全球化趋势，世界性和民族性在新的基础上得到统一。

中国体育在经历了西方体育与传统体育之间的长期冲突和融合后，也在20世纪20年代后期形成了以西方体育为主的局面，开始了将自己融入全球化的道路。20世纪80年代，随着中国在国际奥委会合法席位的恢复，为中国体育融入世界翻开了新的篇章，以崭新的姿态步入世界体育舞台。如今，随着我国改革开放的深入，加入WTO的完成以及北京举办2008年奥运会的成功，将使自己融入全球化大潮的速度再度加快。作为中华文化重要组成部分的少数民族传统体育，在经济文化和体育全球化的背景下，只有积极寻求发展，使之既保持自身的民族特质，又汇入现代体育的共性，实现现代化发展，才能在新时代获得生存与发展，与现代体育互为补充，成为人类共享的体育文化财富，推动世界体育的健康发展。

我们也可以看到，世界上流行的许多体育项目，都可以在中国传统体育项目中找到相似的成分。见表4-12。

表4-12 现代体育项目与中国古代体育项目相关关系

现代体育项目	中国古代体育项目	起源时间
跳水	水秋千	宋
水球	水鞠	宋
足球	蹴鞠	春秋战国
手球	手鞠	汉
马球	击鞠	宋
柔道	柔术	清
拔河	拖钩牵钩	春秋战国
赛艇	龙舟	明
高尔夫球	捶丸	明
射箭	"六艺"之一	春秋战国
马球	击鞠	汉
技巧	燕戏	秦
摔跤	角力	公元4000年前
保龄球	木射	唐

(续表)

现代体育项目	中国古代体育项目	起源时间
航模	竹鹊	春秋战国
跳绳	跳百索	明
相扑	相扑	宋
举重	举重	唐
曲棍球	贝阔、步打球	唐
越野跑	贵由赤	元
高尔夫	捶丸	唐

资料来源：卢兵. 中国民族传统体育文化导论 [M]. 北京：民族出版社，2005.

截至 2008 年底，我国正式开展的体育项目中，民族传统体育项目共有 7 项，其中有 5 项是改革开放后我国正式开展的。民族传统体育项目只占我国正式开展的体育项目总数的 7%，而且民族传统体育项目长期没有得到应有的重视，但如今出现了突变现象。我国 7 个民族传统体育项目的国际组织、5 个民族传统体育的国家组织都是改革开放后才建立起来的。见表 4-13。

表 4-13 我国民族传统体育项目国际、国家组织成立时间表

名称	国际组织	成立时间	国内组织	成立时间
武术	国际武术联合会	1990	中国武术协会	1962
龙舟	国际龙舟联合会	1991	中国龙舟协会	1985
风筝	国际风筝联合会	1989	中国风筝协会	1987
舞龙狮	国际舞龙狮总会	1995	中国舞龙狮协会	1995
毽球	/	/	中国毽球协会	1987
围棋	世界围棋联盟	1982	中国围棋协会	1981
中国象棋	亚洲中国象棋联合会	1988	中国象棋协会	1962

这些民族体育项目拥有了国际组织，对于其走出国门，发展国际会员，组织国际赛事，甚至把该体育项目推向奥运会将起到至关重要的作用。

西方体育传入中国后，拉动了中外体育文化交流的热潮。数量上与日俱增的华侨华人，把中国民族体育带出国门，在世界各地的华人社区安家落户，使当地的居民有机会看到中国人怎样"玩"体育。武术、舞龙舞狮、龙舟、踩高跷等，成了华人文化的标志，当地居民不但乐于观赏，渐渐地也有人参与其中，亲身感

受一下中华文化的内涵和情趣。

三、夏季奥运会体育项目

从1896年首届现代夏季奥运会的9个大项43个小项到北京2008年第29届奥运会的28个大项302个小项,历经一个多世纪。随着时代的进步,科技的发展,人们生活水平的提高,夏季奥运会这一人类最具激情的盛会走过了一段曲折而不平凡的历史。夏季奥运会在项目管理、内容设置等方面发生了重大变化。

(一)体育项目内容设置上由随意到规范

从1896年开始至1936年间,共举行过10届夏季奥运会,其中第6届因第一次世界大战未举行。前5届可以说是夏季奥运会的起步阶段,因此竞赛项目设置尤其是各大项中的小项设置,随意性强、变化大,而且比赛也不够正规。当时虽有了国际奥委会,但比赛项目却基本上是东道主确定的。如1896年首届奥运会时,游泳比赛就是为当时停泊在港口军舰上的水兵设立的。此外,前几届奥运会的比赛项目变动较大,拔河曾为竞赛项目,后又并入田径赛。水球原先单独列为球类竞赛,后又列为水上运动,并入游泳。又如马拉松比赛的距离从前几届的40公里、40.26公里、40.75公里改为42.195公里,并一直沿用至今。男子射击1896年就被列为首届奥运会的比赛项目。1972年起允许女子参加奥运会射击赛,但不设女子项目,与男子同场竞技。自1984年洛杉矶奥运会起设部分女子项目,自1996年亚特兰大奥运会起男女比赛完全分开。1911年国际奥委会委员、瑞典人巴尔克建议设立符合军队特点的比赛项目。1912年现代五项作为唯一的军事项目被列入奥运会比赛,但仅限军队中的军官参加。1949年国际奥委会取消了这一限制。可见,在奥运会的发展过程中,早期由于奥林匹克三大支柱机构尚不完善,各国际单项体育组织刚刚发展,举办奥运会常常依靠主办国自己的经验,因此早期的奥运会竞赛项目设置显示出明显的不规范性。在奥林匹克运动的不同历史时期,各国多通过举办奥运会增加自己国家的政治影响,经常增设自己的优势项目、删减弱势项目,造成奥运会项目设置的不规范。

随着一些国际单项体育组织相继成立,奥运会比赛项目逐渐趋向于统一,日渐规范。1963年,国际奥委会在联邦德国巴登市举行全体会议,讨论国际奥委会项目委员会提交的奥运会比赛项目设置方案,最后通过了一项决议确定,田径、游泳（包括跳水、水球和花样游泳）、篮球、拳击、皮划艇、自行车、马术、击剑、足球、体操、手球、曲棍球、柔道、摔跤、射击、射箭、排球、举重、赛艇、现代五项、帆船21个项目可作为奥运会的竞赛项目。这些项目也成为后来历届奥运会设项的核心项目。

在项目设置上，也已经形成了完善的评估原则。每届奥运会前夕，国际奥委会召开执委会议以确定哪一个体育项目作为下一届奥运会的备选项目。每一次都有许多国际单项体育运动会向国际奥委会执委会提出申请以竞争成为奥运会的正式体育项目。如竞争2016年奥运会备选项目的一共有7个项目，分别是壁球、7人制橄榄球、垒球、棒球、轮滑、空手道和高尔夫。在决定正式成为奥运会正式体育项目之前，国际奥委会要分别对备选项目进行评估，评估的内容包括全球普及度、电视转播的吸引力、赞助机会和场地要求，并综合判断这些项目新场地的建设对整个奥运会举办的影响。最后由奥委会全体会议投票决定哪一个体育项目最终胜出，成为奥林匹克大家庭中的一员。

（二）男女体育项目数量渐趋一致

夏季奥运会设置的竞赛项目，男女之间曾有一定的差别，但是这种差别后来逐届减少。1900年第2届夏季奥运会开始有女子比赛，当时只有十多名女运动员参加了两个项目的比赛。到1936年第11届夏季奥运会时，女子项目增至4个大项15个小项。二次大战之后，女子体育运动蓬勃兴起。目前，奥运会上，女子的参赛项目数量和男子项目数量基本做到了旗鼓相当。雅典奥运会女子运动员占全部运动员的41%。北京奥运会上，只有拳击、棒球两个项目没有女运动员参加，但垒球、艺术体操、花样游泳等项目却只有女性参加。由于增加了3个女子小项，北京奥运会参赛的女运动员要比雅典奥运会增加130人，项目数量由少到多。

（三）体育项目数量从日趋增长到"奥运瘦身"

近半个世纪以来，随着奥运会影响力的增加，奥运会的规模和比赛项目都进入了一个快速的扩张期。1964年东京奥运会有19个大项、163个小项。1980年莫斯科奥运会有大项21个、小项203个，16年间增加了40个小项。从莫斯科奥运会后，夏季奥运会的项目不断增长。1984年洛杉矶奥运会有23个大项、

221个小项。1988年汉城奥运会达到25个大项、237个小项。1992年巴塞罗那奥运会则达到创纪录的28个大项、257个小项。最近三届奥运会大项都没有超过28项，但小项仍在不断增加。1996年亚特兰大奥运会有小项271项，2000年悉尼奥运会高达300项，2004年雅典奥运会，则再创新高，达到301项。北京2008年奥运会项目和雅典奥运会一样，仍保持了28个大项，但小项增加了一项，达到空前的302个小项，北京奥运会也因此成为历届奥运会发出金牌数量最多的一次奥运会。

2005年，国际奥委会在新加坡全会上决定，2012年伦敦奥运会只设26个大项，且今后每届奥运会最多不得超过28个大项。由此传递出一个信号：现代奥林匹克运动延续了几十年的"扩张主义"已经结束。

由此可见，今后奥运会的项目设置将日渐规范化并得以固定，规模也将得到有效控制。新项目的加入将变得非常困难，根据《奥林匹克宪章》的规定，只有在至少75个国家或地区和4大洲男子中以及至少在40个国家或地区和3大洲女子中广泛开展的体育项目才可列入夏季奥林匹克运动会比赛项目。一个新的项目要列入奥运会正式比赛项目的程序是相当复杂并需要足够耐心的。该项目单项体育联合会必须在7年前提出申请，经国际奥委会批准，先列入奥运会表演项目，被接受后，再在4年后的下届奥运会列入正式比赛项目。

(四) 奥运会项目的吐故纳新

奥林匹克运动会所开展的体育项目并非铁板一块，而是随着时代的变迁，也在不断实行着调整和优化。从1896年第1届现代奥林匹克运动会召开之后，奥林匹克运动会上每一届体育项目都在进行着调整。有时候，是增加或减少大项方面大的调整，有时候则是对一些大项所包含的小项实行微调，以使奥运会所有的体育项目具有更大的代表性。

正因为奥林匹克运动会包含项目的灵活性和开放的胸怀，才使更多不同民族、不同国家的体育项目进入了奥林匹克运动会，从而不断地进行着新陈代谢，保持了奥林匹克运动的生命与活力。一个体育项目进入奥运会是一种光荣，那么另一类体育项目就不得不离开而成为回忆。许多优秀的体育项目，曾经共有15个体育项目（包括刚刚退出的棒球和垒球）在奥林匹克的殿堂里昙花一现，给人们留下了美好的回忆。表4-14是历届奥运会上曾经出现过然后退出的体育项目。

表 4-14 奥运会永久退出的体育项目（大项）概况表

序号	名称	退出年份	存在届数
1	拔河	1924	6
2	槌球戏	1904	1
3	兜网球	1904	2
4	拉考斯球	1908	2
5	罗克球	1908	1
6	汽船	1912	1
7	壁球	1912	1
8	汽艇赛	1912	1
9	墙网球	1912	1
10	网球戏	1912	1
11	花样滑冰	1924	2（冬奥项目）
12	冰球	1924	1（冬奥项目）
13	登山	1936	1
14	马球	1948	5
15	艺术	1952	7
16	棒球	2012	5
17	垒球	2012	4

奥林匹克运动会作为全球化程度最高的文化形态，是一种普世性的文化。不同的国家和民族都可以从中找到自己过去的影子和将来的憧憬。能把自己国家民族的传统体育项目推进奥林匹克不仅具有文化学意义、经济意义，更具有深刻的政治意义。目前，国际上申请入奥的体育项目比较成熟的有橄榄球、壁球、空手道和轮滑等 4 个项目；较有希望的有保龄球、武术、滑水、台球、体育舞蹈、国际象棋、桥牌和冲浪等 8 个体育项目。还有许多项目也准备或已经申请，但条件还不成熟，如钢管舞等大众喜爱的体育项目也准备申请进入奥运会的比赛项目。

申请入奥的体育项目有着非常严格的程序和管理办法，而且必须具备以下八个条件。一是世界性。该项目应在整个世界范围内足够普及，是一项真正受欢迎的运动，即国际奥委会承认的国际单项体育组织管辖的项目。二是国际性。即该项目至少在 4 大洲的 75 个国家和地区得到普及并得到所在国家和地区的承认或支持。三是具备一定的观赏性。四是具备可操作性。五是不仅要有男子项目，还应设有女子项目。六是项目开展成本不能太大，所需硬件设施不能昂贵。七是不能对运动员身体健康带来较大的伤病危险。八是该项目在反兴奋剂方面坚决有力，该项目的管理组织要民主等。自1984年美国洛杉矶夏季奥运会之后，成功加入的项目也可以看出它们完全具备了以上条件，而加入又退出的体育项目则不具备上述条件（表4-15）。

表4-15　1984年以后新增加的奥林匹克体育项目一览表

序号	大项	分项	进入时间	备注
1		艺术体操	1984	
2	乒乓球		1988	
3	网球		1988	重新回归
4	棒球		1992	2012退出
5	羽毛球		1992	
6		花样游泳	1994	
7		山地自行车	1996	
8		沙滩排球	1996	
9		垒球	1996	2012退出
10		蹦床	2000	
11		女子举重	2000	
12		女子柔道	2000	
13	跆拳道		2000	
14	铁人三项		2000	
15		女子摔跤	2004	
16		公开水域	2008	
17		小轮车	2008	
18		女子拳击	2012	
19		七人橄榄球	2016	重新回归
20		高尔夫球	2016	重新回归

在奥林匹克发展史上，一些体育项目由于自身建设的不完善，被开除在奥运会的大门之外，但这类项目通过不断改革，完善技术规则，完善管理体系，最终又被纳入到了奥林匹克运动的行列。这类项目占夏季奥运会项目总数的近二分之一（表4-16）。

表 4-16　夏季奥运会淡出后回归的体育项目概况表

序号	名称	项目设置变化
1	拳击	1904 年到 1908 年，1912 年中断，于 1920 年开始至今
2	场地车	1896 年到 1908 年，1912 年中断，于 1920 年开始至今
3	马术	1900 年开始，于 1904 年中断到 1908 年，1912 年开始至今
4	足球	1908 年到 1928 年，1932 年中断，1936 年开始至今
5	手球	1936 年开始，于 1948 年中断到 1968 年，1972 年开始至今
6	曲棍球	1908 年开始，1912 年中断，1920 年重新开始，1924 再度中断，1928 年开始至今
7	帆船	1900 年开始，1904 年中断，1908 年开始至今
8	射击	1896 年开始到 1900 年，1904 年中断，1908 年从新开始到 1924 年，1928 年再度中断，1932 年开始至今
9	网球	1896 年开始到 1924 年，1928 年中断到 1932 年，1936 年曾一度恢复但当年随即中断，1988 年开始至今
10	举重	1896 年开始，1900 年中断，1904 年重新开始，1908 年到 1912 年间再度中断，1920 年开始至今
11	摔跤	1896 年开始，1900 年中断，1904 年开始至今
12	高尔夫	1900 年开始，1908 年退出，2016 年开始
13	橄榄球	1900 年开始，1928 年退出，2016 年开始
14	柔道	1964 年开始，1968 年中断，1972 年开始至今
15	轻艇	1972 年开始，于 1976 年中断到 1988 年，1992 年开始至今

四、冬季奥运会体育项目

19 世纪初，国际体育运动蓬勃开展，在夏季奥林匹克运动如火如荼开展的同时，冬季运动在欧洲和北美一些国家迅速兴起。冰雪类体育项目广泛在群众中开展，一些相关的冬季运动组织在匈牙利、丹麦、芬兰、德国、瑞士、荷兰、挪威、俄国、法国、奥地利、捷克、瑞典、美国以及加拿大等国纷纷建立。冬季体育项目也逐步地纳入了现代奥林匹克运动体系，冬奥会的产生是现代奥林匹克运动国际化以及自身发展的体现。

(一) 冬季奥运会体育项目的设置原则

根据国际筹委会相关规定，冬季奥运会体育项目必须是被国际奥委会承认的国际冬季单项体育组织所辖的体育项目，男子项目在世界两大洲25个以上国家和地区、女子项目在20个以上国家和地区获得开展，才允许列入冬奥会。可以看出，由于冬季体育项目开展条件的特殊性，这些体育项目进入冬季奥运会的条件要比夏季奥运会门槛低。

(二) 冬季奥运会体育项目的数量变化

1924—2006年，冬奥会先后在欧洲、美洲和亚洲10个国家的16个城、镇成功地举行了20届。出席冬奥会的国家和地区由第1届的16个，发展到第20届的78个。有94个国家和地区先后加入了冬奥会的行列。比赛的项目由初期的7大项、14小项，发展到2006年的23大项、78小项。从王仁周2005年出版的《冬季奥林匹克运动 (1924—2002)》中可以得知在1988年、1992年冬奥会上，冰壶被列为表演项目，1998年冬奥会将其列为正式比赛项目。1998年冬奥会将女子冰球列为比赛项目。1995年12月5日，国际冰联决定滑板滑雪 (snowboarding) 被定为1998年冬奥会正式比赛项目，共设4枚金牌。1998年2月19日，美国盐湖城冬奥会组委会主席弗兰克宣布，第19届冬奥会将增设女子雪车、女子跳台滑雪项目。1999年10月6日，国际奥委会在雅典宣布，2002年美国盐湖城冬奥会将增加五个比赛项目，分别是：男女骨架雪橇、男女1500米短道速滑、男女短道越野滑雪、男子北欧两项短道、女子雪橇。共举行4届，大项一直保持滑雪、滑冰、滑车、冰球四项，小项前三届均为14项，直到第4届才增至17项。体现出大项稳定不变、小项略有增长的特点；男项居统治地位，女项发展缓慢；二战后冬奥会项目设置远未达到稳定状态；大项稳中略有上升，小项逐步增加；女子项目比例快速上升。

五、残奥会体育项目

国际残疾人奥林匹克委员会 (IPC)，有161个会员。目前国际残疾人体育组织比较多，由于残疾人分类的不同，各个组织分别担负着一类或几类残疾人的体育工作。

残疾人奥运会的全球影响力无疑要比夏季奥运会和冬季奥运会低许多，但它对于构建和谐社会，帮助弱势群体方面的社会意义和政治意义却有着不可低估的作用。我国有各类残疾人 8000 万人，是世界上残疾人最多的国家之一。从 1874 年英国牧师穆·威廉在北京开办了我国第一所特殊学校"瞽叟通文馆"，即现在的盲人学校，残疾人体育项目从当初的慈善机构里的踢毽、打拳等简单的娱乐活动，发展到现在我国举办各类残疾人体育比赛，建立各类组织，开办各类残疾人学校，开展了残疾人奥运会的各个项目。1984 年 6 月，中国首次组成残奥会代表团，参加了在美国纽约纳索县举行的第 7 届残疾人奥运会，现在成为了国际残奥会的重要成员。

（一）项目设置数量逐步稳定并减少，分级更加科学合理

体育项目无论大项，还是小项都经历了一个从少到多，再到面临"瘦身"的过程。残疾人奥运会体育项目的设置是根据残疾类别来设置大项和小项的。随着时代的变迁，残疾人体育项目无论是项目类别，还是数量都在发生着重大的变化。国际奥委会和国际残奥委会在悉尼签署的合作协议中明确规定了残奥会的比赛项目。国际奥委会和国际残奥委会一致同意：为了便于操作，残奥会的比赛项目应在运动会召开四年前确定，夏季残奥会应不多于 22 个项目，所设的小项应不多于 450 项。

（二）参加国与参与的运动员日益增多，社会影响逐届增长

从 1960 年开始，残奥会每 4 年举办一次。1988 年汉城第 8 届残奥会以后，形成了每届残奥会和夏季奥运会在同一城市举行的惯例。四十多年过去了，从最初的只有 23 个国家和地区的 400 多名运动员报名，到第 13 届雅典残奥会 142 个国家和地区的 4200 名选手参赛，这不仅标志着时代的发展，也体现了人类社会文明的进步。为了扩大残疾人奥运会的社会影响力，适应市场化的需要，提高生存能力，残疾人体育项目也从最初的"康复"、提高自信心转变为突出竞技性、可视性。随着残奥会体现世界各国人民之间的团结、友谊、勇气以及诚实竞争的理念深入人心，参赛国家、地区的数量和参赛运动员人数呈逐届递增趋势，残奥会影响力日趋增大。

六、青奥会体育项目

由于现代奥运会的发展变化，它与当初设置时的初衷相违背。奥运会在物质主义和强权政治的推动下，体育失去了强身健体、娱乐身心，促进人的全面发展的本质。失去了其教育与文化复合体的深层意义，沦落为损害人们身体和精神的"罪魁祸首"。为了弥补这一缺憾，继续撑起奥林匹克精神的大旗，2001年，国际奥林匹克委员会主席雅克·罗格提出了举办青奥会的设想。国际奥委会在2007年7月5日于危地马拉城举行的第119次国际奥委会全会上一致同意创办青少年奥运会。

（一）青少年奥运会体育项目设置

青奥会项目设定已经原则确定，它包括游泳（跳水、游泳）、射箭、田径、羽毛球、篮球（奥运项目篮球或街头篮球）、拳击、划艇、自行车（小轮车、山地自行车）、马术（障碍）、击剑、足球、体操、手球、曲棍球、柔道、现代五项、划船、帆板、射击、乒乓球、跆拳道、网球、铁人三项、排球（室内或沙滩排球）、举重、摔跤（女子自由式摔跤、男子古典式摔跤）26个大项。大项的设置与夏季奥运会项目大同小异。

（二）青少年奥运会项目设置的特点

首先与夏季奥运会分组不同。第1届青奥运会在新加坡举办，此届青奥会共设26个大项201个小项，各项目从以下3个年龄组中选择一个进行比赛：15~16岁（27个小项）、16~17岁（111个小项）、17~18岁（63个小项）。

其次是小项参与主体是混合编队，成绩均摊。比赛小项不完全是奥运小项，而是设置了部分团体项目和男女混合项目，并将打破国籍的限制，根据个人赛排名抽签跨国组队和组织洲际队参赛。如射箭、柔道、乒乓球、击剑、马术、现代五项、铁人三项、田径、游泳的接力比赛等。

再次是所设置体育项目突出了年轻人的特点，更加注重游戏成分。新加坡青奥会篮球比赛采用街头篮球的方式进行。只利用一半篮球场地，一个篮筐，采取3人对3人的方式比赛。每场比赛分为3节，每节5分钟。常规时间（15分钟）

内率先得到 33 分的队伍,即可提前结束比赛,否则,分数领先者则赢得比赛。

最后就是整个比赛安排突出文化和教育活动。本届青奥会赛程共 13 天,实际比赛场次不多,更多的时间将用于运动员的文化教育活动。新加坡青奥会为运动员设计了奥林匹克运动、技能发展、健康生活、社会责任和表达能力 5 个主题,与冠军对话、发现之旅、世界文化村等 7 种形式的 50 项活动,特别强调各国家、地区奥组委要鼓励、支持运动员们积极参与文化教育活动,传播奥运精神和强调奥运价值观。

七、非奥体育项目

世界体育大会的创办推动了非奥运项目普及和提高,促进了以此为宗旨的全国体育大会应运而生。全国体育大会是与全运会相对应的综合性非奥运项目大型运动会,大会的比赛项目全部是非奥运项目。为了对我国非奥运项目进行科学的分类,以我国四届体育大会为例来看非奥运项目的项目设置,见表 4-17。

表 4-17 我国四届体育大会非奥运项目一览表

年份	举办地	项目	项目总数
2000	浙江宁波	台球、高尔夫球、保龄球、门球、蹼泳、航海模型、航空模型、摩托艇、体育舞蹈、健美操、健美、技巧、中国式摔跤、围棋、中国象棋、国际象棋、桥牌	17
2002	四川绵阳	台球、高尔夫球、保龄球、门球、蹼泳、航海模型、航空模型、体育舞蹈、健美操、健美、技巧、中国式摔跤、围棋、中国象棋、国际象棋、桥牌、攀岩、跳伞、龙舟、轮滑、定向和舞龙舞狮	22
2006	江苏苏州	台球、高尔夫球、保龄球、门球、蹼泳、航海模型、航空模型、体育舞蹈、健美操、健美、技巧、中国式摔跤、围棋、中国象棋、国际象棋、桥牌、攀岩、跳伞、龙舟、轮滑、定向和舞龙舞狮、滑水、无线电测向、拔河、金属地掷球、壁球和公开水域游泳	28
2010	安徽合肥	技巧、蹼泳、航空模型、航海模型、高尔夫球、台球、围棋、国际象棋、中国象棋、健美、保龄球、桥牌、门球、舞龙舞狮、轮滑、中国式摔跤、体育舞蹈、健美操、攀岩、定向、龙舟、滑水、无线电测向、跳伞、拔河、金属地掷球、壁球和公开水域游泳、三人篮球、五人足球、毽球	34

2007年，在我国得到国家体育总局正式批准开展的体育项目已达78项，其中除了33项奥运项目外，其余的都是非奥运体育项目（表4-18）。

表4-18 非奥运项目一览表

名称	名称	内容	数量
民族传统类	中国传统类	围棋、中国象棋、龙舟、健身气功、舞龙舞狮、武术、毽球、围棋、拔河	9
	外国传统类	国际象棋、桥牌、藤球	3
时尚现代类	科技体验类	电子竞技、航空模型、航海模型、车辆模型、业余无线电	5
	户外探险类	滑水、潜水、登山、定向、救生、摩托车、汽车、摩托艇、热气球、跳伞、运动飞机、滑翔伞	12
	健美休闲类	门球、软式网球、保龄球、地掷球、钓鱼、信鸽、健美、体育舞蹈、技巧、健美操、高尔夫球、橄榄球、壁球、轮滑、台球、飞镖	16

随着我国体育事业的发展，少数民族传统体育在国外也产生了良好的影响。改革开放以来，各地相继举办了风筝、龙舟、武术等国际邀请赛，各地也举办了丰富多彩的火把节、那达慕大会、三月三等活动。1987年国家体委组队赴日本参加了毽球表演赛。满族传统体育研究会在1988—1995年先后在北京、河北、辽宁、吉林等地举办了6次全国珍珠球邀请赛。1987—1991年先后在广西、吉林、内蒙古、宁夏、四川等地举办了抢花炮、秋千、摔跤、木球等项目的邀请赛。1988年以来国家民委多次组织广东顺德、番禺和广西桂林的运动队参加香港、澳门、澳大利亚举办的国际龙舟邀请赛、亚洲龙舟邀请赛、世界龙舟锦标赛等，这些活动加强了我国各族人民与世界人民的友好交往和感情，促进了社会经济发展。

党和政府为继承和发展少数民族传统体育活动采取了一系列重大措施。各省、自治区、直辖市、自治州、自治县根据本地区经济状况，定期举办民族传统体育运动会。从1982年开始每4年举行一次全国少数民族传统体育运动会。目前共成功举办过9届全国少数民族传统体育运动会（表4-19）。

表 4-19 第 1~第 9 届全国少数民族传统体育运动会基本情况一览表

届次	时间	地点	参加民族	少数民族运动员人数	竞赛项目数	表演项目数	竞赛项目
一	1953	天津	12	398	5	383	举重、步箭、拳击、摔跤、短兵
二	1982	呼和浩特	34	593	2	68	射箭、中国式摔跤
三	1986	乌鲁木齐	48	777	7	115	中国式摔跤、射箭、赛马、叼羊、射弩、抢花炮、秋千
四	1991	南宁	51	1500	9	120	抢花炮、龙舟、秋千、射弩、珍珠球、木球、摔跤、赛马、武术
五	1995	昆明	53	3300	11	134	抢花炮、秋千、珍珠球、武术、射弩、木球、毽球、摔跤、龙舟、赛马、打陀螺
六	1999	拉萨	55	1000	4	43	武术、木球、蹴球、摔跤、秋千、抢花炮、珍珠球、毽球、赛马、龙舟、押加、马术、陀螺
六	1999	北京	55	3422	10	104	
七	2003	银川	55	4000	14	136	抢花炮、珍珠球、木球、蹴球、民族式摔跤、秋千、毽球、武术、押加、龙舟、射弩、陀螺、高脚竞速、马术
八	2007	广州	55	6381	15	148	抢花炮、珍珠球、木球、蹴球、民族式摔跤、秋千、毽球、武术、押加、龙舟、射弩、陀螺、高脚竞速、马术、板鞋竞速
九	2011	贵阳	55	6000	16	150	抢花炮、珍珠球、木球、蹴球、民族式摔跤、秋千、毽球、武术、押加、龙舟、射弩、陀螺、高脚竞速、马术、板鞋竞速、独竹漂

新中国成立后，虽然为保护民族传统体育项目，有了全国性的体育比赛，也在学校体育课程中设置了部分民族传统体育项目，但这些体育项目，相对于整个民族传统体育项目来说，只是很少的一部分。而且，全国性的比赛，4年一届，现实中对民族传统体育项目的推广和普及效果不是太明显。学校和全民健身在普及的民族传统体育项目，也仅仅是一些群众喜闻乐见的体育项目。所以，从长远发展来看，从战略的角度来讲，这些政策只是出于保护而非出于发展的目的。民族传统体育项目要想发展，在市场经济条件下，在现有的时代背景下，产业化是一条行之有效且可持续发展之路。

民族传统体育项目走产业化发展之路必须要综合利用多种资源，配套开发。

打破小农经济思想的束缚，利用民族地区民俗、节日文化、旅游市场，全面考虑国内外游客的需求状况，对民族传统体育项目进行筛选、改造、加工、包装。打造经营民族传统体育项目的经营公司，推进民族传统体育项目的发展。如山东潍坊自1980年起，每年举办国际风筝节，除了对当地经济产生巨大推动外，还有效地促进了风筝运动的发展。如河南郑州举办的"国际少林武术节"，已经变成了地方文化节日中的精品（民族传统体育项目推向市场的具体分类见表4-20）。

表4-17 少数民族体育项目商品化、产业化分类发展表

开发类型	可进入市场项目
观赏型	赛马、穿衣裙赛跑、摔跤、赛龙舟、打陀螺、斗牛、授牛、斗羊、斗鸡、斗鸟、射箭、射弩、吹枪、堆沙、抢花炮、马术、上刀杆过溜索、珍珠球、磨秋、荡秋千、武术、舞龙、舞狮、剽牛、上刀山、下火海
游客参与型	荡秋千、磨秋、轮秋、射箭、射弩、吹枪、狩猎、钓鱼、跳竹竿、骑马、过溜索、穿衣裙赛跑、划猪槽船、爬杆、跳月、跳歌、丢包、飞石索、蹲斗、顶竹竿、打火把、泼水、游泳、用民族渔具捕鱼
日常健身型	跳月、跳乐、烟盒舞、左脚舞、霸王鞭、民族迪斯科、武术、蹬窝乐、跳锅庄、旋子舞、踢踏舞、摆手舞、民族武术、民族健身操
休闲型	围棋、月亮棋、藏棋、十八赶将军棋、打陀螺、射箭、射弩、藤球、鸡毛球、荡秋千、磨秋、轮秋、爬杆、划船、钓鱼、捕鱼、堆沙
探险型	登山、攀岩、漂流、探溶洞、爬树、越野、划船、骑马、骑牛、狩猎、捕鱼、潜水、过溜索、跳水、远足、游山
旅游商品（纪念品）	藏刀、弩枪、弓箭、打陀螺、烟盒、吹枪、围棋（云子）、霸王鞭、藤球、武术器械、民族乐器、斗鸡、画眉鸟、民族体育画册、DVD等

资料来源：饶远，刘竹. 中国少数民族体育文化通论[M]. 北京：人民体育出版社，2009：230.

我国开展的非奥运项目，特点差异较大。由于受到奥运战略和追求功利思想的影响，有些传统体育项目被调出全运会后，各地方对这些项目的投入明显减少。同时，领导不重视，导致多数运动员转项，群众参与也减少。如中国式摔跤，该项目不是奥运项目，运动水平每况愈下，使这项起源于中国，有着几千年文明历史的项目可能被国外夺走优势。龙舟也是如此，现在欧美一些国家的龙舟运动水平已超越了中国。

民族传统体育项目在我国全运会上的数量也在逐届增加，社会化程度也大大提高。它们可以通过社会化壮大自己，通过市场化发展自己，提高运动水平、普及群众参与，从而形成良性循环的发展机制，同时也带动了其他群众体育项目的开展普及和提高。

尽管我国一些非奥运项目发展艰难，但近几年随着有关部门加强了研究、市场开发等工作，一些体育项目焕发了青春。如脚斗士（俗称斗鸡、撞拐），它来源于5000年前的民间假面舞蹈"蚩尤戏"，2005年以来，通过整理、开发，脚斗士已成为我国第一个拥有知识产权的体育项目。在国内成功推广的同时，该项目也引起世界其他国家的关注。

热气球、运动飞机、跳伞、滑翔机、航空模型、车辆模型、航海模型以及定向、业余无线电等项目属于高科技类的非奥运项目。这些体育项目的特点是科学技术性较强，理论与实践兼备，爱好者通过本人亲手实践操作或遥感操纵模型来反映技术水平高低，不受年龄限制，多以青年或少年为主。从国外发达国家科技体育运动发展历史来看，随着我国文化生活水平的提高，不久的将来，科技体育项目会吸引越来越多的爱好者参与，广阔的科技体育市场将会形成并逐渐完善。

20世纪80年代初期，西欧一些国家就曾提出"回归大自然"的口号，即指到户外进行体育活动。许多学校开设了"定向越野""野外生存""攀岩""登山"等户外运动（Outdoor Sports）课程。社会上自发进行户外活动的人群也逐年递增。从1999年起，到中国登山协会注册的户外运动俱乐部保持了每年翻一番的高速，到2006年底，全国正规的户外俱乐部已有700家。由于项目的特点，这类国外引入类体育项目吸引了大批的"知识分子""白领""粉领"，甚至"金领"。作为现代社会的精英阶层，这类非奥运项目如果能够吸引他们，将对整个的群众体育锻炼起到非常好的引领效果。随着我国城市化和工业化进程的加快，户外运动必将越来越充分地体现它的价值。可见，非奥运项目对现阶段我国群众体育的开展会起到非常强大的支撑作用。

休闲体育是社会休闲方式中的运动性休闲活动的统称。在社会休闲方式中，运用体育活动进行休闲是一种十分重要的方式。据日本休闲研究中心20世纪70年代初期的有关休闲活动的研究统计，在所有的休闲活动中，与体育相关的活动占70%左右。充分说明了当社会经济水平发展到一定程度时，休闲体育会成为社会中休闲活动的主流方式。

第四节 体育项目未来发展趋势

一、绿色化

"绿色体育"源于20世纪60年代，是人们在体育活动方面追求返璞归真的产物。资本主义社会工业化的过度发展，带来了一系列严重的社会问题，如环境污染、人口膨胀、能源危机以及运动不足的"文明病"等。为了摆脱危机，全球兴起了以回归自然为主要特征的体育健身热潮，如野营、登山、攀岩、定向、滑雪等。"绿色体育"项目的内容可以分为以下方面：地域——以山林野外为主要背景的野营、登山、攀岩、定向徒步越野、山地自行车、山洞探险等各种探险活动；冰雪体育项目如滑冰、滑雪；水域——龙舟、划船、滑水、潜水、冲浪、漂流、钓鱼等；空域——风筝、飞机跳伞、悬挂滑翔、动力伞、牵引伞、热气球、飞艇等。我国正式开展体育项目中共有29项是"绿色体育"项目，反映了人们对绿色体育项目的普遍追求。同时，也有力地证明了"东西方体育中沿着源于自然—超越自然—超越自我和回归自然并行的轨迹运动。

"绿色体育"项目在我国的兴起重要原因是都市化的迅猛发展。改革开放后，经济和社会的快速发展使我国形成了许多新兴城市，人们为了摆脱城市生活的束缚，开始走向自然，兴起了许多"绿色体育"项目或"极端体育"项目。城市人口过度集中，可开发的自然环境减少，人们的活动空间减少，使大多数的人们生活在钢筋水泥的丛林中，噪音、污染以及生活节奏加快、人与人之间的隔阂对人们的身心造成了极大的伤害，人们普遍感到精神焦虑、烦躁不安、出现了"文明病"。同样，在科技革命的推动下，社会分工出现了大综合、大分化的局面，每个人只是集体中微小的一部分。这在人们的心理上和实践上形成相对非独立性，从而主体意识受到压抑，自我实现的要求被压抑。因此，一种强烈的内在要求，使人们把视野转向工作之外，企图在余暇时间中，寻求自我满足。人们回归自然、挑战自我的欲望愈来愈强烈了，体育项目向野外、向大自然延伸拓展，逐渐出现了许多"绿色体育"项目。

这类体育项目的特点除了自然性，还有极限性，也就是对人自身体能、心理方面的挑战。这是近些年来才在我国开展起来的一类项目，它在国外也被称为"Extreme Sports"，即是极端体育项目。它除了追求竞技体验、超越生理极限外，更加强调参与和勇敢精神，在跨越自己心理懦弱的障碍后所获得的快感和成就感。

二、演艺化

体育项目的演艺化，即体育项目成为文艺表演活动，供观众欣赏，满足其观赏的需要。体育项目的艺术化表现形式有两种：一是体育自身的艺术化方向发展；二是体育项目的举办与纯艺术的表演活动安排在一起。前一种形式的体育项目如艺术体操、花样滑冰、花样滑雪，以及民族传统体育项目如木兰拳、大秧歌、舞龙狮等体育项目。甚至像乒乓球、排球之类的体育项目，为了满足观众的欣赏需要，不断地修改其规则，提高其观赏性，以便占有更大市场。如乒乓球为了增加可观赏性，用大球减慢球速以增加回合次数，以使比赛更加好看。后一种形式是近年来随着体育项目职业化的发展出现的。在1984年洛杉矶夏季奥运会上，有1500多名艺术家为数百万观众在洛杉矶的50多处表演节目300余场。我国近年来所举办的一些大型体育比赛也开始在比赛前安排一些艺术表演。比如模仿美国的中国高校篮球赛CUBA，在比赛间隙进行的各种文艺表演。特别是2000年中国武术协会与湖南卫视联合举办的"中国武术散打王比赛"进行了这方面的有益探索，并取得了极大成功，使其收视率提高很快，取得了较大的社会效益和经济效益。

三、软式化

在我国正式开展的体育项目中，如保龄球、台球、短式网球、飞镖等以及社会上非常流行的三人篮球赛、五人足球赛等，都是一些轻体育项目。轻体育项目是指那些运动负荷较小，对抗性相对较弱，运动过程中娱乐性、趣味性强的体育项目。竞技体育项目的"软式化"是竞技体育项目走向轻体育项目的有效途径，如三人篮球、五人足球、短式网球等。竞技体育项目的"软式化"是精英运动员的体育项目变成大众化体育项目的有效途径，"通过主动的变革来实现体育运动负荷的轻松化、技能难度的简单化、运动形式的娱乐化、运动环境的卫生化、运动方式的文明化，适当降低竞争性，提高趣味性，使体育项目最终成为具有广阔流行地域和众多参与人口的、广大群众所喜闻乐见并具有广泛社会适应性的运动文化形式"。广州市的三人篮球赛、五人足球赛的成功举办并引起社会关注便是这类体育项目将受欢迎的最好说明。

四、绵缓化

在西方体育项目或者说现代体育项目体系中，主流的形式就是追求运动形式的难度、惊险性和刺激性以及人类体能、运动成绩的无限度发掘。这种无限度、超常规的、常年累月的训练容易导致参与者在机能方面受损，达不到健身强心的目的。与此相反，东方民族传统体育项目大部分强调"修身养性"，强调内外兼修，动静结合，除了肢体的训练外，更加注重参与者精神方面的修炼，从而达到身体与精神，心理与肢体的协调统一。

尤其在世界新技术革命的推动下，整个社会正朝自动化、电器化、信息化的方向发展。机械化、电气化、信息化文明造成的人类生物结构和机能的退化，运动不足，肌肉饥饿。西方崇尚力量、速度一类的体育项目，显然不能满足人类发展的这一层次活动。所以，在日益蓬勃兴起的全民健身的大潮中，人们选择的体育项目大多是一些民族传统体育类项目或散步之类的绵缓一类的运动，如太极球、太极拳、健身气功、瑜伽、普拉提等。体育项目绵缓化发展的另一个原因是世界正在步入老龄化阶段，这类运动由于具有运动强度较低、时间较长、运动柔缓、意识先导、身心兼修等特点，不仅具有悠久的东方哲学基础，而且得到心理科学和人体生物科学的有力支持，受到了广大老年健身者的喜欢和追捧。

五、科技化

21世纪，以信息技术为主导的科技革命推动了人类社会的飞跃发展，基于物质科学、生命科学和思维科学等的突破性进展，人们的生产生活方式从机械化转为智能化，世界文明进步有了新的飞跃。科学技术的发展渗透到包括体育在内的人类社会生活的方方面面，为认识世界和改造世界提供了强大的动力。体育科技在新世纪体育事业发展过程中，起着火车头的作用，它带动体育事业的创新和发展，决定着体育事业的前途和命运。体育科技正在从体育舞台的边缘向中心位置挺进，为体育事业带来新的辉煌与成就。

在体育领域，随着体育科学技术的迅猛发展，国际间竞技体育的竞争越来越表现为科技的竞争。竞技体育项目集中体现了体育科技的实力，也体现了一个国家的综合国力和国际地位。体育科技反作用力促进了竞技体育项目的飞速发展。在各项竞技项目背后，教练员、运动员为提高训练竞赛水平，几乎都有世界一流的科技团队的参与，针对运动员的个人特征，从特定项目相关的生物力学、人体形态学、营养学、生理学、心理学、计算机及其他多学科的各个层面，开展体育科学研究和科技服务，配合教练员进行科学训练和技术诊断，通过这些技术在竞争中得到毫厘之间的优势。其中利用新材料技术、生物技术、IT技术、空间技术等科学手段的支持，表现在运动训练和比赛装备、器材的高端，表现在服装、鞋的特别设计以及运动技术的创新，符合个人需要的特制营养品的生产等方面。其结果是科技对体育发展的影响力之大完全超出了人类的想象，运动员承受训练负荷的能力和竞技能力大幅提高；训练和比赛中的信息采集、传输和处理能力无与伦比。人类超越了体能的极限，超越了体育的传统。游泳、短跑、跳高等项目的世界历史纪录一次次被刷新，体育项目中的科技应用诠释了奥运"更快、更高、更强"的精神追求，也使人们对体育科学和体育运动规律的认识走向新的高度。

　　高科技不仅体现在对体育项目构成要素方面的巨大影响，高科技本身也逐步演变成为了体育项目。科技给奥林匹克及群众体育带来的变革和冲击，除运用在竞技体育方面外，也表现在生活娱乐健身的各个方面，并且这些项目随着科技体育项目在变化和创新，科技化体育将更深层次地服务于人类健身事业。在我国，体育项目的分类中，以纯科技为基础的体育项目已列入了正式开展的78项体育项目中，其代表项目是电子竞技。另外还包括了航空模型、航海模型、车辆模型、业余无线电等，这些科技体育项目在八九十年代的青少年中颇受青睐。尤其是电子竞技，它打破了传统体育项目的在运动器材，运动场地上的严格要求，取而代之的是以信息技术为核心，软硬件设备为器械，在虚拟环境中，在统一的竞赛规则下进行游戏和竞技。

　　同时，在当前低碳经济的国际大形势下"绿色奥运"以保护环境、保护资源、保护生态平衡的可持续发展思想，赢得了世界的认可和支持。一些对环境有污染的高科技体育项目受到了环保人士的强烈抗议。例如F1赛车，与奥运会、世界杯足球赛并称为"世界三大体育"，年收视率高达600亿人次。F1赛车是世界上造价最昂贵、速度最快、科技含量最高的运动，也是商业价值最高、魅力最大、最吸引人观看的体育赛事。它运用了空气动力学，加上无线电通讯、电气工程等世界上最先进的技术。当今世界上很多领先科技都是在F1赛车上得以最初的实践的，没有高科技就没有F1。这样的顶级运动却堪称体育项目中高耗能高污染的龙头老大。体育项目也是可以消亡的，历史上曾经有过的摩托车足球赛现在已经销声匿迹了。现在随着世界能源的进一步紧缺和日益苛刻的环境要求，F1这种高污染，高耗能的体育项目，面临着被淘汰的局面。它的产生和消亡的轨迹将随着社会发展要求以自组织平衡方式演进。

六、时尚化

物质极其丰富的当代，人们对文化和精神生活的要求越来越高，远远超越了生存需求，从享受和发展需要为出发点，追求更高的人生价值目标。传统的体育项目已经不能满足人们求新求异的心理需求，尤其是当代年轻人他们追求健康的同时，更追求个性和自我实现。用新知识、新观念和新方法来提高个人素质和丰富个人内涵。传统的"闲敲棋子落灯花"正在被现代时尚的休闲方式替代。年轻人们敏锐地捕捉时尚元素，走在时尚前沿，通过主动驾驭个性化活动来张扬个性，丰富自己的审美与品位，追寻自我愉悦的不凡感受，以此达到自我实现。"萝卜青菜，各有所爱"这句俗语表达的正是不同的人主观上都有不同的喜好和品味。人们从事不同的休闲娱乐活动或者体育健身活动，都会根据自己的个性、爱好、身体条件等因素选择不同的项目。

体育项目时尚化的表现为某些新兴的体育项目在某一现在或将来特定的时段内，率先由少数人实验，而后来为社会大众所崇尚并参与实践的体育活动。中国加入WTO，密切了在经济文化各领域的世界交流与合作，尤其在体育文化上影响也颇大，舶来许多新的思想观念以及热门休闲健身项目。受科技发展的影响，它具有"现代化"特点，比如使用体育模拟器来享受仿真的体验。音响、投影、计算机处理等技术给人不同的运动体验，使运动功能从身体锻炼到心灵享受和情感升华上都有了实现后的满足感。受信息化发展的影响，它也具有"普遍性"特点。通常时尚类体育项目会经过各种媒体迅速传播，并短期内拥有很大群体的追捧，显示出生机勃勃的生命力。同时，受消费主义的影响，它还具有"快餐化"的特点。由于时尚风向标总是随着世界经济文化等发展因素而不断发展变化，因此这些项目的形成期、成熟期、鼎盛期、衰败期相对传统体育项目来说，其生命周期较短。

【思考题】

1. 请谈一谈有些体育项目从奥运会永久退出的根本原因是什么？这些项目为什么会进入奥运会？
2. 为什么有些奥运会的项目会退出后又进入奥运会？
3. 为什么会有如此多的项目进入奥运会？进入奥运会后的项目发展态势如何？
4. 如何发扬光大我国的民族传统体育项目？
5. 根据学习和查阅文献，请谈谈未来体育项目的发展方向是什么？

第五章　课堂实践教学

【本章导读】课堂实践教学不是课程教学的辅助或附庸，而是综合程度较高的课程教学。实践教学具有严格的规定性，不仅强调经验整合，还强调知识、技术以及能力等的整合和提高，实践目标和内容受社会、学生、教师的制约。本章主要针对课堂实践教学对应用性人才培养的重要性为出发点，通过对课堂实践教学的概念、分类及作用、方法与模式的分析，提出实施方案、具体措施，以及课堂实践教学中的管理及注意事项。

第一节　课堂实践教学的概念、分类及作用

学习课堂实践教学，有必要了解课堂实践教学的概念及其历史由来，了解其主要分为哪几类，并熟悉课堂实践教学的作用及意义。

一、课堂实践教学的概念、分类

课程内实践教学改革是教学改革的重要组成部分，对人才综合素质的培养有着特殊的功能和不可替代的作用。改革需要根据课程培养目标，按照知识、能力、素质协调发展的要求，注重教学内容的整合与更新，合理构建课堂实践教学体系，突出和加强学生创新精神和实践能力的培养。

（一）课堂实践教学的概念

在我国的教育理论和实践中，"实践教学"是一个出现比较迟的概念，1998年出版的《教育大辞典》第一次出现"实践性教学"的概念。实践教学也称实践性环节教学、综合实践环节教学或实践课，是相对于传统的理论教学而言的。理论教学重视教师讲解理论知识，强调教师的主导作用，而实践教学则重视理论联

系实际，强调学生的主体性和积极性，激励学生主动参与、主动思考、主动研究，着重培养学生分析问题和解决问题的能力，加强专业训练和锻炼学生实践能力而设置的，是整个教学的重要组成部分。根据不同阶段体育教学大纲和教学计划以及培养目标和要求，体育实践教学的最终目的是对学生实践技能、创新性和创造能力进行系统培养。

在实践教学体系中，课堂实践教学成为其他实践教学的基础，没有课堂实践教学做基础，其他实践教学就无从谈起。另外，课堂实践教学是连接理论教学与其他实践教学的重要桥梁，因此在实践教学改革中，必须重视这个基础部分。目前，在我国高等教育教学改革中，有一种倾向，即过于重视实验室建设、实验课建设和教学基地建设，却忽视了最基本的课堂实践教学部分。这是教育改革中的严重误区。

课堂实践教学具有一定的优越性。首先它不需要花费巨额的投资，购买昂贵的仪器，购置固定的办公空间，只需要教师具有正确的教书育人理念，负责任的心态，时常关注社会现实问题，随时结合讲授的内容，进行学术探讨。其目的，一方面培养学生对社会重大问题的关注度。另一方面培养他们对新的焦点、难点问题进行多元思考和独立判断能力。让他们不出教室，一样了解社会；没有走上工作岗位，对工作以后发生的事情也不陌生；并具有一定的处理问题的能力。

（二）课堂实践教学的分类

当前体育教学中的实践教学主要包括集中实践、课堂实践和课外实践三个部分。

集中实践是指社会实践（入学教育、军训、劳动教育、社会调查、毕业教育、就业指导）、教育实践、科研实践（毕业论文、学术活动）等进行实战学习，培养实际工作能力，了解学生专业知识掌握的程度，运用专业技能解决实际问题的集中实践性教学。

课堂实践一是指马克思主义哲学原理、毛泽东思想概论、邓小平理论、大学生思想修养、法律基础、体育游戏、体育教学论、运动解剖学、运动生理学、学校体育学、体育测量学等基础理论中的作业、实验、实习（设计）、专题讨论、辩论会和调研等；二是指体育专业课的教学设计、训练计划设计、教学与训练的组织等，着重培养学生对专业知识和其他学科知识的综合应用、创造与创新能力。课堂实践教学主要是在课堂内进行的实践教学环节,具有较大的可操作性。

课外实践是指课外体育竞赛、业余运动训练等主要用于帮助学生提高教学技能和教学方法、培养学生运动竞赛的组织、裁判、训练、业余辅导以及提高学生观察问题和解决问题能力的课外专业技能性实践教学。课外实践教学则是在课堂之外进行的实践教学活动,是课堂实践教学的延伸和拓展。

二、课堂实践教学的重要作用

(一) 课堂实践教学对人才培养质量的影响

1. 实践教学安排得不合理导致学生不能安心毕业实习

实践性教学可以大致分为两个阶段,第一阶段是课程类实践性教学,包括课程教学实习、课程设计等环节;第二阶段是毕业实习。就一般专业而言,这两个阶段都非常重要,尤其是体育类的专业这两个阶段更是必不可少。而现阶段贯穿于教学过程中的教学实习、课程设计大多安排的是附属于理论课教学的单纯性验证,这非但不利于培养学生包括科研能力在内的多种实践能力,而且会使这一阶段的实践性教学失去原有的意义。虽然毕业实习在一定程度上可以弥补教学实习存在的"功能性"缺陷,但由于沿袭多年的毕业实习时间安排,已经不能适应高等教育改革与发展的要求,以致影响到毕业实习的实际效果。

2. 实践教学保障不到位导致实习质量得不到有效保证

实习基地、实习经费、指导教师、实习管理等都是完成实践性教学必要的条件保障,但是随着招生规模的不断扩大,本来就相对不足的实习基地、实习经费更加"捉襟见肘",难以满足实践教学的实际需要。虽然不同专业因课程实习的具体内容和要求不同,对实践教学条件的要求不等,但实习保障条件得不到保证却是共同的问题。

3. 实践教学指导不得力导致毕业论文的质量出现滑坡

由于对实践性教学管理缺乏有效的监控措施,导致学生毕业论文(设计)的质量出现滑坡。一是对学生选题缺少科学指导,有的选题过大,超出了一个本科生的能力和所学专业知识的范围，有的则选题过窄，使学生难以发挥或施展能力；有的是题目几年一贯制，缺乏创新，有的题目则过于超前与现实脱节。二是部分指导教师由于没有科研课题或者出于以备后用的目的而利用学生查阅资料，完成文献综述类的论文；还有的教师让学生整理资料，分析数据，写出数据分析报告式论文，这或许对提高学生某一方面的能力有所帮助，但显然有悖于毕业论文（设计）的初衷，尤其是无法培养学生综合运用所学知识及独立分析问题、解决问题的能力。三是管理过松，缺少指导。或是少数指导教师业务水平低，实践能力差，没有能力指导，或是一部分教师精力、时间投入不足，指导不力。学生则因就业等因素的影响，没有投入足够的时间和精力，对毕业论文（设计）只是应付了事，东拼西凑者有之，网上下载者有之，花钱雇枪手者有之。尽管明文规定论文答辩不合格者不能授予学士学位，但顾及到学生就业问题，教师大凡都会手下留情、笔下超生，无形之中助长了学生的侥幸心理。一般来说，只要在答辩前完成论文，通过导师审阅并作适当修改即可，评价也只是检查论文是否归档，而在毕业论文质量保障方面的机制则不够完善。

（二）重新认识实践教学环节在提高人才培养质量上的地位

1. 实践教学是学生将理论应用于实践的试验场

通过实践教学这一环节使学生将课堂所学的理论运用到实践中去，在掌握实验方法、操作规范和技能的基础上，反复进行各种练习和操作，以培养学生发现问题、分析问题和解决问题的实践能力，进一步激发学生学习专业知识的兴趣与学习的动力。学生经过一段时间的理论学习，在掌握课堂所学基础理论与专业理论的基础上，再到科研与生产实践中去运用和验证，可以增加感性认识、提高动手能力、锻炼培养学生的科研能力以及独立工作和实际操作的本领，并且有助于他们掌握社会服务和科学研究以及管理方面的知识，从而达到拓展丰富知识、增长提升能力和启迪创新思维的目的。

2. 实践教学是培养学生综合素质与能力的课堂

随着科学技术的迅猛发展，在实践教学环节中，目前学生所遇见的诸多实际问题，有些问题不是单靠本专业所学知识就能够解决的，而是需要运用多学科的知识进行交叉和综合才能有望解决。这就迫使学生要通过查阅书刊资料、进行网上查询以及人际沟通、信息交流等多种途径，借助于多学科的知识来寻求解决问题的方法，这其中还包括自然科学与人文社会科学知识之间的交叉、渗透，从而使学生的综合素质得到培养，解决复杂问题的能力得到锻炼和提高。毕业实习与设计则是专业课学习的最后一个环节，是学生将之前学习的各种理论综合运用于实践阶段，也是全面发展学生能力的重要环节，所以说毕业实习与设计不仅仅是专业教育的延续，更重要的意义在于通过这一环节的学习，有利于学生综合素质与能力的提高。

3. 实践教学是嫁接在学生与社会之间联系的桥梁

学生在课堂上学到的理论知识，需要通过实践教学环节到实际工作中去接受检验和进行验证，而社会上又存在着大量的身体肥胖、健身塑体、休闲娱乐等方面的问题急需解决，其中有一部分是属于理论探讨、健身咨询、新技术推广、老技术改造、方法革新和市场营销等方面的问题，这些问题学生在教师的帮助指导下完全可以去解决。所以，高校通过实践教学尤其是毕业实习与设计可以架起学生与社会之间联系的桥梁，以面向社会需求、提供健身指导为宗旨，结合实践教学让学生参与体育教学和指导，不仅可以使学生在实践中得到磨炼，而且可以解决实习经费不足的问题，并能为社会经济的发展做出一定的贡献。毕业实习与设计作为学生走向社会的过渡期，在人才培养上更具有重要地位，从这个意义上说，毕业实习与设计是大学生社会实践的又一个重要环节和途径。

（三）课堂实践教学是"以能力为中心"人才培养模式的关键

本科学生实践与动手能力弱，主要原因在于高校人才培养与市场发展需求不匹配，导致目前教学普遍存在理论知识结构单一，教学内容陈旧，实践、综合素质教育不足等较为严重的缺陷。校外的实践教学需要大量的时间、大量的经费作保障，高校扩招以后，很多学校由于课时冲突、经费不够、管理复杂和安全保障机制不健全及大学生的自我约束能力和认知能力相对较低等实际困难而很难广泛实施实践教学。而课堂实践教学的实践场所是教室，没有时空条件的局限；参与对象是所授课的全体学生，不受因学生大量外出、组织管理复杂的影响；操作便捷，占有教学资源相对较少，不受财力、人力和安全因素的制约。以上这些优势也让这种实践方式能够贯穿到教学活动过程的始终，具有深入持久的效果。全体学生实践教学的广泛持久参与，使其实践能力都得到全面培养，无论是语言表达能力、理论运用能力还是社会了解能力和社会适应能力都能够得到很好的锻炼，这必将为其更好地走入社会打下坚实基础。课堂实践教学有利于充分发挥教学中教师的主导作用和学生在实践教学中的主体作用，激发学生的主动性和探索创新精神，变封闭、被动的实践模式为启发、自主的开放型新模式，以提高实践教学的总体效果。

第二节　课堂实践教学的方法与模式

在理解了课堂实践教学的基础上，要掌握实践教学的以下五种方法，分别为框架式教学方法、设问式教学方法、案例讨论式教学方法、情景模拟式教学方法和学生主导式教学方法。还需要了解课堂实践教学的三种教学模式。

一、课堂实践教学的方法

（一）框架式教学方法

框架教学法应用广泛，它注重结构，把握整体，是我们最常用的课堂教学方法。它注重知识结构和历史阶段的特征、特点与知识的内在联系，便于学生形成知识体系和知识网络。这一方法适用于学期教学的起始阶段、章节教学的开端与结束、复习课程，也适用于具体的单节课题和专题教学。框架结构的建立必须根据具体的教学内容来建立，必须以简洁明了、科学规范为原则，反之就可能把本来简单的知识复杂化。

（二）设问式教学方法

设问教学是问题教学的重要方式，它巧妙设问，引人入胜，是许多教师习惯采用的课堂教学方法。设问教学的关键是问题的设置与处理，这取决于教师对教材把握的程度，对学生水平、层次的了解。我们观摩过许多教师的公开课，问题不断，如同审判囚犯一样。其实过多的问题等于没有问题，过多的问题说明教师没有把握住教材的中心，不清楚重点与难点，说明教师不信任学生，不了解学生的层次与水平。首先，设问在于引起学生的注意，激发学生的兴趣，并不要求学生立即回答，何况更多的设问往往在教师的叙述中由教师自己解决了。其次，设问并要求学生回答的问题：一要简洁明了，二要科学得体，三要紧扣重点和难点。第三，回答问题要提前做好训练，做好要求，不对没有回答问题习惯的学生提问。当然，学生回答问题的习惯一般说来是早已养成了的。我们的要求很简单即"请用自己的语言和教材专业术语回答问题"。

（三）案例讨论式教学方法

案例讨论教学法主要目的是让学生掌握管理的基本原理，同时锻炼学生运用已掌握的知识处理实际问题的能力。此方法的好处是成本小，学生不需要亲身体验便可总结经验，但课堂案例的运用效果不好，究其原因，一是案例的针对性不强，结合内容紧密的案例一般很难寻找，需要大量时间和经历去挖掘；二是受限于学生所具备的知识，案例讨论必须要有一定知识储备，学生的知识掌握程度不一；三是案例的组织准备，一般而言，可提前让学生看案例，准备自己需要的其他资料，这可使课堂讨论效果更好。还包括分组讨论，设置某种竞争因素，让各组碰撞，产生好的想法，激发大家共同思考。

案例讨论教学法一定要有一个明确的主题，不能过于松散。所以，通过案例讨论，学生的收获如下：锻炼了自己公开陈述观点的能力；在讨论中锻炼了思辨能力；通过案例锻炼了归纳能力，获取二手经验；案例讨论实际上是一种实践的补充，虽然学生没有经历真实的场景，但根据案例的描述，锻炼了解决真实问题的能力。

（四）情景模拟式教学方法

课堂模拟是课外实践的一种有效补充，它有投入时间、精力少等优点，还具有很强的可控性，同时，也补充学生课外实践中无法接触到的内容。此种方法不仅把书本知识点融入到模拟中，还调动了学生的兴趣。模拟过程结束后，可组织讨论，让学生自己总结模拟的知识点，加深印象。这种方式不仅可让学生体会实践中的艺术，还可通过讨论环节提升分析问题的能力，也可共享经验。课堂模拟关键要注意学生间的分工，还得让学生做出充分准备，尽量贴近真实场景。

(五) 学生主导式教学方法

　　学生课堂是在以学生为主导，以教师为辅导的学生主体学习的教学观念和"把课堂还给学生"的课堂理念的指导下逐步形成的课堂教学形式。学生课堂以学生自主学习为主，重在培养学生自主学习的能力，即在教师的辅导与帮助之下，学生自主地学习相关的知识，其目的一方面是学习和掌握一定的书本知识；另一方面是学会学习，即学会独立自主的学习、学会思考和解决问题。当然这是一种初步的方法，甚至于仅仅是一种学习的意识和思想。此课堂的操作包括两大类型。第一，学生讲课。教师提供相关的教学资料和参考资料，指导学生学习，找寻重点知识和难点内容，并协助学生写出相应的教案来，最后再让学生模仿教师登台讲授。这样就将学生置于教师的地位，转换了教学的角色，学生一方面在教师指导下组织备课的过程中明确地知道了本课知识的重点和难点，熟悉了本节知识的基本体系，然后又动手整理出了自己的教案来，最后还登台进行了知识的传授，这就进一步地熟悉了知识，加深了对相关内容的了解与把握。当我们在一堂课后没有能够让学生明确地知道这一课的重点知识和难点内容，我们的课就是不成功的。一句话，教师知道了不等于学生知道，教师的知识垄断和教学权威意识恰好是教学相长的巨大障碍，也是目前教学改革的核心内容。第二，学生自主学习，教师重点点拨。这是学生课堂的最主要方式。课堂的处理因人因事而异，但我们所喜欢的操作过程是教师在课前对章节内容进行整理，提出自学目标。首先揭示本课之重点、难点和知识体系（结构），然后提出与教材相关的一些问题（主要针对重点与难点）。教师整理的内容要印发给学生，或投影到屏幕上，或板书在黑板上。在课堂教学中，第一步，学生根据教师提示阅读教材，熟悉知识，回答问题；第二步，学生提出疑难问题，教师整理加工；第三步，教师在学生提问的基础上重点点拨，对个别问题则采用个别解决的办法。这种课堂教学重在学生有目标的自主学习，我们一定要把握"有目标"这个环节，反之，学生的自主学习会陷于盲目，久而久之，学生就失去了自主学习的兴趣。

二、课堂实践教学模式

(一) 问题与案例驱动的课堂实践教学模式

问题与案例驱动的课堂实践教学模式具体包括两个层次,如图 5-1 所示。

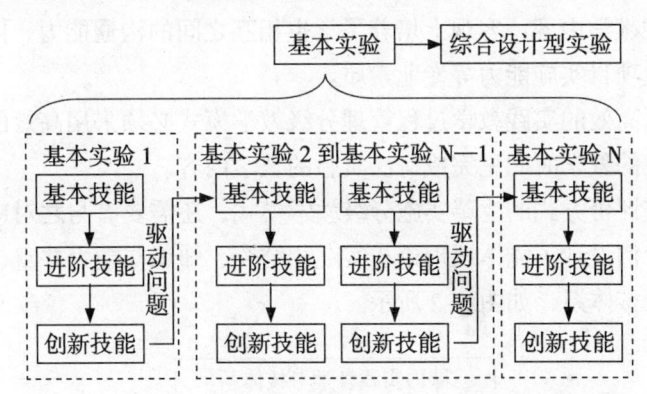

图 5-1 问题与案例驱动的分级教学模式

根据能力目标将课堂实践内容分为基本实验与综合设计性实验两大类,即从基本实验到综合设计性实验的第一层次分级。其中,基本实验由相应的问题与案例驱动,主要用于培养学生掌握某个或某些工程技能,并初步培养学生分析问题与解决问题能力、设计与实施能力、主动学习能力与团队协作能力。综合设计性实验是以课程所涉及的多个或全部技能点的综合应用为目标,进一步培养与提高学生设计与实施等工程能力和素质。

其次,根据实践教学要求与形式,通过对每个基本实验进行难度分解,在每个基本实验内部形成"基本技能—进阶技能—创新活动"的第二层分级。其中,基本技能用于培养学生的基本技能,为进阶技能提供所需的相关技能,教学内容与方法上以传统的验证或操作式的为主,需要为学生提供较详细的实验规划参数以及实验步骤。进阶技能用于初步培养学生的主动学习、设计与实施及团队协作等能力。进阶技能通过给出具有一定难度或复杂度的实验任务,要求学生结合所掌握的基本技能以及所给出任务的要点与难点提示,自行设计完成。创新活动用于初步培养学生的综合技能。要求学生自主完成,创新活动中通常还包含一些不能应用现有知识或技能所解决的技术难题,以培养学生的分析与解决问题能力,并借此引申出下一个基本实验，起到承上启下的作用。

完成了相应的模式设计之后，为了提高课内分级教学模式的效率，有效地培养学生的工程能力与相关素质。在实施中还必须注意以下三点。

一是基于项目组的实践教学形式在实施分级教学模式时，根据教学需要及学生意愿将其分为若干个实验项目小组，每个项目小组由一名项目组长和若干项目成员组成。项目成员人数根据实验环境确定。在进行每次实践教学时，项目小组的组长与项目组成员会共同协调确定每个人在本次实践中的项目角色或职责，以共同完成实践教学内容。客观上培养了学生相互之间的沟通能力、团队合作能力以及提升学生项目实施能力等专业素质。

二是辅以高效的实践教学过程管理分级教学模式必须采用高效的教学过程管理才能在有限的教学时间里完成每次实验的教学内容。

三是考核评价方式的改革实施分级教学模式，还需要有与之对应的考核评价形式。为此我们设计了能体现理论与实践相结合、知识与能力并重、过程与结果兼顾的课程考核体系，如图 5-2 所示。

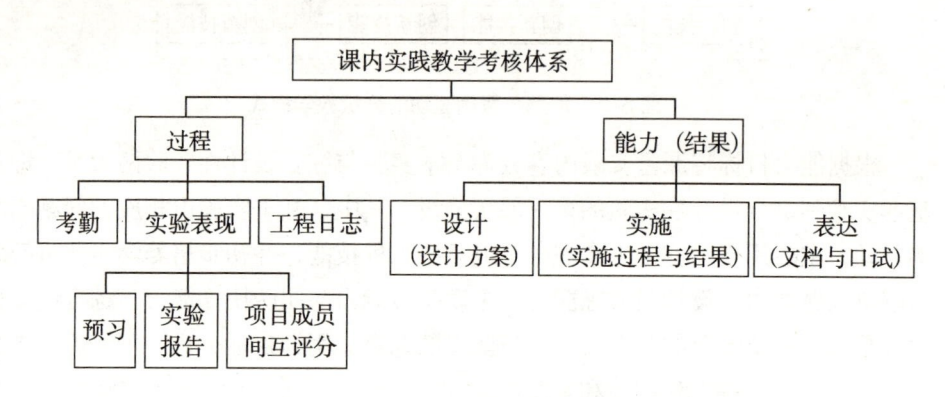

图 5-2　实践教学考核体系

该考核体系分为过程考核与能力（结果）考核两部分。其中，过程考核主要考核学生在实践过程中的综合表现，涉及个人学习态度与能力、学习完成情况、对团队的参与和贡献度，具体由课内表现、考勤与预习、实验报告、工程日志等组成；能力（结果）考核以综合设计性实验为载体，给出工程中的典型问题或需求，要求学生从需求分析、方案设计与方案实施三方面出发，考核学生综合应用知识与技能进行规划、设计、实施与测试的综合技术实践和技术应用能力。在综合设计性实践考核中，还通过口试、书面设计报告等形式考核学生在专业问题上的口头与文字表达能力。

（二）微格教学的课堂实践教学模式

微格教学（microteaching）是 20 世纪 60 年代由美国斯坦福大学首先提出并加以运用的。它类似于体育中分解动作的训练和戏曲中一招一势的演习，把一堂课分解成几个部分，若干个小步子，如导入新课、讲授新课中某一概念、课堂小结等，抽取其中一环节来进行局部研究，然后通过各个局部再统贯全局。因此，体育院校运用它来加强学生的课堂实践教学，能对学生的基本教学技巧和技能，进行更为精细的雕镂。

"教师的劳动是一种科学的又是艺术的创造。"教师在课堂教学中，除了要充分挖掘教学内容外，还必须合理运用语言、板书、教态、情感等多种艺术手段来提高教学效果。譬如，语言要简明准确，具有逻辑性和感染力；讲课速度需快慢适当，具有节奏感；板书设计应简洁美观；教态要自如大方等。但所有这些，只有经过针对性强化培训，才可能会有较明显的提高，最后达到运用自如的境地。

但我们过去对这些教师必备的教学基本功训练不够重视。学生在进行不多的课堂实践教学时，往往要求他们完成整节课的教学任务，这种培训方法，由于指导教师听课时间长、注意力不易集中，教学评估只能凭经验和直觉来进行判断，很难对试教者的教学技巧和技能进行具体分析，并加以指导改正。

而微格教学则不同，它像培训医生、技工那样对体育教学与指导的各种技巧和技能，都要进行专门强化训练。它在培训学生时，先抽取一堂课中的某一环节来进行试教，教学要求单一，用时也只有三五分钟或七八分钟，并且对受训者进行录像。这种培训方法，初学者易于领会和掌握，指导教师除了能现场指导外，还可通过逼真的录像，针对他们局部试教情况进行深入细致的分析，对一些不能正确运用课堂教学的方式、方法，做到逐一指导，及时纠正。

不仅如此，由于微格教学对受训者进行了录像，使学生能够通过录像，互相分析，找出差距。他们能在重放的录像中，得到自己试教时那清晰的声像具备的全过程，在这些栩栩如生的录像面前，可以细细品味思考，自己的一招一势，一词一句是否恰当；教学目标是否较理想地完成，还有哪些方面需要完善改正等。这样的信息反馈比起光凭几个老师和同学课后廖廖的评语，显然要更加全面。

微格教学重视教学环节的量化评估，能够更好地实现教学方法、教学过程的最优化。微格教学要求听课者在评课时，应按照预先制定的比较科学的"成绩定量测定表"，对试教者的教学情况作出较为科学的量化评估。依据教学论基本原理，课堂教学有它各个特有的环节，因而，课堂教学的量化测定指标所包含的内容也十分丰富，它包括教学目的、教学内容、教学方法和教师基本素质等。因此，我们应根据微格教学实施时，侧重于哪一环节的培训，这一实际情况，制定"成绩定量测定表"。当然，我们还可根据具体需要，制定出更为精细的量化指标来。

运用微格教学，对学生课堂实践教学情况实行量化分析，不仅仅是给他们一个成绩的评定，其主要目的还在于通过这些量化指标，使他们了解自己在课堂教学中的长处和不足，鞭策他们取长补短，努力完善教学技巧和技能，为最终实现教学过程的最优化创造必要的条件。

巴班斯基认为："当代学校教育教学过程的最优化，就是指所选择的教学教育过程的方法，可以使师生耗费最少的必要时间和精力而收到最佳效果。"由此看来，单从教学方面来说，教师在设计教学过程中，要在教学目的、教学内容、教学方法、组织形式等每个方面，从许多可供选择的方案中，选出一种方案付诸实施，使教与学取得最佳效果。因此，要实现教学过程的最优化，教师首先必须熟练掌握各种可供选择的教学方法，实现教学方法的最优化。微格教学在这方面具有独特的优势。它通过各种量化标准，对教学方法和教学过程进行有效的控制，不断调整教与学的关系，实现各个教学环节的教学最优化。同时，学生通过微格教学的培训，对自己的教学技能有了充分的了解，有利于他们在今后的教学中，按照自己的特点，扬长避短，选择采用最佳的教学方法。

（三）互动式课堂实践教学模式

教师在教学过程中不仅要传授给学生新的知识和新的理论，同时更重要的是要传授给学生更深层次的东西——学习方法和认识方法，锻炼和培养学生的认知能力、思维能力和主观能动性，提高学生的综合素质。作为教师应该明确教育再也不能只限于传授知识，更重要的是培养学生良好的学习习惯、思维方式、获取知识的能力和分辨知识真伪的水平。著名的物理学家劳厄说过，教育重要的不是获取知识，而是发展思维能力。素质就是把所学的知识忘光后剩下的东西。日本一位数学家这样说过，学生毕业后很多知识会被遗忘，唯有深深地铭刻于头脑中的学习精神、思想、方法在随时发生作用，使他们受益终身。孟子的名句："诵其诗，读其书。不知其人可乎？事以论其世也。"也说明了这个道理。教与学本身就是一种思维活动，学习过程绝不只是简单地接受知识的过程，而是一种思维过程。通过教学，应该使学生的思维习惯得到培养，思维能力得到相应的提高。

许多教育家都认为科学探究不是仅仅属于科学家的方法和技能,也是学生学习科学的有效方式之一。更是学生们用以获取知识、领悟科学的思想观念,领悟科学家们研究自然界所用的方法而进行的各种活动。学习科学应该是一种积极主动的过程,教师的职能不仅在于满足"学会"了什么,"掌握"了什么,而在于激发、激活学生的创新思维以及开发学生善于学习和勤于思考的内在潜力,使学生的知识、能力、素质三者协调发展。我们认为这是教育所在的一个根本性问题,这就是我们要具有的课堂教学之理念和要达到的课堂教学之目的。

通过"互动式"教学,有意识、有目的地训练和提高学生的思维能力、认知能力,培养学生发现问题、分析问题和解决问题的能力是更为重要的。

通过认识过程实施教学理念和目的。懂得认识事物既可以通过分析事物的内部因素去推断事物所能表现出的现象,也可以通过事物的表观现象去了解事物的内在因素。对提高他们的认识水平和认知能力有一定的帮助,使学生在接受知识的过程,学会一种认识方法和学习方法。

通过逻辑推理的过程实施教学理念和目的。我们有意识地逐个提出有关问题,将这一概念由浅到深,有层次地延伸和展开,在探讨的过程中充分调动学生的想象空间,其目的就是培养和提高学生的思维能力和主观能动性,使学生懂得应该怎样去分析问题,怎样透过事物的表象看到事物的本质,从而达到解决问题的目的。

通过实事求是的过程实施教学理念和目的。通过简单事例使学生明白,任何一个从事自然科学的人都要树立唯物主义的世界观和认识观,即使是专家权威的主观论断与事实结果不一致时,也要坚持真理,尊重客观事实。理论是主观的、是人为的,而事实是客观的、是唯一的。这就是实事求是。实践是检验真理的唯一标准。

实施"互动式"教学的过程中,同样的教学内容,如果注入正确的教学理念和教学目的,则教学效果大不一样。教师在传授知识的过程中,不再拘泥于教学内容的范畴,而上升到哲学的层次,培养和训练学生用哲学的高度、哲学的眼光去看待所学的内容,所学的专业,所从事的自然科学。使学生的注意力不是仅仅局限在所学内容上,而是放在帮助和引导他们扩展想象空间和提高思维能力,培养分析问题和解决问题的能力上,这样必将有助于学生综合素质的提高。这就是我们一贯倡导的"哲学第一,科学第二"的教学理念。正如孔子所倡导的"君子不器"的教学思想。君子,有学问的人;不器,不要做器皿。也就是说,不要一成不变,只有一种用处,而没有第二种用处;只能做一件事情,而不能做其他的事情。教学不仅仅要让学生掌握理论知识,还要用所学的知识做载体,有意识、有目的地去训练和培养学生的认知能力和思维能力。

第三节 课堂实践教学的实施方案和具体措施

课堂实践教学以实践为主,所谓实践,就需要一系列具体的实施方案来支撑实施。

一、课堂实践教学的实施方案

(一)确立明确的实践教学目标,完善教学计划和教学大纲

首先,要在深入市场调查的基础上,制定能够体现实践教学特色的行之有效的教学计划。传统的理论和实务课程必须在计划中明确规定实践教学的课时数或课时比重,并根据实际实施的情况适当调整;同时,尝试采用"应用性项目教学法",个别开设新的实践课,即以实际应用为目的,通过围绕某一实际项目实施教学,项目一般对应着就业岗位的某一类或一系列实际问题。此类课程比较灵活,课时弹性较大,根据实际情况有一定伸缩,而且内容往往需要跨课程甚至跨学科,需要综合运用各方面的知识和能力解决实际问题。课程内容选择上对教师来说也是个挑战,需要利用对企业考察和学生实习反馈等各种机会,了解搜集外贸企业在实战中可能遇到的一系列难题。

其次,根据教学计划编写内容翔实的高水平教学大纲,尤其要避免以往实践教学课时内容安排含糊的情况。对专业的主干课程,在教改中要以长期进行该课程教学的教师为主体组成编写大纲小组,整合集体力量编写专业主干课教学大纲和实践环节教学大纲,并定期讨论,以对大纲进行更新和完善。大纲的制定,要恰当地定位该门课程的目的、任务与要求,较好地处理它与相关课程的关系,做到原则性与灵活性相结合,详略得当。这里重点指出的是,各门专业主干课都在正常课时中规定了实践课时量,在教学大纲中必须把实践课时的授课内容和授课方式做出详细规定,并在实际授课时贯彻执行,否则,正常教学进度中很容易忽略实践课时。这一点要在新一轮大纲编写中切实执行。

(二) 形成灵活多样的课堂实践教学模式

1. 结合实际，查阅资料

分组讨论，或者撰写报告。这种形式比较适合理论性较强的课程。经过这样的训练，理论已经转化为生动的实践教学，学生不仅印象深刻，而且学习了如何用理论分析解决实际问题。

2. 模拟操作

部分课程可设计一些连贯的模拟实践操作，培养学生的操作能力、团队精神和创新精神。这种模式实现了以学生为主体，极大地锻炼了学生分析、解决问题的能力；较好地培养了学生的总结写作能力、面对公众的口头表达能力以及团队合作的精神；又能有效培养学生的团队意识和创新精神。

3. 技能实训

在体育技能的学习上，不能只关注学生技能水平的提高，更重要的是让学生掌握提高技能的方法。这就需要在平时的技能教学中提高学生的教学指导能力和纠正错误动作的能力。课后应该鼓励并指导学生努力考取指导员、教练员、裁判员等相应的职业资格证书，既巩固了知识和技能，又为日后找工作增加了筹码。

4. 案例教学

通过查阅资料和实地考察收集大量的教学案例，保证部分课程良好教学效果的必要条件。生动的案例能将生涩的理论形象化，便于学生理解，达到举一反三的效果。并为学生的讨论提供了很好的背景资料。尤其是一些耳熟能详的案例，会使学生有亲切感，得到很大启发，还会对将来的工作有直接帮助。

5. 把课堂扩展到校外

若能走进工作现场，增加感性认识，加深与社会的接触，不仅可以对学生进行专业教育，更可以让学生学到书本上没有的宝贵知识。此外，要充分利用签有协议的校外实训基地，经常组织学生去参观学习，把课堂上的难题带到企业解决，把在企业发现的问题拿回课堂讨论。通过让学生走向社会，使教学更具有现实意义。

6. 把专业人士请进课堂

采用各种方式请学生就业岗位集中的行业领导、业内专家及管理人员来校作报告或讲课，向学生介绍国内及世界发展的状况，以及中青年优秀员工的成长过程等，使学生在步入社会之前，更好地了解社会，懂得竞争之激烈，创业之艰辛，从而进一步提高学习的自觉性，培养学生的创业精神和创新能力。对于一些实践性较强的课程，直接聘请行业有经验的专业人士进行授课。这样，使学生在学习中与社会同步发展，对行业了解非常及时。

为了把上述实践教学模式切实地应用到各门课程，编写各门专业主干课程的课堂实践教学指导，其中详细规定了各门课程在课堂教学中进行实践的教学内容、适用方式以及需要课时量，使主干课程的课堂实践教学任务安排更加明确、具体、系统、规范，这也是切实保证课堂实践学时不被虚设的有效方法。

（三）建立完备的实践教学辅助资料库

教学辅助资料的收集对于开展课程教学，尤其是完成实践教学环节不可或缺的。而在以前基本是老师各自分散收集，造成重复劳动和部分好的资料不能共享。因此，应组织教师根据课程的特点，收集、整理有关课程涉及的单、证、表、案例、工具书、参考书等实物资料和数据资料以及教学软件、教学光盘、录像带、录音带等，积累一定的教学资料以便共享，争取建立一个完备的实践教学辅助资料库，为课程教学提供基础保障。

（四）编写特色教材

根据实践教学模式的要求编写一些有鲜明实践性特色的教材。在编写时，要打破传统的教材都是以理论的发展为序进行详细论述的常规写法，在内容编排、习题设置上，一定要强调学生技能水平的训练及解决实际问题的创新能力的培养，并尽量增加实用性案例的编排。

二、加强课堂实践教学的措施

（一）科学安排实践性教学时间，加大全过程管理的力度

就课程类实践教学而言，时间的安排应当根据理论教学的进度来确定，而且各门不同的课程对实践教学的安排也有着各自内在的关联，因此，不能只满足对理论教学的单纯性验证，而应当根据将理论知识运用于实践进一步深化理解的要求，科学合理地安排实践性教学，从而有利于提高学生综合应用知识解决实际问题的能力。毕业实习的安排则应当充分考虑到学生的就业问题，要适当压缩理论课的教学学时，将毕业实习与毕业生论文（设计）安排适当提前，可以考虑从第三学年起就进行，利用学生的课余时间和假期，有计划有步骤地实施，将教学与科研真正结合起来，在较长的教学活动中逐步地、系统地培养学生的科研意识，训练他们独立工作的能力，让学生带着指定的课题，检索文献、查阅资料、实地观测、分析综合。如果前期工作做得比较充分，在最后一个学期内，只需对论文撰写再做一些必要的补充、修改、润色，最后参加毕业论文（设计）答辩，从而比较好地解决毕业生谋职与论文（设计）撰写间的冲突，保证毕业实习及论文的完成。此外，毕业实习是整个教学活动中非常重要的一部分，目前毕业实习与毕业论文质量难以保证，其主要原因之一就是毕业实习的过程管理没有跟上。因此，必须规范对实践性教学的管理，对指导教师和学生提出明确的教学与实践要求，加大管理力度，实行全过程管理，把整个实践性教学过程纳入论文答辩，并在论文成绩中占有一定的比例，一方面促使学生重视实践性教学，在毕业实习及论文写作中投入足够的时间和精力；另一方面促进教师的责任心和指导能力的提高，从而不断提升本科生的毕业实习及论文质量。

（二）修订实践教学大纲，构建科学合理的实践教学体系

科学的教学管理，是提高教学质量、确保人才培养规格的必要条件，而科学合理的实践教学大纲与实践教学体系对提高实践教学质量则具有特别重要的意义，所以高校要围绕经济建设和社会发展对人才培养的要求，及时修订实践教学大纲，构建包括基础实践、专业实践和综合实践等在内的科学合理的实践能力培

养体系，制定全面而具有可操作性的实践教学质量标准，对实践教学的各环节实施质量控制。修订实践教学大纲要充分体现现代教育思想和教育理念，体现改革意识和素质教育的基本要求，强调采用现代管理技术，突出对实践教学过程的管理和监控，以提高学生的创新能力、实践能力。在修订实践教学大纲时主要贯彻以下几个方面的要求：一是将课程体系中的所有实践内容纳入教学计划，明确规定固定学时和隐性学时；二是坚持英语、计算机和现代教育技术的学习与应用不间断；三是强化实践教学改革，始终将学生创新能力和实践能力培养放在第一位。在具体修订过程中，对课程类实践教学要突出综合性、设计性实验要求和实验教学改革、实验室开放措施；对毕业实习要强调包括实习目的、任务、内容、安排、指导教师职责、实习要求、成绩评定标准等方面的内容。使实践性教学三个部分既相对独立，又密切相关，互为补充，相互促进，贯穿于大学生在校学习的全过程，实现让学生的知识、能力、素质等方面协调发展的培养目标。在此基础上，制定合理的实践教学方案，拓宽实践教学的范畴，积极整合实践教学资源，充分保证实践教学的实施时间，并根据不同学科专业的特点和条件，建立起有效的实践教学质量监控机制，从而构建和完善科学合理的实践教学体系。

（三）加大实践基地建设力度，做好实践教学的服务保障

根据实践性教学大纲的要求，尽可能建立保证完成各类实习和社会实践任务的、相对稳定的校内外实践基地。一方面要下大力气巩固现有的校内外各类实习基地，另一方面要不断扩大和发展新的实习基地。积极倡导产学研相结合，拓展校企之间、校际之间、高校与科研单位之间的合作，建立稳定的实践性教学合作关系。各级教育行政部门也应创造条件，为高校建设大学生教学实习和社会实践基地提供有力支持。高校要加大校内实习基地、实验室建设，充分发挥校内资源优势，为学生实习提供保障。实习经费不足的问题往往在理、工、农类专业最为突出，而这些专业领域的教师大都主持或参加一些科研课题，可以从中遴选一些责任心强、教学经验丰富、研究水平高、项目经费较充足者，指导毕业生实习与论文写作。对于没有科研项目也无其他途径解决毕业生实习经费的教师可以让他少带或不带实习生，这样一方面可以确保毕业实习，另一方面也可以提高教师特别是青年教师争取科研课题、参加科学研究的积极性和主动性。如此，既可以充分利用学校的人力、经费资源，解决毕业实习经费不足的问题，又可以让毕业生在实际科研工作中运用、升华所学知识，充分激发他们潜在的创造力。

三、课堂实践教学的基本形式

(一) 案例教学

案例教学是在学生掌握了相关基本知识和分析技术的基础上,在教师的精心策划和指导下,根据教学目的和教学内容的要求,运用典型案例,将学生带入特定场景进行分析,通过学生的独立思考或集体协作,进一步提高其识别、分析和解决某一具体问题的能力,同时培养正确的工作理念、工作作风、沟通能力和协作精神的教学方式。具体做法如下。

1. 阅读案例,个人分析

由教师根据教学内容选好案例,提出思考题,推荐参考文献或指定相关知识材料,让学生在课后认真阅读案例,独立思考,进行分析,提出决策。

2. 分组讨论

在这个过程中,互相启发,相互补充,同学之间对于复杂的观点能够充分展开,逐渐找出问题的症结所在,谋求最佳的解决对策。这一阶段工作主要是由学生自主完成,教师只需适当维持课堂秩序,控制讨论节奏即可。

3. 全班交流

这一阶段是案例教学的核心阶段,教师主要是创造良好的、自由讨论的气氛及环境,启发学生积极参与,同时还要进行必要的引导,使案例讨论紧紧围绕中心问题展开,但是教师不发表所谓权威性意见和正确答案。

4. 总结归纳,消化提升

在讨论结束后,教师对学生的讨论情况进行总结,既充分肯定学生讨论中的科学分析和独到见解,也要指出在发言的热烈程度、论题的集中程度以及问题分析透彻程度等方面存在问题。在此基础上,要求学生写出案例分析书面报告。案例教学是师生互动的教学活动,它不仅能激活课堂气氛,而且有利于理论知识转化为实践,是培养学生了解专业知识、实践人力资源管理实务的有效途径。

(二) 讨论与辩论式教学

讨论式教学强调在教师的精心准备和指导下，为实现一定的教学目标，通过预先的设计与组织，启发学生就特定问题发表自己的见解，以培养学生独立思考能力和创新精神。其环节包括：设计问题、提供资料、启发思路、得出结论。通过讨论式教学，可以为学生梳理出解答问题的不同路径，引导他们自主思考，帮助其得出正确结论。

辩论的本质源于博学、智慧、涵养、推理与口才，大凡人群聚集之地总少不了"辩"。"辩"是为了认识和掌握真理；"论"是为了诠释和捍卫观点。辩论式教学通过针对问题的正反面的强烈交锋，促进学生更加熟悉课程内容，有利于拓宽知识，培养思维能力，提高行为辨别能力，培养时代意识。辩题的设计与选取是辩论式教学的重中之重，它直接关系到一堂课的成败。辩题的选取应遵循以下原则。

一是选择教学的重点和难点。

二是选择学生感兴趣的思想实际、社会热点问题。

三是选题难度不宜高远。难度过大的辩题，学生辩不起来。

四是总结陈词在课堂辩论中起着全局性的导向作用，有举足轻重的地位，一堂辩论课"收"得怎样，很大程度取决于总结陈词的效果。所以最后的总结陈词一定要教师担当。

(三) 团队作业

团队作业是指由多个学生组成一个项目小组，共同完成一项工作的作业方式。相互协助的团队作业，最大的优点是尊重人、信任人，鼓励更多的人参与到工作中来，出谋划策，自主管理。团队作业不仅可以充分发挥每一个参与者的特长及能力，而且可以培养团队合作的习惯，增强团队合作意识。

(四) 职业证书培训内容的嵌入

职业证书培训内容的嵌入主要是指教学内容的实践性。学生在学习过程中迫切希望能通过专业课程学习获得考证所需要的知识和能力。我们在实践教学中把职业证书培训内容嵌入到课程教学中，聘请兼职教师参与授课，以保证教学的针对性和有效性。

（五）影像观摩与教学软件的应用

影像观摩与教学软件的应用主要指教学手段的实践性。影像观摩是利用多媒体进行教学的方法。多媒体教学的优点是图文并茂、形象生动。针对教学内容，选择播放具有代表性的、经过剪辑的、短小精典的视频，学生感觉既形象又生动，深受启发。此方式最受学生欢迎，教学效果最好。教师则摆脱传统的教学方法，把枯燥的知识同实践相结合，还可以通过学生的操作对学生的知识运用能力进行考评。

第四节　课堂实践教学的管理与注意事项

课堂实践教学是教学内容的一部分，课堂实践教学的管理是授课得以实施的前提条件。

一、课堂实践教学的管理

课堂教学管理是教学工作的重要环节，是课堂最基本、最重要的保障，是传授知识、习得技能、发展智力、形成品质的主渠道，是教学目标、任务、内容和方法具体实现的关键环节，其中渗透着多维相关知识和管理艺术。教学改革，如火如荼，课堂教学管理，应结合现代教育理念不断进行创新和实践。

有效的课堂实践教学的管理，可以从以下几方面着手。

（一）以促进学生发展为出发点，优化教学环节的设计

以提高国民素质为宗旨，以培养创新精神和实践能力为重点的课程改革，强调基础教育要满足每个学生终身发展的需要，培养学生终身学习的愿望和能力，强调课程要促进每个学生身心健康发展，培养良好品德。一切教学行为要"以学生发展为本"，教师要十分关注自己的教育对象，组织教学活动。然而这一问题

长期以来没有受到教学组织者的重视。我们先对现行的组织教学活动的各个环节作一个分析。大多数实习教师在教学组织时，基本上是按照"熟悉课程标准与要求——确定教学目标——制定教学策略——课堂教学反馈评价"这样的程序进行。在这里，教学的出发点是教材，教学的组织过程是由教师一方在这一出发点上演绎出来的。在这一过程中，大家似乎也会注意"因材施教""课备两头"（备教材、备学情），但事实上大部分教师还是立足于教材规定的要求，想方设法"启发""诱导"学生去适应教师预先设定的要求，学生只是在教师考虑教学策略时，作为授课对象被思考。学生总是在被动的适应中学习，教学活动与"以学生发展为本"的基本出发点不相吻合。建构主义教学理论的重要代表人物加涅，从学生发展的角度提出了"为学习设计教学"的观点，对以上问题的解决提供了理论上的指导，因此，我们在教学过程中，要以促进学生发展为出发点，设计并组织教学。"以学生发展为本"的课堂教学组织过程应当是：教学材料——学生背景——学生发展问题——教学目的——制定教学策略——课堂教学——反馈评价。也就是说，无论是在教学静态组织阶段还是动态组织（管理）阶段，我们都应该以学生的发展为出发点来思考教学的组织艺术，都应当把学生的发展需要作为教学的目标贯穿始终。

（二）以学生实际需要为着力点，营造和谐的课堂教学氛围

有效的教学组织，主要是协调影响教学的各种因素，使之形成一个和谐的教学整体，以保证"教"与"学"活动的顺利进行。

1. 和谐的教学氛围首先应有和谐的师生关系

和谐的师生关系应体现尊重、民主和发展精神。教师要通过这种和谐的师生关系的建立，使教学过程变成师生双方相互交流、相互沟通、相互补充的过程，从而实现教学相长、师生合作协同发展。

2. 和谐氛围的营造还要讲究课堂教学的组织艺术

一堂富有艺术性的课，能充分激发学生的求知欲，引发学生浓厚的学习兴趣，把知识信息轻松、愉快而有效地输入学生的头脑中，从而实现课堂教学的目标。

一要讲究开课的艺术。在正式上课前，教师要提前进入教室，或组织静息，

或检查学生课前预习情况，引导学生及时进入学习状态，为保证正式上课准备一个良好的开端。接下来就是导课。精彩的导课可以先声夺人，激发起学生的认识兴趣和情感，启发和引导他们展开积极的思维活动，从而在最短的时间内进入到课堂教学最佳状态中去，为整堂课的顺利进行奠定成功的基础。导课的方式很多，如温故导入、设疑导入、情景导入、实验导入、激趣导入等，教师可以根据课的内容选取适当方式导课。

二要讲究调控的艺术。学生的注意力直接关系到教学的最终效果，让每个学生积极参与到教学活动中来，这是集中学生注意力的有效方法。调控学生注意力的方式比较多，通常采用的方法有：声音调控（教师通过变化讲话的语调、音量、节奏、速度来引起和控制学生的注意）、提问调控（教师通过提问引起学生注意，特别是针对已分心的学生）、表情变化调控（教师通过变化表情，给学生以暗示或激励或批评）、改变活动方式调控等。

三要讲究语言的艺术。教师课堂语言，应做到严谨性与艺术性的结合，即教学语言必须精练准确、条理清楚、通俗易懂、生动活泼；讲课语速、语调必须适度，当慢则慢、当快则快，讲课声调当高则高、当低则低，做到"声""情""形"的有机结合，巧妙运用，而且恰到好处。简洁、富有艺术感染力的语言既能吸引学生的注意力，激发学生的思维活动，又能丰富学生的想象，使学生受到熏陶，得到美的享受。另外教师的语言艺术还应体现在具有明确的指令性，让学生听后明确该做什么。比如，请大家注意听老师提的问题，思考后举手发言，还有什么疑问请提出来等。

四是讲究节奏的艺术。教学任务的完成是有时间限制的，所以教学节奏的把握既要关注学生的实际又要考虑教学的重、难点，使学生学有所得。教学节奏的安排可以根据学生注意力的变化规律来进行。一堂课开始的头几分钟，学生注意力不容易集中；前段注意力比较集中；中段开始出现疲劳，注意力较分散；后段注意力又可集中；最后几分钟，疲劳，又等着下课，注意力分散。根据以上变化规律，在开头的几分钟内，教学的节奏可以松弛一些，把学生的注意力集中起来；前段就要充分利用，加强紧张度，让学生学习新的知识；中段是疲劳区，可把节奏放慢，减轻学生的负担；后段是一节课里的黄金时刻，学生的注意力有可能高度集中，教学节奏应该加强、加快；最后5分钟，节奏自然放慢，让教学任务在张弛有度的节奏中完成。总之，教学节奏的安排是要根据学生学习的实际情况来定。

(三) 以实现师生的共同发展为落脚点，培养教学机智

在教学中随时会有预料之外的事情发生，这就要求教师必须具备一定的教学机智。教学机智指的是教师成功处理教学中意外事件的特殊能力。"它是理论与实际、原则性与灵活性、深思与果断相结合在教学中的表现，是教师热爱学生、深入了解学生的个性和心理、不断研究教学方法和积累教学经验的结果。"教学机智不仅是教师的综合素质的体现，而且还能体现出教师的情感、态度和价值观。

教师的教学机智集中表现在以下几方面。

一是处理教学疑难的机智。在教学中我们会碰到学生的认知超越教师备课的情况，这时教师要机敏地修改原定的教学设计，使教学产生更好的效果。

二是处理偶发事件的机智。这里所说的偶发事件，主要指课堂教学过程中突然出现的学生不良的问题行为。当有学生在课堂上表现出小的问题行为时，教师可以用暗示法提醒学生终止问题行为；当课堂出现气氛沉闷、学生注意力分散的问题时，教师可以用轻松幽默的语言来调节气氛，吸引学生注意力；对较为严重的问题行为，教师可通过重申纪律或直接点名批评的方式来维持正常的教学秩序，这其间要注意态度的严肃与温和，因势利导教育学生朝正确的方向发展。对于学生的问题行为，教师不能不闻不问，也不能急躁武断，而是要及时对问题行为发生的原因及影响作出较准确的判断，选择恰当的方法进行处理。

三是处理自身失误的机智。教师即使准备再充分，偶尔也可能出现失误，如遇到意想不到的备课"空白点"，要沉着、机智地应对，特别是遇到学生提出的指正，教师更要以诚恳的态度对待，及时给予纠正。前苏联著名的教育家乌申斯基说过："一位教育者如果没有教育机智，就不可能成为良好的教育实践者。"然而一个优秀的教师，必须养成教学反思的习惯，在成功中总结良好的教学状态，在遗憾中反思失误和疏漏的环节，教学机智就能在不断的反思中提升，教学艺术也就能日趋成熟。

良好教学效果的获得，必须以良好的课堂教学秩序为前提。教学实习中，我们除了在课前进行精心的准备，还必须要重视课堂教学的组织与管理，使教师的"教"与学生的"学"始终保持一种动态的平衡，课程的目标才可能得以实现。

二、课堂实践教学注意事项

(一) 课堂实践教学的制约因素

1. 教学理论和教学实践之间的矛盾

这对矛盾影响着课堂实践教学过程的变化与发展。教学理论是课堂教学及其改革实践的向导,没有正确的教学理论就没有成功的教学实践。同时,正确的教学理论也不一定产生成功的教学实践。理论与实践之间存在着冲突和矛盾。其冲突的主要原因在于:教育教学理论各有不同的价值取向。新的教育教学理论的产生往往以批判传统教育教学理论和批判现实为出发点。新的教育教学理论往往对传教育教学统理论和教学现实持否定、批判态度,对未来的新课堂教学的构想充满着理想主义与乐观主义。这种新教学改革的理论往往独树一帜、追求理论创新,而实际往往是偏激的。而课堂改革实践的理想是追求改革的成功和完善。课堂改革实践需要尊重传统、重视改革背景,平衡社会要求,遵循自身发展规律等。另外,不少教育教学理论关注课堂教学改革实践,但研究者却远离了课堂实践教学,因而其理论对实践缺乏可行性、实用性和指导性,进而产生教学理论与教学实践的冲突;也有不少教育教学改革理论是西方的舶来品,研究者和实践者缺乏对这些理论进行本土适应性的改造,在指导课堂教学改革实践中缺少参照本土的实际情况,因而会引发课堂教学改革实践中产生新的弊端和问题。

2. 受到社会、文化、经济、管理等因素的影响和制约

与课堂教学改革相关的学科理论也都在以本学科的价值取向影响着课堂教学改革实践。这些学科理论与教育学的理论从价值取向上存在差异和认识的不一致,因而在指导改革实践的过程中相互之间就会产生冲突。比如说,经济学的价值取向会引导课堂实践教学追求经济学意义上的效率,而教育学的价值取向则引导课堂教学改革实践追求公平。效率与公平的争斗也就成了课堂教学改革实践中一对冲突激烈的矛盾。

3. 课堂教学改革实践中还经常出现左右为难的"两难问题"

"两难问题"的出现是课堂教学改革实践的内在必然。在课堂教学改革的过程中，几乎每当一种新的教育范式的出台，新范式在克服原有范式不足的同时又带来了新的不足。由此引发了"陈规"与"新习"之间的新旧范式之争。范式的利弊之争使课堂教学改革改来改去又回到了问题的原点。

改革的很多具体的"两难问题"深深地困扰着课堂教学改革实践者。教育的两难问题是教育社会不同主体利益与观念矛盾的反映。教育教学两难问题实质上是两种教育价值观的对立与冲突。比如说，就教学目标来说，课堂教学的目标是为了大众教育还是为了精英教育；从教育内容来看，教育内容是强调人文教育还是科学教育；是强调教育内容的实用性、时代性，还是强调教育内容的素质性、传统性；从教育的形式来看，课堂教学是按能力编班，还是按常态编班；从评价手段上来看，课堂教学是采取定性评价，还是采取定量评价等。这些教育"两难问题"也就产生了课堂教学改革实践的左右为难。"两难问题"中的每一个范式都有其合理性，但也有所不足。世界上没有绝对完善的教育范式。因此，课堂教学改革中并不是以绝对好的范式代替另一种绝对不好的范式。在很多情况下，改革是以牺牲原有范式中一些好的东西，来换取新范式中另一些好的东西。课堂教学的改革实践应走和谐发展的道路。

4. 教育者的个人认识

每一个教育者都是在一定的教育理论指导下开展教学活动的。教学改革实践的新理论需要通过教师的观念转换才能变成课堂教学改革实践的实际行为。教师在学习新理论的过程中，也就产生了新的观念与原有观念的碰撞。实践者的观念的冲突是课堂教学改革实践最基本的冲突。在观念冲突的基础上如何处理这种冲突，其基本态度大致有四种。

（1）全盘接受新理论，彻底否定过去的认识和观念。

（2）全盘否定新理论、新观念，坚持传统教学方式。

（3）对新理论缺乏正确认识和理解，在课堂教学改革实践中有表面化、形式化、绝对化的倾向。

（4）吸取新理论的合理成分，更新自我教育观念，改造传统教学。

最后一种方式是处理和把握课堂教学改革实践中的矛盾冲突的正确方式，而前三种方式则都是片面理解和把握这种矛盾的冲突性，偏执地采取某一种极端的做法，容易造成教学改革中的认识误区和行为偏差，在课堂实践教学中形成了很多教学弊端。

教师观念更新以后，不少教师还有三种不良的反应。

(1) 不敢改革。害怕承担失败的风险。
(2) 不会改革。教师缺乏实施、推进改革的方法和措施，不知如何改革。
(3) 不愿改革。教师存在着改革的惰性。

这些不良的态度阻碍了教学改革的顺利进行。教师要成功实施课堂教学改革，就必须战胜自己陈旧的经验、不良的态度和行为习惯。

（二）处理好几个关系

1. 实践教学与理论教学的关系

实践教学并不排斥理论教学。实践教学和理论教学是相辅相成的，要把实践活动和理论教学结合起来。实践教学和理论教学为共同的教学目标服务。两者的区别在于，理论教学更强调教师的作用，主要由教师讲授、讲解理论知识；而实践教学更强调学生的主体作用，强调学生运用理论分析和解决现实问题的能力。因此可以说，实践教学是理论教学的延伸、运用和验证。实践教学和理论教学相辅相成、相互促进，共同构成了完整的课程教育体系。

2. 课堂实践教学与课外实践教学的关系

有人对实践教学的认识存在误区，把实践教学仅仅定位在课外或校外的社会实践上，这就大大限制了实践教学的内涵和外延。课外实践教学是让学生走出校门，主要有参观访问和社会调查等方式，在时空上具有灵活性，确实是学生们接触社会、了解社会的直接而有效的方式。但是由于课外实践教学需要大量经费和较集中的时间等限制性因素，不可能让全体学生都参加。而课堂实践教学在课堂内进行，学生们可以广泛参与，故具有可操作性和普遍性。其实，实践教学的本质是"以学生为主体、以实践为中心"，因此，课堂实践教学和课外实践教学是实践教学的两种形式，各具优势，互补相成。

3. 课堂实践教学内部各内容之间的关系

课堂实践教学内部各个内容和主题既相互区别，又相互联系。每个课堂实践教学内容是相互区别的，都有各自明确的教学目的和独立的教学过程。同时，由于每门思想政治理论课程本身就是一个相互联系的完整体系，因此，作为课程组成部分的课堂实践教学内容，必然也是相互衔接的体系。在设计和安排课堂实践教学时都要统筹整个课程和教材，注意前后的衔接和联系，而不是仅仅着眼于某个章节。

（三）健全的保障机制

1. 政策保障机制

要探索实践育人的长效机制，提供制度、条件和环境保障。

2. 经费保障机制

课堂实践教学虽然是在学校里进行，但仍然需要经费的投入和支持。课堂实践教学的场地建设、课堂实践教学资料库的建立、实践教学课题的开展等都需要经费的保障和支持。经费的最主要来源是学校的拨款。学校要高度重视课堂实践教学并尽力给予经费和政策上的支持和保证。

3. 人员保障机制

教师是实践教学方案的策划者，又是实践教学的组织者和参与者，实践教学的成功与否在很大程度上取决于教师。因此，对教师进行培训是势在必行的。培训的重点有以下几个内容：一是实践教学的重要性和必要性，端正对实践教学的态度；二是实践教学"教师为主导，学生为主体"的特点；三是课堂实践教学的具体操作方法和技巧。通过培训，务必让教师们熟练掌握根据教学目标和教学内容提出实践教学方案和专题，组织安排学生，主持活动和总结分析等。同时，可以通过集体备课的方式，集思广益，互相学习和启发，每门课先确定几个主题和方案，以供参考。

【思考题】

1. 简述课堂实践教学的分类。
2. 简述课堂教学的方法。
3. 简述课堂实践教学实施方案的具体步骤。
4. 课堂实践教学有哪些具体形式？
5. 哪些因素制约着课堂实践教学？

第六章　第二课堂教学实践

【章前导读】 伴随我国建设创新型国家战略的提出和工作进展，高等教育发展和改革的总体趋势就是培养大学生创新精神和能力，这就需要在第一课堂基础上，合理补充和延伸第二课堂的教学实践。本章主要阐述第二课堂教学实践的基本知识、第二课堂教学实践内容体系和第二课堂教学实践的应用等，以便为培养大学生的开拓精神和实践能力提供一些参考。学生在通过对本章知识的学习后，应该知道什么是第二课堂教学实践；第二课堂教学实践的特点、类型和内容有哪些；如何构建第二课堂教学实践体系；目前国内第二课堂教学实践体系中所存在的问题和解决方法。

第一节　第二课堂教学实践概述

第二课堂是正式课堂教学活动的补充、延伸和继续，是开发和提高学生综合素质的重要平台，是大学生有针对性地拓展课堂相关内容的深度和广度，在各类课外活动中灵活运用知识，培养实践操作能力和应用能力的有效途径，更是帮助学生在独立实践中获得分析问题和解决问题能力的重要方式。随着当今社会一体化进程的加快，竞争对高素质人才的需求，作为高层次后备人才的大学生所具备的素质，除了在课堂掌握知识结构和能力结构外，需要高等教育全面系统地进行改革与创新，充分利用第二课堂的空间培养学生的创新能力和教学实践能力。

一、第二课堂教学实践的内涵

培养当代大学生成为未来社会需要的高素质建设人才，仅靠第一课堂进行的教学活动是很难完成任务的，因此不同高校在抓好第一课堂知识教育的同时，必须重视第二课堂教学实践，注重培养学生的德育、美育及实践操作能力，陶冶学生的心理情操和合作意识。第二课堂教学实践作为第一课堂教学的延续与补充，以其灵活的教学方式，在培养学生的学习方法、思维方式、动手能力和科研意识，兼顾学生的个体差异和社会化过程等方面的作用已愈来愈为人们所重视。

随着我国高等教育事业的飞速发展，应试教育逐渐被素质教育代替，终身教育的理念被广大高校教育工作者广泛接受。普通高等学校人才培养的目标、人才培养的模式、课程体系的设置、教学内容、教学方法和教学手段等改革已成为教育工作者普遍关注的重要课题。高校第二课堂教学实践活动是第一课堂的延伸，其以不同于课堂教学的课外活动方式成为第一课堂必不可少的补充，也成为校园文化的重要载体。第二课堂教学实践也作为一种全新的教育理念，称为高等学校人才培养模式的重要组成部分。当然它不是简单的学生自学或自由的实践活动，是有明确的指导思想、目标体系、组织结构和评价监督体系的一种教育方式，可以看作是一种全新的课程理念，它与第一课堂教学有着同等重要的作用。

（一）第二课堂教学实践的概念

所谓第二课堂教学实践是相对于第一课堂的教学活动而言的，它与第一课堂教学相配合，并与它共同构成完整的教育整体。第二课堂教学实践是指大学生课余时间进行的，在教学大纲范围之外，在相关人员组织之下，由大学生自愿参加的，有目的、有计划、有组织的多种多样的社会实践、科技创新、文化娱乐等活动的总称，是大学生生活的重要组成部分。第二课堂教学实践可分为广义和狭义两个方面，广义上看，第二课堂教学实践活动包括教学计划所设置课程以外的所有校内外的各种教育活动；狭义上看，第二课堂教学实践活动仅仅指在学校内的、正式课堂教学以外的一系列活动，即不包括校外的实践活动。高等学校第二课堂教学实践以育人为最终目标，以培养和训练大学生的基本技能和提高大学生的综合素质为重点，以广阔的空间和丰富的资源为载体来开展系列开放性的实践活动，第二课堂教学实践是大学生消化第一课堂教学知识，吸取课外知识，丰富社会实践经验，培养个性情操，树立正确人生观、世界观和价值观的重要途径。高校第二课堂教学实践活动作为大学生素质教育的重要平台，在不同高校校园文化建设中发挥了举足轻重的作用，并在高校大学生培养系统工程中显现出越来越重要的地位。

第二课堂教学实践的开展必须有严明的组织管理体系和监控评价体系，其运作程序第二课堂教学实践应该是涵盖面广泛，活动形式多种多样，并界于有形的课堂与无形的课堂之间。故能够为大学生创新能力培养提供更为广阔的空间，可使大学生的思维更加活跃，发现问题和解决问题的能力更为明确。通过第二课堂教学实践活动，培养学生应变能力、锻炼大学生的思维能力、激发大学生的创造能力。

（二）第二课堂和第一课堂的关系

第二课堂教学实践必须立足于第一课堂学习，并以第一课堂的理论知识为基础，第二课堂指课堂之外开展的学习与实践活动，是第一课堂的合理有效的延伸和适当补充，具有辅助性，是实施综合性创新型人才培养的有效途径。第二课堂教学实践活动的开展是为了使大学生充分掌握第一课堂所学知识内容，使大学生能够更好地把理论知识转化为相应的知识技能。

第一课堂是大学生知识结构和综合素质培养和提高的主渠道，第二课堂是对第一课堂的消化、理解、巩固、实践、思维、视野等多方面的拓展，是对大学生潜能的发现和挖掘，第二课堂教学内容可以不受教学大纲的限制，因而具有高度的灵活性，需要做到能够学以致用，或者对学生的其他修养或能力有明显提高，具有现实性和可操作性，是对大学生"授人以渔"，而不是"授人以鱼"。和第一课堂相比，第二课堂首先表现在教学管理的开放性、教学内容的多样性、教学组织的灵活性、教学资源整合的广泛性；其次表现在第二课堂可以同时兼顾理论和实践，可以不受时间和空间的限制，将第一课堂的理论学习与实践操作统一起来，即学习和实践同步进行，而效果却比"第一课堂"更为有效；再次，第二课堂是构成大学生成长的校园环境，良好的校园文化环境是培养大学生创造意识和创新能力的重要因素。由此可见，第二课堂作为新时期人才培养的一个重要环节和有效途径在培养创新型人才中占有不可忽视的地位，发挥着突出的作用，当然也是当前高等教育教学改革的趋势。

总之，第一课堂和第二课堂既有区别又有联系。首先，第一课堂与第二课堂二者都是一种教育方式，都是围绕传承知识而进行的教育过程；其次，二者具有相同的教育目的，即为了培养出更好的合格的社会所需要的人才。但第二课堂明显又不同于第一课堂，第一课堂教学解决人才培养过程中的普遍性和共性问题，是以传授知识和进行基础教育为主渠道；第二课堂解决的是人才培养过程中的特殊性和个别性的问题，以发展大学生的能力、促进个性为主。第二课堂立足服务于第一课堂，需要在第一课堂的教学计划基本确定之后，进行第二课堂的研究和开发，第二课堂主要培养大学生专业技能要求的相应的思维和动手能力，第二课堂不能脱离相关理论，更不能完全代替第一课堂。

二、第二课堂教学实践的类型和作用

高等学校第二课堂教学实践的形式，根据性质的不同，可以划分为能力扩展型、技能弥补型、休闲娱乐型、陶冶情操型和其他类型等。

（一）第二课堂教学实践的类型

1. 能力扩展型

能力扩展型的第二课堂教学实践不是侧重新知识的传授，而是在第一课堂教授的知识结构基础上，启发大学生们的科研精神和创新意识，培养和发展大学生的兴趣、提高大学生的能力。如，第二课堂可以为喜欢从事体育教学、竞技运动训练和大众健身等的学生讲授怎样从事不同领域的体育科研活动，辅导喜欢钻研的大学生进行第一线的实践，促使大学生积极主动地运用知识，培养独立工作的能力。

2. 技能弥补型

第一课堂讲授的专业知识被看作是大学生的主体知识，而第二课堂教授的知识则是第一课堂主体知识的有益补充，技能弥补型的第二课堂根据目前社会所要求的体育专业的知识结构进行设置。如私人教练、体育教师资格证、社会体育指导员证、各种术科技能等级证等都是体育专业学生就业的热门话题，也必然是学生关注的热点，第二课堂应该顺应这些思想潮流，多办些学生喜闻乐见的培训班和学习班，以弥补学生的技能与实践缺失。

3. 休闲娱乐型

第二课堂教学实践在学生参与的氛围上和第一课堂有很大区别，它灵活多样、活动开放的性质决定了它的休闲娱乐特性。大学生在经过紧张的学习后走入第二课堂教学实践，可以在第二课堂进行休闲、娱乐、放松。如可以听音乐、看电影、下棋等，进行更多的体验，然后更好地投入学习中。再如，可以组织和承办各种体育赛事，包括参与各种运动会或群众性体育活动的组织。可以寓教于乐，在活动中体验休闲，并进行娱乐，效果自然会事半功倍。

4. 陶冶情操型

对于大部分大学生来说，参与第二课堂教学实践，可以丰富课余生活，通过丰富多彩的课外活动，使大学生身临其境，感悟人生，培养他们良好的道德情操和人文素质。通过熏陶使大学生思想改变、灵魂净化、行动自主，在潜移默化中不知不觉地接受教育，这一独具特色的教育方式是其他方式所无法比拟的。

5. 其他类型

还有多种其他类型的第二课堂活动，对大学生成人、成才、成功起着举足轻重的作用。

（二）第二课堂教学实践的作用

第二课堂教学实践活动是根据大学生培养方案、大学生的个性、大学生的兴趣、大学生的爱好和特长组织的因材施教活动，有利于扩大知识面，开阔大学生的视野，培养大学生生活自理、自主、社交和创新能力，是实现素质教育的重要途径，对第一课堂教学效果发挥了重要的作用。

1. 有力地配合了主课堂教学

第二课堂的活动安排是需要在学期初，由各教研室根据主课堂的教学需要，并且围绕学生技能训练、自主创新能力培养、职业道德思想、体育活动等主题集中申报活动立项。而如专题知识报告、社会调查研究、模拟创业实践、模拟法庭、文字录入与操作技能比赛、会计电算化与工业会计课的综合模拟实习、珠算比赛、作文竞赛、各类体育健身比赛等第二课堂活动的开展，不仅可以让学生开阔了视野、丰富了知识；更可以激起学生的学习兴趣，变被动学习为主动学习，实现了课堂的寓教于乐。所以，丰富多彩的第二课堂活动有力地配合了主课堂的教学，它是主课的教学内容的进一步丰富和补充。

2. 促进了学生技能水平的提高

第二课堂活动是在主课堂教学的背景下、在普及职业技能的基础上，突出培养学生的实用技能。在它明确的技能训练内容和强化的技能训练管理下，学生的各项技能水平都会得到不断提高。所以，第二课堂活动的开展不仅可以丰富学生的理论水平，还可以促进学生技能水平的提高，全面发展学生的素质，使学生在学习理论知识的同时，具备熟练的职业技能和应变能力。

3. 提高了学生的市场就业能力

第二课堂还可以通过组织（如兴办模拟人才招聘活动、组织市场经理专题知识讲座、参加计算机社会化过级考试等）活动来培养学生的就业能力和适应社会的能力。让学生在校期间就可以了解社会、认识社会，缩短学校教学与社会实践的距离，让学校教育符合社会需求，一方面为社会培养出更多的可用人才，另一方面也增强了在校学生的就业能力，增加了学生的就业机会，拓宽了就业市场。

4. 培养了学生的创新精神与实践能力

由于第二课堂活动是以学生为主体地位开展的，而且第二课堂活动又是根据学生的兴趣和特长而采取因材施教的方式，所以在如模拟法庭、模拟市场营销、模拟纳税、模拟证券投资、模拟公关等创新性的第二课堂活动中，学生可以积极地调动其主观能动性，以自我为中心，充分发挥自己的特长，在活动中敢于创新、敢于尝试、不需要害怕失败。所以，第二课堂活动的开展，既可以激发学生的学习兴趣，又提高了学生的创业实践能力和创新能力，培养了学生勇于开拓的学习品质，让学生在感兴趣的同时创造性地完成自己的学习任务。

5. 提高了学生的政治思想道德水准

第二课堂还包括时事政策讲座、马列主义学习小组、邓小平理论研究、"三个代表"的重要思想实践、再论雷锋精神的历史意义、大学生应具备的基本道德、时政报栏展、我为学校添光彩征文等方面的活动。这些政治思想教育活动的开展为第二课堂活动注入了灵魂和更深层次的教育使命，即培养学生良好的职业道德和高尚的敬业精神以及高尚的人格情调，为社会培养出更多具备较高政治思想道德水准、"会做事、懂做人"的高水平人才。

6. 有利于开展教育教学研究

第二课堂活动的开展不仅可以提高学生的整体素质，还可以为教师的教学研究提供更多的素材。据了解，目前以第二课堂活动为题材进行研究，并且在国家公开学术刊物上发表的论文数量已经不占少数。这些论文多数是从学生学习、教师教学、学校管理等角度开展的专题教学研究。这说明，以第二课堂活动为题材的教学研究已经成为了学校科研的重要组成部分。同时，随着第二课堂活动教学研究的进一步深入，其科研成果也必然会反哺第二课堂活动，使第二课堂活动的开展更正规、更科学、更符合社会和时代的需要。

三、第二课堂教学实践的特点

第二课堂既是第一课堂的延伸和丰富，同时又区别于第一课堂，具备其独有的创新性、主动性、过程性、实践性、时效性、社会性六个方面的特点。

（一）创新性

第二课堂教学是以学生为主体进行的实践活动，在第二课堂上，无论是情景模拟还是辩论比赛这样的活动，都是由学生亲自参与设计和组织，而教师只是在活动的过程中进行适当的引导。在整个活动的策划、实施和参与过程中，学生会拥有绝对的自由来发挥自己的想象力和创造力，将脑海中勾勒出的情景一一付诸现实。而这个过程正是第二课堂对于学生创新能力培养的关键所在，也是在第一课堂中很难实现的。

（二）主动性

第二课堂实践活动是以学生的兴趣和特长为基础而展开的因材施教的一种教育手段。所以，在第二课堂实践活动的过程中，学生可以根据自己的兴趣和爱好选择自己参加的活动。同时，由于第二课堂实践活动的寓教于乐性，使得学生学习知识、增长能力的过程不再是枯燥、乏味的，而是新鲜的、快乐的、投其所好的。这样由被动接受到主动选择的转变会让学生对于学习不再充满恐惧和排斥，也更能调动起学生的主观能动性，让其自觉自愿地参与到活动中去，达到更好的教学效果。

（三）过程性

过程性也是第二课堂教学实践活动的一个重要特性。由于第二课堂的活动大多是在校园内进行的模拟活动，所以学生在策划、组织和参与第二课堂实践活动的过程中，不需要强求最终的结果，而是重在参与的过程中个人的收获和所得。也只有在这种"重过程、轻结果"的背景下，学生才可以放开束缚，充分发挥自己的主观能动性和想象力，大胆地构思、设计和参与到第二课堂实践活动中去，总结成功的经验、分析失败的原因，并从中达到提高自身综合能力的目的。

(四) 实践性

第二课堂与第一课堂最本质的区别在于第二课堂所独有的实践性。第一课堂重在提高学生的理论水平能力，而第二课堂是要通过一系列活动的方式将学生所学的知识应用于实践，将理论与实际有机地联系起来。通过第二课堂实践活动的开展，学生在校期间不再是一味地死记硬背，而是有机会切身地投入到实践活动中去，在实践活动中自己去发现问题、解决问题，既丰富了学生的理论知识，又可以增强学生的动手能力。

(五) 时效性

在第一课堂的教学中，由于教材的更新速度永远要滞后于知识体系的更新速度，所以在受制于教材的情况下，教育者的教学内容很难能及时地跟上时代的脚步。而第二课堂实践活动的开展恰恰有效地改善了第一课堂教学过程中所面临的这个难题。在第二课堂的实践活动中，学生可以通过网络等高科技手段迅速地掌握和了解本专业的最新发展动态和未来走向，让自己走在时代的前沿，用最短的时间进行知识的更新换代。而这种时效性也是第二课堂实践活动所独有的特点。

(六) 社会性

在第二课堂出现以前，传统的教学模式教育出来的学生在进入社会后往往会出现不适应、与社会脱节等问题，更有甚者甚至在由于不适应社会而导致工作不顺或找不到工作的情况后产生了自甘堕落或者自杀这样的严重后果。这说明，以往传统只靠第一课堂给学生传输知识的教育手段所培养出来的人才已经不符合当前社会的需要了。而第二课堂实践活动的开展则正是学校教育与社会需求之间重要的连接桥梁。学生通过参加第二课堂实践活动，可以通过各种模拟场景来认识社会、了解社会，更可以通过社会实践活动来真实地参与到社会当中去，认识和感受到社会的残酷性、了解到社会对于人才的需求，从而有的放矢地去改变自我、提高自我，而不是坐在校园里异想天开。

第二节　第二课堂教学实践内容体系

随着时代的不断进步，社会对人才的要求越来越高，教育部门所面临的任务也越来越重。传统的仅靠第一课堂为学生灌输理论知识的教育手段已经无法满足现今社会对人才的需求。在这个背景下，第二课堂实践体系成为了各学校培养学生全面素质提升的重要教育手段。

一、构建第二课堂教学实践内容体系的基本原则

在第二课堂教学实践体系的构建上，不能具有盲目性，更不应随意确定，一定要在实践经验和科学概括和总结基础上，遵循以下几点原则。

（一）特色性原则

特色是学校生存和发展的原动力，同样也是第二课堂实践体系"生命力"的保障。因此，在第二课堂实践体系的构建中，在确立了以素质教育为核心、能力培养为主线的前提下，不同院校、不同专业的教育工作者还要根据本院、校以及本学科、本专业的基本情况，与时俱进地推出具有自身特色的第二课堂实践活动，创建具有特色的第二课堂实践体系。只有这样，才会让第二课堂实践体系在国内呈现"百家争鸣、百花齐放"的局面，也可以给受教育者提供更多的选择机会。所以，特色性原则是第二课堂教学实践体系构建中遵循的基本原则。

（二）实用性原则

构建第二课堂教学实践体系要遵循的另一个基本原则是实用性原则，它是指：在第二课堂教学实践体系的构建过程中，一定要先了解社会对于本专业学科

人才的需求是什么，并根据社会的需求和专业的需要为本专业学生"量身订造"一些适用且符合社会发展需要的、层次分明的、分工明确的第二课堂教学实践体系，让本专业的学生通过第二课堂的学习可以"学有所成、学有所用"，日后成为符合社会需要的专业人才。

(三) 趣味性原则

第二课堂实践活动区别于第一课堂教学的一个重要特点就是第二课堂实践活动具有很强的趣味性。所以，在构建第二课堂教学实践体系的过程中，要避免将第二课堂实践活动办"死"、办"僵"，办成另一种形式的第一课堂，导致学生参与的积极性降低、对第二课堂应付了事这样的现象发生。一定注重第二课堂寓教于乐的特点，让我们的第二课堂教学实践体系充满趣味性，让学生变被动学习为主动参与。这样，才会充分调动起学生的主观能动性和想象力，认真地参与到第二课堂实践活动中去，达到第二课堂应有的教学目的。

(四) 与时俱进原则

随着时代的不断发展，知识的更新程度更是与日俱增。而第二课堂相比第一课堂的优势就在于其脱离了课本、教材的束缚，可以通过网络及其他高科技手段掌握最前沿的知识资讯。所以，我们在构建第二课堂教学实践体系的过程中，一定要遵循与时俱进的原则，不停地根据时代的发展调整和更新第二课堂教学实践内容，让我们的学生可以随时了解和学习到最新的知识内容和科研成果，让他们永远走在时代的最前沿。

(五) 以人为本原则

学生是第二课堂教学实践活动的组织者和参与者，所以在第二课堂中，学生无可争议地占有着主体地位。作为教育工作者，在构建第二课堂教学实践体系的过程中，要避免出现"形式化""主观化"的错误；一定要遵循"以人为本"的原则，充分听取学生的意愿，在具备可行性的基础上，尽量尊重学生的意见和方案，构建一套符合学生"实际所需、实际所求"的第二课堂教学实践体系，更大地调动起学生的参与积极性，以达到更好的教学效果。

(六) 多元化原则

在构建第二课堂教学实践活动体系的过程中,还要遵循多元化的原则。在第二课堂的实践活动形式上,要定期更新,避免学生因长期参与同样的实践活动而对第二课堂出现厌倦情绪;在第二课堂的实践活动内容上,要做到丰富多彩,在着重培养学生专业技能的同时,也要适当组织一些可以开拓学生视野、让学生了解社会等方面内容的实践活动。这样才能让学生保持住对第二课堂的参与热情,让第二课堂教学实践体系在校园内"永葆青春"。

(七) 引导性原则

第二课堂教学实践活动具有一定的开放性和自由性,但归根结底第二课堂也是以教学为目的的,它只是一种特殊的教育手段,而不是学生的自由活动。所以作为教育工作者,在构建第二课堂教学实践活动体系的过程中,一定要对学生加以适当的引导,切忌让学生将第二课堂所给予的自由变成散漫、将发挥想象力当作"狂想""妄想"。这样才能保证第二课堂教学实践活动有序地开展下去。

二、第二课堂教学实践内容体系的规范化建设

要保证第二课堂教学实践体系的顺利构建和运行,就要加强对第二课堂教学实践体系的规范化建设。各院、校应该根据国家和当地教育部门对第二课堂教学实践活动的要求,结合院、校自身特点,制定符合本校、本专业需要的第二课堂教学实践活动的教学大纲及管理制度。具体要做到以下几点。

(一) 强化第二课堂教学实践活动各环节的管理

学校相关主管部门积极制定和完善第二课堂教学实践活动的各种规章、制度,并且将岗位责任制作为管理工作的核心,明确各个下级部门的管理职责、工作分工和工作量。同时,主管部门要积极学习先进的管理经验,并且将这些先进经验投入到第二课堂教学实践活动的教学管理、安全管理、设备管理、清洁管

理、信息和档案管理以及后勤保障管理中去，以保障第二课堂教学实践活动的顺利开展。

（二）因"室"施"法"

因"室"施"法"是指在对校内有关第二课堂教学实践活动的实验室、实训室的管理工作中，要针对该实验室、实训室不同的器械情况和实验性质制定相应的实验、实训管理条例，对其采用不同的管理手段和办法，以减轻在第二课堂教学实践活动中对实验室、实训室的损坏情况和对器械的磨损程度。

（三）对第二课堂教学实践活动采用现代化的管理手段

各院、校的相关主管部门在对第二课堂教学实践活动的管理过程中，要尽量利用多媒体、计算机等现代化管理手段，建立起具备一定规模、信息详细、数据齐全的关于第二课堂教学实践活动的信息库、数据库；并且要制定和完善信息收集和资料归档的制度；还要对第二课堂教学实践活动中相关的各种信息做好记录、统计、分析工作。这样为各部门日后对第二课堂教学实践活动的科研、总结和改进工作提供更大的便利条件。

（四）加强对第二课堂教学实践活动的安全教育

对第二课堂教学实践体系的规范化建设，最重要的一点就是要加强安全教育。校内的相关主管部门要积极制定和完善有关安全教育的规章制度；下属执行部门要认真做好第二课堂教学实践活动的安全防护工作，对参加实践活动的学生一定要认真地进行安全教育、加强活动期间的监管力度，并且让学生签订安全教育责任书，尽最大可能避免学生在参与第二课堂教学实践活动过程中出现安全事故。

三、第二课堂教学实践内容体系的运行机制

要构建第二课堂教学实践体系，不仅要建设静态的基础教学体系，还需要一系列配套措施以保证第二课堂教学实践体系可以有效地运作起来。

(一) 组织分工

要保障第二课堂教学实践体系的有效运转，首先要做好组织分工：一方面学校要在各个院、系建立和完善第二课堂教学实践活动的团队，让指导教师可以积极地参与到第二课堂教学中来；另一方面，要让更多的学生参与到第二课堂教学实践活动的组织、建设工作中来，强化各系、各班团支部在第二课堂教学实践体系中的作用，让学生自己建设、自己参与，实现活动重心下移、全面覆盖的效果。

(二) 制度保障

任何一个体系的有效运转都离不开制度的保障，第二课堂教学实践体系也不例外。学校的有关主管部门一定要明确第二课堂教学实践活动中各部门的任务分工、职责范围、奖惩措施等方面问题，避免出现管理混乱、消极怠工、传达不顺等问题的出现，以达到对第二课堂教学实践活动有序管理的目的，保障其得到顺利的开展。

(三) 方向引导

方向引导是指在要保证第二课堂教学实践体系的专业性，在内容的安排上要以专业学习为主，避免目标导向性不强而导致与专业特点偏离较远、学生参与积极性较低等问题的出现。第二课堂教学实践活动的方向引导是提高学生参与积极性、保证教学效果的重要手段。

(四) 纪律强制

由于第二课堂相比于第一课堂来讲，无论是指导教师还是学生都具有了更多的自由空间，所以第二课堂教学实践体系就更需要纪律强制来保障其有效运行。在指导教师方面，主管部门一定要出台鲜明的奖惩办法和有效的监管措施，以避免教师偷懒、消极怠工、形式主义等现象的出现。同时，在课程选择、课时数量和课堂纪律上也要对学生进行适当的纪律约束，以保证第二课堂的教学效果。

(五) 经费保证

随着时代的发展，社会对教育提出的要求已经越来越高，传统的第一课堂教学已经无法完全满足社会对教育行业所提出的需求。在这个背景下，第二课堂教学实践体系已经成为各个院、校补充教学的重要手段。所以，从教育投入的角度看，各个院、校应该为第二课堂教学实践活动创造更好的硬件保障，为第二课堂教学实践活动搭建多层次、多环节的平台，保障其可以有效运行，并达到更好的教育效果。

(六) 社会支持

第二课堂教学实践活动不仅仅包括校内活动，还有相当一部分的社会实践活动。这就需要社会上的相关工作单位了解和重视第二课堂教学实践活动对于学生和本行业人才培养的重要作用，在经费等一些问题上要给予学校一定的支持和让步；同时，对于学生在职学习期间的工作状况和学习状况要认真地进行监督和辅导，避免学生脱离了学校的监管后出现自由、散漫等现象，强有力地配合学校完成对学生第二课堂社会实践部分的教学工作。

四、全面实施第二课堂教学实践内容体系

构建第二课堂教学实践内容体系不是一种形式，而是教学单位和部门为满足新时期社会对于人才的需要而采取的一种必要的、实际的教学手段。所以，作为教育工作者不仅要懂得第二课堂教学实践内容体系，更要懂得该如何全面实施和彻底落实这个体系，使其真正地投入到教育工作当中去，为教育事业做出应有的贡献。

第二课堂教学实践体系分为三个层次。一是基础层次，注重基础知识的运用，根据知识培养学生的基本技能，按照基本技能进行训练，培养学生对科学现象的观察和分析能力；二是拓展层次，在基本技能基础上，注重专业技能训练，设计与培养方案有关的课程等实践，如课程设计进行、课程综合设计和课程实验设计等内容，培养学生的专业实践能力和从业有关能力；三是综合层次，注重综合素质培养，如与毕业设计（论文）相关的实践、社会服务实践、科技竞赛实践

和创新性实践活动等内容,培养学生对所学知识的综合运用能力。上述内容形成第二课堂教学实践内容体系图,见图6-1。

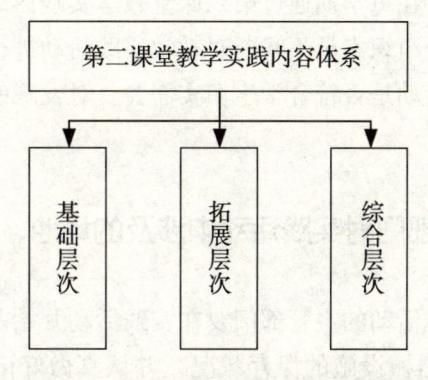

图6-1 第二课堂教学实践内容体系图

五、第二课堂教学实践内容体系的监控

一个体系想要长久、健康地发展下去,一定需要良好的监控作为保障。因为只有通过监控,才能让我们在体系发展的过程中去发现问题、总结问题和解决问题。对于第二课堂教学实践体系来说,想要得到更好的发展也一样离不开监控。对于第二课堂教学实践体系监控的内容应该包括以下几个方面。

(一)院、校领导对第二课堂教学实践活动主管部门的监控

各院、校领导应该在学期初对校内第二课堂教学实践活动主管部门所递交上来的该学期实践活动计划进行严格的审阅和把关,对该学期的实践活动计划的可行性、安全程度进行严格把关。同时,要确定该活动计划是否符合本院、校及该专业特色,是否对学生有切实的帮助等。在学期中期要不定期抽查该实践活动的完成情况、相关部门的管理情况以及学生的对该实践活动的参与程度。期末时,要检查该实践活动计划是否达到了预期的教学效果,并及时进行总结。

(二)相关主管部门对指导教师的监控

第二课堂教学实践活动的主管部门要在实践活动开展的时候,对各系及教研

室的指导教师进行严格的监控，检查其是否按照实践活动计划书中的规定认真完成教学任务、课上对学生的指导是否到位、教态和教法是否符合相关规定等。同时，相关主管部门还要在每学期通过第二课堂教学实践活动的档案来评价该实践活动的教学质量，并且组织人员不间断对教学实践活动进行监督，收集学生的反馈意见，检查该实践活动是否符合学生切实需要。对发现的不良问题要及时进行调整解决。

(三) 相关主管部门对实践活动中涉及的场地、器械的监控

第二课堂教学实践活动的主管部门要在实践活动开始前认真检查、核对活动所涉及的校内场馆及器械设施的保存状况，并认真做好记录。在实践活动结束后，要清点场馆及设施的磨损情况。如出现场地损坏及器械丢失的现象，要及时追究相关人员责任。

(四) 指导教师对学生的监控

参与第二课堂教学实践活动的指导教师在活动过程中，要监控学生完成实践活动的认真程度、参与情况及课堂纪律。还要通过课后反馈检查该实践活动是否可以帮助学生掌握相关专业的实践操作技能、培养学生的动手能力，达到预期的教学效果。在参与社会实践活动的过程中，指导教师要定期去活动地点抽查学生的出勤情况和认真程度，还要监控学生的安全问题。在涉及场馆和仪器的实践活动中，指导教师要监控学生是否可以爱护场馆、正确使用仪器，避免出现活动中场馆、仪器受损的情况。

第三节　第二课堂教学实践的应用

第二课堂教学实践是第一课堂教学的延伸和补充，是提高主课堂教学质量、巩固教学效果、培养学生技能和实现教育教学目的重要途径。所以，在第二课堂教学实践的开展和应用过程中，我们要不断总结经验和不足、完善组织和管理、遵循相应的原则，以期在培养大学生创新精神和实践能力的过程中达到更好的效果。

一、第二课堂教学实践中存在的问题

第二课堂教学实践活动对学校的教学会产生很重要的影响，它既是对第一课堂教学的有力补充，又丰富了教学内容和教学手段。同时，它还是学校和社会之间的重要桥梁。但是，目前国内的第二课堂教学实践活动由于缺乏科学的规范制度，还存在着如内容呆板、形式单调、手段落后、组织散漫等方面的问题。随着我国教育事业逐步走向服务化、产业化、国际化，传统的第二课堂教学实践活动已经不能完全跟上时代的脚步和满足社会需求了。目前国内第二课堂教学实践中不足之处的具体表现如下。

（一）第二课堂教学实践活动中还存在着形式高于过程的现象

在国内的各个学校中，对于各系、各教研室在学期内组织的第二课堂教学实践活动开展的数量往往都是有相关要求的。而一些教师对于第二课堂实践活动并没有认真地去开展，而只是为了完成学校的教学任务，抱着"走过场"的形式主义态度去消极应付。对于活动时间、地点、参加人员、考勤记录、活动过程、活动效果分析、学生奖励情况、活动登记表及相关的辅加材料等方面的材料，没有进行认真统计，而只是胡乱编造一通交给领导了事。而在第二课堂实践活动的开展过程中，一些教师更没有起到应有的监督、指导作用，导致第二课堂实践活动失去了其应有的实质内容。同时，在缺乏有效监督和宏观指导的情况下，学生们对于第二课堂实践活动的认真程度和参与积极性也大大降低，导致了许多应付、抄袭的现象出现，这也直接导致目前国内许多第二课堂实践活动失去了其应有的作用和意义，对于学生能力的提高起不到丝毫作用，日渐在高校教学中沦为"鸡肋"。

（二）第二课堂实践活动管理混乱、职责难辨

第二课堂实践活动目前在国内的开展过程中，还存在着管理混乱、职责难辨的问题。由于第二课堂实践活动需要由学生所在系及教研室协同校内后勤等其他部门共同开展，而往往在学校中第二课堂实践活动的主管部门与协管部门在职位上是平等的，所以就经常会出现在第二课堂实践活动过程中出现多头管理、缺乏协调、脱离监督等现象，导致整个活动管理混乱、同步性差、职责难辨等方面的

问题。甚至一些主办单位还会随意更改活动内容或者组织其他活动，导致第二课堂实践活动脱离了第一课堂教学、违背学生意愿、教与学难以形成共鸣等情况的出现，让第二课堂实践活动违背了其本质和初衷。

(三) 第二课堂实践活动内容单调、缺乏创新

目前，国内第二课堂实践活动的形式还只限于运动会、篮球赛、知识竞赛、模拟练习、技术训练等几个方面。对于学生来说，起初也许会被这些活动所吸引，但是长此以往难免会降低对这些活动的兴趣。这就导致了学生参与第二课堂实践活动的积极性较差、教师失去教学热情等现象的出现。久而久之，由于缺乏新颖的活动形式，师生难免会出现对第二课堂实践活动的应付和排斥，使第二课堂实践活动失去了其应有的作用和意义。所以，为了满足新时期素质教育的需要，对于第二课堂实践活动形式的创新迫在眉睫。

(四) 第二课堂实践活动缺乏统一的补助标准

目前，国内教育主管部门及各学校对于第二课堂实践活动还没有出台统一的补助标准。这就导致了经常出现教师多报课时、领导审批再"打折"的奇怪现象。而一些不可避免人为因素的出现，也经常使得课时补助标准难以达到绝对公平。这在一定程度上也影响了教师组织第二课堂实践活动的积极性。同时，由于各校对于第二课堂实践活动的经费限制，往往导致第二课堂实践活动的开展过程出现经费紧张、缺乏硬件的问题，难以保证教学质量。更重要的是，对于学习奖励的问题上也存在着无奖可发或者奖励审批手续繁琐等方面的问题，极大地影响了学生参与第二课堂实践活动的积极性。

(五) 第二课堂实践活动档案资料缺乏统一规范性

目前，第二课堂实践活动还存在着活动档案资料不规范的情况，一些教师没有按照学校的要求去认真填写第二课堂实践活动的申报单以及活动登记表或者不按规定程序申报、上交活动材料，造成档案归档不完整、归档材料内容不完整等现象的出现，缺乏统一的规范性，为学校对第二课堂实践活动的总结和科研带来了一定的麻烦。

二、第二课堂教学实践的应用

第二课堂教学实践是整个教学体系中重要的组成部分，是从业教育中不可缺少的重要环节。为全面、有效、高质量地实施第二课堂教学实践，在实践中要做到以下几点。

（一）以竞赛带动实践教学

一直以来，培养学生自主学习、积极探索的能力在教育工作中都是非常重要的。相比较于第一课堂的传统教育手段，第二课堂教学实践活动中各种专业竞赛的开展，会为学生提供更多的自主学习实践和科学探索空间，更容易调动起学生的学习兴趣和主观能动性，培养学生的科研能力和创造性思维。所以，作为各院、校的相关主管部门应该在第二课堂教学实践活动中积极开设各种各样的技能竞赛，并且奖励在竞赛中有优异表现的选手，让学生通过准备竞赛的过程中自主学习到该行业的相关知识，培养其动脑、动手能力，培养其全方面能力的增长。同时，学校也要积极为第二课堂教学实践竞赛活动提供相应的硬件条件，在课余时间开放校内的实验室、阅览室、电子阅览室等场所，既可以用作竞赛场地，又可以方便学生在课余时间查阅资料、准备竞赛提供便利条件，为第二课堂教学实践竞赛活动的顺利开展搭建一个良好的平台。

（二）第二课堂教学实践活动要与岗位技能培训相结合

在第二课堂教学实践活动的过程中，要结合其他院、校和社会培训机构的成功经验，做到课堂、社会、实践活动相结合，教学、科研、实际相结合，学生、教师、专业从业人员相结合，努力摸索出符合各院、校实际情况的第二课堂教学实践方法，以求第二课堂教学实践活动的开展可以符合本专业学生未来的岗位需要、提高学生的专业技能水平，达到第二课堂教学实践活动的教学目的。

（三）提高关于第二课堂教学实践活动的科研水平

各院、校应该积极鼓励和提倡在校教师研究和撰写以第二课堂教学实践活动为主题的文章，加强校内教师对第二课堂教学实践活动的认识程度和科研水平，为目前校内第二课堂教学实践活动总结不足之处、提供解决办法，同时通过查询资料借鉴其他院、校对于第二课堂教学实践活动的先进管理经验，以达到各院、校优势互补、共同进步的局面。同时，关于第二课堂教学实践活动科研水平的提高，也势必会为今后第二课堂教学实践的改革和完善提供更多可用的意见和建议，帮助这一先进的教学手段在我国得到更好的开展。对教师而言，第二课堂教学实践活动的开展也势必会为他们的科研创作带来更多的选择和素材，有助于教师理论水平和科研能力的提高。

(四) 加强第二课堂教学实践活动指导教师队伍的建设

第二课堂教学实践活动虽然是以学生为主体，但是教师在第二课堂中依旧占据着极其重要的位置。毕竟学生都是涉世未深的未成年人，需要指导教师的引导和帮助。所以，要全面实施第二课堂教学实践体系，很重要的一点就是要加强指导教师的队伍建设。

首先，要积极通过讲座、学习班等形式提高在校指导教师的理论水平、教学能力和科研能力，加深指导教师对于第二课堂教学实践活动的认识程度，使其在第二课堂中可以更好地发挥引导、监管作用，保证第二课堂的教学实践活动得以顺利开展，达到应有的教学效果。

其次，要积极聘请校外该专业领域的专家和从业人员为客座教授，来校内进行讲座和演讲，让学生有机会获得所从事专业中最新的科研成果和实践知识，丰富学生的理论水平、了解所属专业的实际情况。

最后，学校要在校外与专业相关的单位中积极聘请一些具备一定水平和能力的实践教师担任各第二课堂教学实践活动的管理教师，以帮助、指导学生更好地完成第二课堂教学实践任务。同时，应该明确其应有的分工和相应的岗位职责，在辅助和配合在校指导教师完成第二课堂教学实践任务的同时，积极承担实践教学工作，努力完成各项实践教学任务。

三、第二课堂教学实践活动应注意的问题

随着时代的不断发展和进步，社会对于教育的要求越来越高，作为教育机构必须要面对新的教育教学形势，不断地改革和完善第二课堂实践活动，在已有的

基础上对于第二课堂实践活动中存在的问题进行及时的修正，让第二课堂实践活动更好地为学生全面素质的提高做出指导作用。

（一）规范、完善第二课堂实践活动的管理办法

要修正第二课堂实践活动中目前存在的问题，保证第二课堂实践活动更好地为学生全面素质的提高服务，就首先要规范第二课堂实践活动的管理办法、完善第二课堂实践活动的制度建设。针对目前第二课堂实践活动过程中产生的实际问题，补充和完善现有的《第二课堂活动管理办法》，出台《第二课堂活动实施细则》《第二课堂活动质量考核办法》《第二课堂活动教师补助办法》《第二课堂活动档案管理办法》等文件，使第二课堂实践活动步入法制化、科学化、规范化、有效化管理的轨道；明确第二课堂实践活动的职责分工、监督管理、奖惩措施、补助办法等方面的制度。同时，要在学生主动参与的前提下，将第二课堂实践活动列入必修课，用一些硬性措施保障学生对第二课堂实践活动的参与程度；为在第二课堂实践活动中具有创新精神的学生进行奖励，以提高学生参与的积极性，让第二课堂实践活动在校园内永葆生机。

（二）在第二课堂实践活动中突出技能训练的核心地位

第二课堂实践活动应该将技能训练作为其核心，不仅要普及职业技能，更要通过第二课堂实践活动突出实用技能的训练。在对学生的培养上，第二课堂实践活动要坚持以市场为导向，以第一课堂教学内容为主导，着重提高学生的技能水平，提高学生的就业能力，培养学生的技能特色。在第二课堂实践活动的管理中要做到主题突出化、方法科学化、落实制度化、运作规范化，更好地为学生服务。

（三）加强对第二课堂实践活动质量的考核

完善第二课堂实践活动还需要加强对其的监督和考核，制定具备明确考核对象、考核内容、考核层次、奖惩办法、考核程序及要求等细则的《第二课堂实践活动质量考核办法》。将参与第二课堂实践活动的主管部门、教师、学生列为接受考核的主体部分。对于在第二课堂实践活动中表现突出的指导教师和学生进行

一定程度的奖励；对于未能通过考核的指导教师和学生进行一定程度的惩罚，以确保第二课堂实践活动的教学质量。

(四) 加强对第二课堂实践活动的管理

为了确保第二课堂实践活动的顺利开展、第二课堂实践活动过程的彻底落实，学校应该成立单独的管理机构或者明确专门的机构全权负责对第二课堂实践活动的过程进行监督和检查，以达到加强对第二课堂实践活动管理的目的。同时，对于第二课堂实践活动的各项归档材料，也应该出台相应政策、由相关部门督促并监督各教研室和各个教师认真完成，材料中要详细记录活动部门、参与人员、活动内容、体现形式、起始时间、活动地点和效果评价等。在校内要建立一整套申请第二课堂实践活动的完整流程，对不符合学校教学活动规定或与主课堂教学无关的第二课堂实践活动不给予批准，以保证第二课堂实践活动的有序开展。第二课堂实践活动的主观部门还要注重实践活动的时效性，保证实践活动中的每一个过程都可以得到落实，要制定出切实可行的活动计划、严格监察活动过程。对于涉及课时补助的第二课堂实践活动，各教师要提前去主管部门申请，说明活动的形式、主体、范围等，并由主管部门严格审批、核实后发放补助。在校内活动资源的使用上，要由主管部门统一调度和资源整合，以避免"撞车"和资源浪费等现象的出现。组织校外实践活动，需要提前向主管部门申请，经同意后方可进行。

(五) 加强对第二课堂实践活动内容和形式的创新

创新是第二课堂实践活动的灵魂，也是提高第二课堂实践活动的主要手段。所以，第二课堂实践活动的开展应该在符合主课堂教学需要的前提下，充分发挥学生的主体作用，针对社会需要，在活动内容、形式和手段上进行大胆的创新和尝试，让学生保持对第二课堂实践活动的新鲜感，从而调动学生参与活动的积极性和兴趣。也可以发起学生组织设计第二课堂实践活动，在具备可行性的条件下，通过师生投票，选择出可以满足学生需要、具备创新性质的第二课堂实践活动。同时，教师也应该加强对第二课堂实践活动的引导以保证活动的有序开展。

（六）制定第二课堂实践活动人员补助办法

要保证第二课堂实践活动的有序开展、进一步规范第二课堂实践活动的管理、提高活动实效，有关主管部门还要依据有关工作量的文件制定对参与活动人员的补助办法，对参与活动组织的教师、工作人员、学生的工作量进行认真的核实和折算，并依据其劳动量公平地发放补助，以保证其参与第二课堂实践活动的积极性。同时，主管部门对于补助的发放情况要及时报知上级主管院长及教务处，得到批准后方可发放补助。对于涉及活动经费的第二课堂实践活动，应提前向主管部门提出申请，注明活动地点、参与人数、活动时间、经费去向，由主管部门核定批准后方可实施。

【思考题】

1. 第二课堂教学实践的意义是什么？它与第一课堂的区别在哪里？
2. 第二课堂教学实践的特点是什么？
3. 我们应如何去构建第二课堂教学实践体系？
4. 目前国内学校中第二课堂的教学实践中还存在着哪些问题？应该如何去改变它？
5. 请举例说明你心目中的第二课堂教学实践应该是怎样的？
6. 请设计出3种新颖的、可行的第二课堂教学实践活动计划。

第七章　体育专业实习

【章前导读】 教育实习和专业实习哪个概念更合适？我国体育类专业实习存在哪些问题？体育专业实习与职业生涯规划和就业有何关系？怎样提高专业实习效果？不同体育专业实习有何特点和要求？如何有效进行体育教学的教学设计？等等，都是体育专业学生感兴趣的问题。本章通过介绍与专业实习相关的职业生涯规划、就业、见习、体育教学实习、教学设计等基本理论和方法，以及对不同体育专业实习的比较，较为完整地回答了上述问题。

第一节　体育专业实习概述

专业实习是提高体育专业学生专业综合能力的主要实践活动，是增强学生就业竞争力的重要环节。中外都非常重视专业实习，但做法和程度不同。目前在我国体育院系各专业实习中还存在不少问题，需要改革创新，进一步树立先进的教育实习理念，切实提高实践实习活动在高等体育院校课程体系中的地位。

教育实习是中等师范学校和高等师范院校高年级学生到初等或中等学校进行教育和教学专业训练的一种实践形式，是师范教育培养合格中小学教师的综合实践环节。通过教育实习，可以使学生把知识综合运用于教育和教学实践，以培养和锻炼学生从事教育和教学工作的能力，并加深和巩固学生的专业思想。但随着社会的发展和教育改革的深入，教育实习的含义也在发生变化。

一、教育实习与专业实习

体育专业实习由体育教育实习拓展而来，相对于教育实习来说是个更宽泛的概念。我国师范以外的专业都要进行专业实习，以加强理论联系实际能力，强化学生的专业技能和实践能力。教育实习通常有突出的特性，一是主要为师范类专业学生安排的实习，二是实习场所主要是在学校，三是实习对象主要是学生。目前我国体育院系设置的专业在增加并逐渐规范，许多专业实习已经不在学校进行。2012年9月，教育部对体育学类（0402）五个专业进行了重新修订，包括：体育教育专业、运动训练专业、社会体育指导与管理专业、武术与民族传统体育专业、运动人体科学专业（表7-1）。

表7-1 我国部分体育院系实际招收专业类别表

学校	数量	已招收或有资质招收的专业名称
北京体育大学	14	体育教育，社会体育，休闲体育，公共事业管理，体育产业管理，运动人体科学，应用心理学，运动康复与健康，新闻学，英语，表演，运动训练，民族传统体育
上海体育学院	13	舞蹈编导，运动训练，公共事业管理，应用心理学，英语，市场营销，新闻学，民族传统体育，运动康复与健康，运动人体科学，社会体育，体育教育，信息管理与信息系统
首都体育学院	9	新闻学，公共事业管理，运动人体科学，体育教育，社会体育，休闲体育，表演，运动训练，民族传统体育
南京体育学院	10	体育教育，运动训练，社会体育，体育新闻，民族传统体育，运动人体科学，高尔夫球（方向），体育健身与休闲，体育经营与管理，体育场馆保障

注：上表为各校2012年招生网站上整理所得。

但在实际招生中，各体育院系为了加强专业建设，适应学科交叉的发展趋势和社会需要，扩展了招生的专业门类，有的学校达10多个专业方向（表7-1）。各专业的实习，除体育教育专业仍然主要安排在学校以外，其他专业的实习去向呈现多元化，即便与体育教育专业相近的运动训练、社会体育指导与管理、武术与民族传统体育、体育表演等专业，学生的实习单位也多种多样，如俱乐部、运动队、健身场馆、健身会所、单位工会，甚至行政机关、商业机构等。因此原来意义上的教育实习已经不能满足学生的实习需要，在社会上进行更广泛的专业实习才更有利于学生实践能力的完善和社会适应能力的提高，也有利于提高就业竞争力。从理论的角度讲，体育专业实习的概念更为合理。

二、我国体育专业实习现状及发展对策

目前，国内的高等院校比较重视专业实习工作，大多制定有实习生手册或相

关管理规定等，基本保证了实习的计划性和基本的实习效果。

（一）体育专业实习现状

我国体育类专业已形成较为成熟的实习体系和实习制度，表现如下。

1. 实习已成为高等学校教育的有机组成部分。高等体育院系有专门的专业实习计划，对实习的内容、形式、时间、成绩考评作了具体安排，把实习成绩列入学位课程。

2. 加强组织领导和实习指导队伍建设。目前各体育院系大都设立了教育实习指导委员会（或教育实习领导小组），实习期间委派专门的带队指导。

3. 实习制度完善，逐步规范。多数体育院系制定了系列实习制度文件，使得实习工作有据可依，有章可循。

4. 重视实习基地建设。在地方教育管理部门的支持下，不少高校建立了相对稳定的实习基地。

5. 积极探索实习改革。随着我国教育改革的深入，对实习的理论研究逐步深入，实习形式在传统的基础上探索出定点实习、分散实习、全程专业实习、模拟实习、滚动实习等多种实行形式，丰富了实习内涵，提高了实习效果。

（二）体育专业实习存在的主要问题

虽然专业实习已形成制度，但在规范化、科学化上仍存在不少问题。主要表现为：

1. 重视程度不够。当前国家基础教育的改革正在深入进行，尤其强调大学生实践能力、创新能力，要求加强实践教学环节，但不少高校对实践课程、专业实习形重于质，措施不利。

2. 对专业实习的认识欠全面，重课堂教学，轻其他环节。不少学校对学生参与管理工作、见习、调查、业余活动组织、职业道德修养等方面的实习开展较少。

3. 对专业实习缺乏整体规划和有效管理。国内多数师范院校实施时间较短的一次性实习，不少学生自行联系且分散，甚至有学生因忙于其他而不去实习，管理指导不力。

4. 实习生对实习积极性不高。表现在有走过场思想，跳槽思想严重，认为实习对工作帮助不大，从而不能积极主动参加实习。

5. 教育实习时间短，影响实习效果。相对于西方发达国家，我国体育院系的专业实习时间一般安排在第七学期，为期 8~14 周，扣除见习周和总结周，用于教育实习时间只有 6~12 周。实习学校和接受单位，担心实习造成管理失控、经费增加、影响常规工作等，往往得过且过，因陋就简。

6. 实习基地数量不足或不够稳定。近十多年来，高校学生数量增多，实习基地建设缺口大，有些单位不愿接收实习生，同时双方对实习生的指导不到位，欠规范。

另外还存在实习成绩评定不科学，指导力量薄弱，实习形式单一，缺乏常规见习，经费投入不足等现象。

（三）我国体育专业实习的发展对策

目前我国的教育理念发生了变化，为适应基础教育和体育与健康课程改革需要，拓宽学生就业渠道，增加就业率，高等院校体育专业实习将会进一步深化改革，适应现代社会需要。

1. 进一步提高对专业实习的认识。从就业和社会适应能力的角度提高对实习的认识，加强宣传力度，提高实习生对实习的认识，探索最佳的实习方案。

2. 增加实习时间和见习。由于体育专业的特殊性，实践内容复杂，时间太短难以奏效，应采取多种形式延长实习实践，增加见习次数。

3. 实行多样化的专业实习形式。传统的教育实习主要是集中定点实习（基地实习），便于管理，效果较好。但由于地区和单位差异，经费困难，基地少等问题，不少学校积极改革，探索出了定向实习、定点实习、上岗实习、委托实习、模拟实习等多种形式，丰富了实习的类型。

4. 丰富专业实习内容，全面提高实习质量。增加学生在不同岗位进行实习的计划，利于学生学会处理各种人际关系，提高社会适应能力和就业竞争力。

5. 建立稳定的实习基地。要积极争取教育行政部门和学校的理解和支持，选择那些重视实习工作、指导力量强的社会单位和学校作为实习基地，增加经费投入，强化基地建设，克服短期行为。

6. 强化评定实习成绩的综合性、科学性。实习中高分低能现象突出，要改变单一指导教师打分办法，实行指导教师、实习单位、实习生共同打分；改变过分突出通过教学课实习打分办法，增加职业道德、综合素质、沟通能力、科研调查的打分权重，进行综合评定。

三、专业实习、就业和职业生涯规划

现阶段大学生就业难已经成为一个社会问题。2012年6月《2012年中国大学生就业报告》显示：2011届大学毕业生毕业半年后就业率为90.2%，比2010届略有上升。其中本科院校2011届毕业生半年后就业率为90.8%，与2010届基本持平；高职高专院校2011届毕业生半年后就业率为89.6%，比2010届上升了1.5个百分点。有近57万人处于失业状态，就业满意度不足50%。

有研究认为，除社会因素外，实践能力弱、专业技能不突出、缺乏经验已成为大学生就业的重要因素。据共青团中央学校部和北京大学公共政策研究所调查，52.14%的大学生把"缺乏社会经验"视为最困扰大学生就业的因素。因此，加强实践能力培养，强化实习是弥补大学生社会经验不足、促进大学生就业的有力措施。

国家中长期教育改革和发展规划纲要（2010—2020年）提出，高等教育要坚持能力为重，优化知识结构，丰富社会实践，强化能力培养，着力提高学生的学习能力、实践能力、创新能力，教育学生学会知识技能，加大教学投入，加强实验室、校内外实习基地、课程教材等基本建设，支持学生参与科学研究，强化实践教学环节，加强就业创业教育和就业指导服务，创立高校与科研院所、行业、企业联合培养人才的新机制，全面实施"高等学校本科教学质量与教学改革工程"。

然而，现实中大学生实习现状并不理想。不少大学生实习动机出现偏差，实习效果低下。据新浪网、智联招聘网对3080名实习大学生的调查，约51%的大学生对实习效果不大满意。大部分用人单位对"大学生实习"缺乏认同感。用人单位接纳大学生实习的积极性不高，实习效果不理想。

职业生涯规划是个人发展与组织发展相结合，对决定一个人职业生涯的主客观因素进行分析、总结和测定，确定一个人的职业生涯的奋斗目标，并选择实现这一职业生涯目标的职业，编制相应的工作、教育和培训的行动计划，对每一步骤的时间、顺序和方向作出合理的安排。哈佛大学的研究显示，只有4%的人在事业上能够取得成功，其共同点在于，他们在职业生涯早期就确立了目标并始终坚持。由于职业生涯规划可以促使大学生尽早明确人生目标，利于大学生自我觉醒、自我定位，适应社会发展的需要，从而大大提高就业竞争力，国外很多大学很早就开设了职业生涯规划的课程。

2007年12月，教育部办公厅《关于印发〈大学生职业发展与就业指导课程教学要求〉的通知》中，明确将职业发展类课程列入教学计划。但现阶段我国的职业生涯教育存在的主要问题一是不重视专业生涯规划，流于形式，二是与实习脱节，与就业脱节。一些大学生在选择实习岗位时不愿参加和本专业无关的实习。有专家建议，大学生要尽量把实习与职业规划结合起来，在增加自己人生阅历的同时，努力学习课堂以外的知识，从而最终找到与自己能力和素质相匹配的工作。

调查显示，单位在招聘应届毕业生时，筛选简历最看重的因素之一是学生是否参加过专业实习和社会实践。多位人力资源专家强调，实习是职业规划中的一环，而且是很重要的一环，不应该被孤立出来，实习应该纳入职业规划中。专家建议，大学生们在大一、大二时就要开始分析自己将来可能从事何种职业。按照"三步定位法"，第一步要注意观察和自己专业相关的职业，而不仅仅限于专业对口。第二步，从备选职业中找出自己的兴趣点，从事自己感兴趣的工作方能享受工作。第三步，需要从感兴趣的职业中再挑出自己擅长的工作。从大三、大四开始，学生们就可以开始在最后圈定的两三个行业去实习，用实践来证明自己最适合何种职业，以免走弯路。

四、体育专业实习活动的效果及影响因素

现阶段大学生找工作的时间前移，实习目的也从学习实践技能转变为寻找就业的机会。不少高校重视实践实习活动，也以提高就业率为目的，确保毕业生在离校前都能参加实习实践，增强就业竞争能力。作为大学教育重要的实践活动，专业实习的主要效果是能强化学生的就业意识和就业能力，适应从"学生"到"职工"的角色转变，帮助大学生了解社会实际情况，提供择业信息，进行有效的职业发展规划。但现实中影响学生实习效果的因素很多，实习的效果并不理想。现阶段影响我国大学生实习效果的因素主要如下。

1. 教育实习理念

社会的发展需要教育理念的更新。目前，实施可持续的、终身教育成为当代社会发展的教育理念，使学生学会求知、学会做事、学会合作、学会生存、学会创新成为新时期教育的追求。教育不仅仅是教学生被动的"学会"知识，更重要

的是要教他们主动的"会学"知识。学会做事、学会共处、学会生存与创新，更是未来社会的必备能力。

传统观点通常认为实习是一次性的"毕业实习"，这种实习模式不仅不符合认识规律，而且时间短，在培养学生适应能力和提高人才质量方面受到限制。应该把实习看做系统过程，通过使学生多次反复参加各类实践活动，强化运用知识、技能、理论联系实际的能力，这样才能提高实习效果，提高学生适应工作、适应社会的能力。这就要求我们不断更新教育观念，适应当前教育发展的需要。

2. 学生实习准备

学生是实习的主体，是影响整个实习工作的要素。

（1）对待实习的态度：学生对实习重要性的认识直接影响着他对实习的兴趣及态度，而实习态度的好坏是决定教育实习效果的重要因素之一。

（2）专业素养：专业素养包括职业精神、实际操作能力、交流沟通能力、组织管理能力、社会适应能力、创新能力、自我发展能力、思想道德品质几个方面。

（3）知识结构：知识结构是在学习、阅读、实践的累积过程中，人的知识体系中逐渐形成的各类知识的构成比例。一个人知识结构往往会影响职业选择和工作效率。对于体育专业学生来讲，学生在教育学、心理学、教学法等方面的知识结构不完善，理论与运动技能不平衡，或者不熟悉中小学体育教材教法，很大程度上影响了实习的效果。

3. 实习的组织与管理

目前我国高等体育院系均有领导小组管理学生实习，但由于是临时组织，人员不稳，系统的研究和经验积累不够或不重视，因此对实习质量发挥的作用不够充分。

（1）领导的态度及决策：领导是否重视，直接决定了对实习工作投入精力和经费的多少。决策者在实习模式、指导教师队伍组建、实习基地选择、实习时间长短等抉择中起决定作用。

（2）检查监督：实习过程中，领导、监督、指导相结合，严格实施目标管理和制度管理，才能保障实习质量。检查要采用定期检查、随机检查、统一检查、抽查、委托检查等多种形式，不仅要检查学生，也要检查管理者、带队教师、指导教师。

(3) 教师指导：指导教师综合能力的高低直接影响学生的实践能力，另外责任心、权责不明、报酬偏低会影响工作的积极性。因此加大对实习指导教师的培养，稳定指导教师队伍十分必要。

4. 实习模式、组织形式及时间

不同的实习模式、组织形式和时间所能完成的任务和效果不同。

(1) 实习模式

①单周期实习模式。即一次性实习模式，时机放在第 6 学期（四年制），时间为 12~18 周，采用集中实习管理。这一模式的特点是便于组织管理，实习时间长可以深入了解现阶段学校体育的特点，通过科学研究和调查研究开启学生的创造思维。学生在实习中感受到知识和学科的不足，可以在第七、八学期通过在学习加以弥补。

②双周期实习模式。即两次实习模式，这种实习模式的时机可选在第五（或六）学期和第七学期，第五（或六）学期实习时间 8 周，第七学期实习时间 8 周。两次实习的主要目的任务有所区别。

③序列化实习模式。根据学生能力培养的特定要求，把整个实习过程有机的分成几个阶段，与教学交错安排，处理好不同实习内容的关系，使教育实习工作程序化、系统化。

④"学校、社会一体化"实习方式。就是打破现在集中时间、集中地点、单一对象的实习方式，使学生 4 年（或 2 年）的大学生活始终与学校、社会连成一体，不定地点、不定时间、不定项目的全方位实习方式。

另外还有"三合一"实习模式、开放型实习方式等。

(2) 组织形式

目前我国高校体育院系采取集中实习和分散实习，大多数学校考虑学生和学校实际，采用二者相结合的形式。

①集中实习：把实习学生分成若干实习队，由专业教师带队或指定实习地点的专业技术人员全面负责。优点在于便于教师指导，能及时准确的反馈信息；缺点在于实习生受到限制，容易产生依赖性，不利于学生能力的培养，实习单位也容易出现不管不问的现象。

②分散实习：也称为单兵实习或自主实习，是实习生根据自己的情况，选择实习地点和单位，进行个人单独实习的形式。优点是可减轻学校的工作负担，节

省经费,发挥学时的独立自主能力,培养学生自我管理及分析、解决问题的能力;缺点是容易造成走过场现象,实习的要求和评价标准不一致,实习单位的条件不具备时会使实习效果受到影响。

其他还有委托实习和顶岗实习,在体育院系中实习中较为少见。

(2) 实习时间

实习时间的长短对实习效果有很大影响。目前我国体育院校大都采取一次性实习方法,实习时间存在差距。现有调查显示,个别学校实习时间长达一个学期(18周),有的学校仅有4周,接近40%的体育院系实习时间为8~10周,表现出较大的随意性。实际上我国体育院校普遍采用6~12周的实习时间,只有少数学校的实习时间在12周以上,这就难以保证实习质量。有研究认为,少于8周实习时间偏少,10~12周基本适宜,14周以上实习效果更为理想。相对于发达国家(表7-2),我国高等院校教育实习的时间短,组织形式单一,实习的系统性、层次性、目标性不强,大大降低了实习效果。

表7-2 国外师范教育实习时间统计表(单位:周)

德国	法国	美国	前苏联	英国	日本
72	27	>15~半年	17~19	>15~24	7~14

注:根据综合资料统计而成。

第二节 不同体育专业实习活动比较

目前我国体育院系设立的专业及专业方向在增加,其中有不少相近的专业。专业不同、培养方案不同、就业方向不同,实习的内容、特点和要求就不同,需要采用不同的实习方案,才能提高专业实习的针对性。

专业实习是大学生以学生身份进行的重要实践活动,是大学生了解社会的桥梁,因此任何专业实习都具有实践性和双重性。实践性是指任何专业实习都以培养和提高实习生的实际工作能力为目的,使他们在实践中,加深、巩固和运用所学的基本知识和基本技能。双重性表现在实习生既是体育院校的学生,又是实习单位的职工。实习生应尽早适应这两种角色的变化,提高实际工作能力。另外由于专业培养目标不同,其实习的内容、特点、要求也有所差别。

一、体育教育专业实习

(一) 体育教育专业实习的内容

体育教育专业实习主要在学校,并以中小学为主,实习内容以学校体育工作的内容为主。主要有：学校教育工作方法实习，学校体育工作实习（体育课教学、课外体育活动、班主任工作），部分社会体育工作实习（如组织学校教职工体育活动、组织和指导学校周围的居民进行各种体育活动等），完成实习学校规定的练习密度、运动负荷中脉搏的测定方法的操作技能实习等。

(二) 体育教育专业实习的特点

1. 综合性

体育教育专业实习的综合性表现在三个方面。

(1) 教学任务的综合性。体育教育实习的任务主要有体育课教学、班主任工作、课外体育活动、教育教学调查。这些任务相辅相成，使实习生的思想道德素质、文化素质、业务素质共同提高。

(2) 带队指导教师工作的综合性。指导教师既要协调好实习生与学校管理者、教师、班主任和学生的关系，又要做好实习生备课、各种教学文件、教育调查和社会调查等综合指导工作。

(3) 实习目的的综合性，教育实习是一次全面的综合考核、综合锻炼、综合提高的过程。

2. 师范性

体育教育专业培养目标既是体育教师，也是体育工作者，在教育目标上既要教书育人，又要教书育体。教育实习正是培养和锻炼实习生体育教育教学能力的重要实践活动，所以有别于其他学科教师的特征，有突出的师范性。

3. 基础性

教育专业实习在各层次学校进行，主要是以中小学为主。教师在教学中应注重培养学生健身能力，教会学生健身方法，培养健身习惯，为终身体育打好基础。因此，实习生在实习过程中应注重教学方法、手段的创新和改革，在内容上要体现实用性和基础性的特点。

4. 复杂性

在学校实习，学生性别、年龄、身体素质、运动基础不同，专业实习对象具有复杂性。教学过程中人数多且较为活泼，处于动态之中，多在室外进行，干扰因素多，导致教学组织复杂多变。

（三）体育专业实习的要求

根据体育教学实习的主要内容，对以下几项工作提出具体的要求。

1. 教学工作

（1）每位体育教育专业实习生原则上完成不少于两个教学班的体育与健康课程的教学工作。

（2）实习生在老师指导下，根据教学计划和进度，认真备课，提前给指导老师审阅。

（3）实习第一周，组织全体实习生观摩老师示范课并学习讨论。

（4）为了检查教学实习的情况和交流经验，实习中后期各队应组织两次公开课以便检查和交流经验，安排每位实习生组织一次检查课。检查课和公开课均应进行评议、交流经验、研究问题。

（5）每位实习生每周看课不少于两次，并进行记录、评议，以互相学习、交流教学心得。

（6）每位实习生必须写一份书面体育课分析报告，交指导教师和带队教师评阅。

（7）指导教师对实习生教学应每周作一次评分，最后评出总成绩，最后一周进行工作总结。

2. 课外体育工作

（1）早操、课间操。根据各校的活动内容和形式，由实习生轮流领操。

（2）课外活动。在教师指导下，负责组织与指导课外体育活动，并争取班主任的支持与协助。

(3) 学校运动队训练工作。每位实习生应担任一项运动项目的教练工作，或者参与课余体育俱乐部的训练。运动队的训练工作，应有计划地进行，严格要求，严格训练。

(4) 运动竞赛的组织与裁判工作。根据实习学校需要，安排实习生参加竞赛的组织与裁判工作。

3. 见习班主任工作

(1) 当好班主任的助手，做好学生的组织教育工作。
(2) 配合各任课教师，指导学生的课内学习和课外活动。
(3) 关心学生身心发展，引导学生健康成长。

二、运动训练专业实习

（一）运动训练专业实习的内容

运动训练专业实习内容包括运动训练、竞赛组织、职业道德教育三个方面的工作。运动训练与竞赛组织的实习十分具体，职业道德教育的实习内容比较抽象，但都可以具体的指标内容来衡量。

1. 运动训练：主要由科学诊断训练对象、确定训练目标、制定训练计划、具体实施训练方案、反馈调控训练过程和评价训练效果六个环节组成。

2. 竞赛组织：主要由成立竞赛组织机构、编排竞赛活动程序、担任竞赛裁判、管理竞赛活动过程、指导队员比赛等不同角色工作组成。

3. 职业道德教育：包括敬业精神、教学态度、工作行为、职业素质、生活方式、进取意识等。

（二）运动训练专业实习的特点

1. 实习项目的专门性

不同运动项目的运动员在专项能力、技术、战术有差异，需要实施专门的训练。同样实习生的知识、能力、经验和科研水平也只能集中在某个运动项目上。实习生在所选择实习项目上要有较高训练水平，尤其在参与高水平运动队的训练。实习生的专业知识、技术、阅历、成绩和指导能力以及态度，是决定完成实习任务的关键。

2. 实施训练的个体性

同一项目的运动员有个体差异性，教练员授课要区别对待。对于不同专项、不同的运动员或不同的训练状态及不同的训练条件，都应有区别地组织安排训练过程，施加相应负荷。运动专项竞技需要的多样性、运动员个人特点的多样性和运动训练特点的多变性都需要体现实施训练的个体性。

3. 实习过程的连续性

运动训练具有长期、连贯和周期的特点，实习生的实习过程时间短，只是其中一个阶段，实习内容有限。制定计划和训练时，要充分考虑前期训练状况和后继训练的延续性，不能孤立看待实习期的训练。有条件的话，可以和实习学校经常联系，增加实习、见习或观摩机会，或进行实习跟踪。

4. 实习的拓展性与选择性

运动训练专业培养方案除要求学生能从事竞技运动训练、科研、管理等方面工作以外，还要具备一定的从事体育教育、社会体育相关工作的能力。由于实习单位的性质、层次、要求影响实习工作的广度和深度，从提高综合能力的角度出发，实习生除训练实习外，可以有选择的参加其他工作，以拓展实习领域。拓展性和选择性都需要实习生具有专门的知识和技能储备。

（三）运动训练专业实习的要求

1. 对实习生的要求

（1）努力提高业务，实习生在实习项目上要力争达到较高运动水平，个人专业知识、技术、经历、成绩和指导能力以及备课态度基本满足实习工作需要。

（2）树立吃苦意识，面对艰难的训练要做好吃苦耐劳的思想准备。

（3）实习生在实施训练时要注意：A.做到区别对待，区分专项、对象和训练条件这三个主要因素的主要成分；B.恰当处理训练中共性与个性的关系；C.及时准确地掌握运动员的具体情况。

（4）实习生必须熟悉不同人群的训练特点，包括少儿、青年、男女身心和技术特点及训练要求等。

2. 对指导老师的要求

指导老师要切实发挥监督和考察作用，其工作态度、业务水平对实习生影响很大。要注意提高自身业务水平，规范执行实习制度，注重实习细节，认真指导每一位实习生，针对实习学校情况提供恰当的业务指导，严格要求实习生。

3. 对实习单位选择的要求

选择体育院校或业余体校安排实习，便于实习生把理论知识转变成实践的过渡，但不利于对学生综合发展，因此选择实习单位具有双重性。随着健身俱乐部的增加结合现在学校对运动训练的专业的培养目标，应该多向俱乐部及其他性质单位安排实习生，体现实习的多样性。

4. 对训练课的要求

（1）训练课的准备。实习生要做两方面准备。一是提早进行业务准备，要深入钻研训练教材大纲，注重运动员诊断，明确训练任务内容，熟悉训练方法与手段体系，把握训练负荷的安排。二是认真进行训练单元设计，写出合理科学的训练计划。

（2）训练课的组织形式。组织形式分为个体式、分组式、全体式、循环式等。由于训练对象水平高低、训练任务分配不同、运动内容功能差异、场地器材条件所限等因素，要结合实际恰当安排。

三、武术与民族传统体育专业

（一）专业实习的内容

目前我国武术与民族传统体育专业实习，以到学校进行体育教学和进行各类业余武术训练指导居多。从发展趋势上，武术专业的学生可能会更多地到武术馆、武术训练中心、武术活动站、社会人群从事武术练习的各个点进行教育实习、咨询指导和服务。另一项重要内容，是从事民族、民间体育工作的组织管理工作实习。

（二）专业实习的特点

1. 共性和个性相结合

武术与民族传统体育专业实习在内容、形式上与其他专业有共性，可以借鉴其他专业的做法，但由于运动项目的差异大，要把两者有机结合起来才能达到更好的效果。

2. 文艺与体育相结合

在少数民族传统的体育项目中，文体融合是一个重要的特点。武术项目同样地具有这一特点，也正是有这一特点才使这一项目得到广大人民群众的喜爱。

3. 全面与专项相结合

学生除熟练掌握武术和民族传统项目外，还需和其他专业学生一样具备一般常用的体育运动项目技能。就专项而言，其内容分门别类，既要有几个突出特长，又要全面地了解和掌握其他内容，以适应工作的需要。

4. 育德和育体相结合

体育教学、训练、锻炼等过程都有一个育德和育体相结合的要求，但武术十分重视武德，练武之人首先要树立良好的思想品德。实习中要引导练习者形成良好的思想品德，将育德与育体结合才能获得好的社会效果。

（三）武术与民族传统体育专业实习的要求

1. 武术与民族传统体育专业实习的总体要求

（1）掌握武术、传统体育养生、民族民间体育的基本理论与基本知识。

(2) 掌握本专业的技术技能与功法。

(3) 具有在本专业领域进行教学、训练、指导与管理的基本能力。

(4) 熟悉国家所指定的与本专业有关的方针、政策与法规，了解本专业的国内外发展动态。

(5) 掌握有关本专业的文献检索、资料查询的基本方法，具有一定的科学研究和实际工作能力。

2. 对武术教学训练课的要求

相对于其他运动项目，武术课的教学与训练指导尤其要注意下列要求：

(1) 教学讲求直观性。相比其他项目，武术项目动作数量多，拳种套路风格各异，路线变化多，动作因素多，内讲精气神意，外求手眼身步。要求更多运用直观教学，仅用讲解很难奏效。

(2) 动作力求规范性。教学时要做到形神兼备，做到外形动作规格与精气神相融合。注重基本技法，使学生了解进攻防守的方法和部位。注意顺序，通常先下肢（步型），再上肢，最后是上下肢的配合。同时强调对动作关键环节、攻防含义、易犯错误的讲解与示范。

(3) 注重示范性。注意示范位置，可根据需要采用正面、镜面、斜面、侧面和背面示范，讲解力求通俗、精炼、形象准确，可采用武术术语和口诀。教套路时需要示范领做，随着队型的变化方向变换自己的位置，便于学生模仿，示范要先慢后快。

四、社会体育指导与管理专业

（一）专业实习的内容

社会体育专业教育实习的内容有：根据社会各阶层人们对体育活动的不同需求，开展健身、健心、健美和休闲娱乐等体育活动的业务指导和教学；从事社会体育的组织管理；进行咨询指导，开设运动处方；参与各实习单位的经营开发管理，并能适当地进行策划；培训各级社会体育指导，特别是对基层社会体育指导员实施理论、方针、政策、法规的培训教学工作和业务、技术培训等。

(二) 专业实习的特点

依据现有理论和研究成果，社会体育指导与管理专业的实习特点主要有以下几点。

1. 对象的广泛性

实习生面对的对象极其广泛，包括不同层次、年龄、性别、职业的人群，要求学生在学校学习的过程中从理论上了解不同人群的身心发展特点，针对性开展实习工作。

2. 需求的多样性

对象不同，喜欢的运动项目多变，目的各异，有健身、健心、健美、休闲、娱乐、人际交往等多方面需求，对实习生的要求是全面多能，有的放矢地开展实习辅导工作。

3. 参加的随意性

社会人群自愿参加活动，不受强制，给实习带来诸多困难。实习生在组织过程中要通过各种方法去激励人们，在理论上注意宣传，学会处理各种关系，提高信任度。

4. 管理的复杂性

在市场经济条件下，组织管理更复杂，许多场所开始采用经营性方式，如何科学合理地进行管理，制定有效的规章制度，是实习生遇到的一个难题，应向有经验的社会体育工作者学习，同时应在前人经验的基础上，结合先进的管理思想和原则，进行创新和改革，使经营管理工作较好适合社会发展需要，适应国情、民情。

5. 无偿服务的多样性

社会体育是以人们自愿、自主、自发的社区活动，需要实习生以满足人们的需求来提供多种无偿服务，诸如场地设施服务，社会体育指导和咨询服务，体育活动组织和管理，社会体育活动计划制定与落实，提供体育最新信息服务等，要不断提高服务能力。

6. 区域分散性

社会体育专业实习的区域非常分散，无论是人员构成、场地设施，还是指导管理、经费来源等都是以分散的社区为范围，使得各社区体育活动自治、自主性比较突出，要求实习生在理论上对体育的作用加以宣传，同时要学会处理各方面关系。

（三）专业实习的要求

社会体育指导与管理专业实习总体要求体现在下列方面：
1. 掌握社会体育相关学科的基本知识和基本理论。
2. 掌握指导大众体育、强身健体、休闲娱乐及特殊群体的运动项目技术。
3. 具有从事群众性体育活动的组织管理、咨询指导、经营开发和教学研究等方面的基本能力。
4. 熟悉党和国家有关体育事业的方针、政策、法规，了解国内外社会体育发展动态。
5. 掌握文献资料、资料查询的基本方法，具有一定的科研和实际工作能力。

五、休闲体育专业

（一）休闲体育专业实习的内容

根据休闲体育专业学生的培养目标，该专业实习生主要到休闲体育工商企业、政府或公益机构、休闲体育事业机构等进行实习，从事休闲体育的指导、组织、管理、服务及策划工作。目前可以实习的单位众多，各种休闲度假村、高尔夫会所、健身休闲俱乐部、星级酒店康乐部、SPA 休闲会所、温泉度假饭店、户外与拓展训练机构、体育旅游公司、主题公园、全民健身中心、公共体育活动与竞赛场所、以及高等院校和研究所等都是可以接收实习生的单位，并成为潜在的就业方向。

（二）休闲体育专业实习的特点

休闲体育专业人才培养区别于其他专业之处在于突出人才的社会性、市场性、实践性，强化教学过程的实践环节非常重要。该类专业实习的特点体现在以下方面。

1. 娱乐性

休闲体育不强调竞技性，寓体于乐，并有促进生理、心理健康的效果。各式各样的休闲体育活动虽然产生疲劳，但有利于身体并具有娱乐效果。这就要求实习生能够把所学的有关技能和理论知识传授给参加休闲体育活动的人群。

2. 教育性

休闲体育可以给参与者提供发展自己的才能和爱好的机会，并容易形成休闲体育习惯，具有可持续性。另外，休闲体育利于促进人类的社会化，对人类的终生教育起促进作用。

3. 实习时间较长

实践表明，该专业学生采取两次实践效果更好。先是见习，学生在大二大三到体育俱乐部、体育管理部门、社区、旅游度假区等机构见习，加强认识和了解。其次实习，大四上半学期进行较长时间的实习，为走向社会做准备。

（三）休闲体育专业实习的要求

1. 打牢基础，突出实践能力

要掌握休闲体育专业的基础理论、技能，能熟练运用运动人体科学、休闲学、休闲体育学、公共行政管理、社会学、市场学、旅游经济学等相关学科理论，强化学生实践能力的培养，提高学生在休闲、运动、旅游等方面的教学、计划、组织安排的能力，成为在体育娱乐业中具有专门技能、知识和经营管理能力的专门人才。

2. 强化联系沟通能力，提高合作意识

各高等院校要重视与自然资源管理机构及相关管理部门的联系，同时要重视与休闲运动相关企业加大合作，根据社会需要，不断更新开设课程，有针对性的培养机构和企业所需求的人才，提高人力资源的利用率。在建立良好的单位关系的基础上，实习生个人也需要有意识的提高沟通能力和合作意识。

3. 注意信息反馈

由于实习生的工作环境复杂，因此要及时的了解信息，调整工作方法。要求实习生最好每周回校一次，在教师指导下进行总结，及时发现问题、解决问题，提高了学生的实践能力，使理论真正与实践相结合。

4. 熟悉国家相关政策方针

由于休闲活动的社会性强，要求实习生熟悉我国体育事业发展的方针、政策和法规，了解假日经济、休闲体育市场的营销和开发，具备一定的创新能力、实践能力、就业能力与社会适应发展能力。

第三节　中、小学体育专业实习活动

在学校进行的教育实习是体育专业学生的主要专业实习活动。由于学校体育工作内容多，要求高，师范性强，学生在实习过程中大量从事课堂教学、课外体育活动指导、业余训练、班主任管理、教学调研等基本工作，可以使专业能力得到很大提升，是体育教育专业学生掌握和巩固体育教育知识的重要环节，也是培养学生"创新精神"和"操作能力"的重要途径。中学专业实习活动主要包括：教育见习和教育实习。

一、教育见习

体育教育见习是学生参加体育教育实践活动的内容之一，通过对中学体育课与体育活动的见习，使学生了解学校体育工作的基本情况，掌握人际交往的有关知识和能力，为适应体育教育工作岗位打好基础。

（一）教育见习的主要任务

1. 了解学校体育工作的基本特征与现阶段体育教育教学改革情况。
2. 了解体育教师应具备的基本素质与专业技能的基本要求。
3. 了解体育与健康课的组织与教学。
4. 了解课间操、体育活动课和课余体育训练的组织与主要内容。
5. 了解体育场地、器材管理。

（二）教育见习的主要内容

1. 体育课见习

（1）随班看课，做好笔记。注意以下几点：提前到达上课地点，全程看课并做好记录；注意选择好位置，避免影响学生练习或观察不清；看课过程保持安静。

（2）了解原任课教师的教学风格。

（3）把握学生的学习情况。看课应注意全面了解任课班级学生的情况，为今后教学提供依据。

2. 课外体育活动见习

（1）早操、课间操。首先应了解早操出操的时间、程序以及组织形式等。通过早操与课间操的管理，尽可能熟悉学校师生，树立良好形象，锻炼组织能力。

（2）班级课外体育健身。主要包括：全面了解该校班级体育锻炼开展的情况；深入班级与学生同锻炼，进行必要指导；拟订实习期间的班级竞赛活动。

（3）运动队训练。要了解运动队、运动员；协助运动队训练，首先应选择自己擅长的项目；其次协助原带队教练制定、执行训练计划。

二、教育实习

教育实习是体育教育专业贯彻党的教育方针、培养德才兼备的合格体育教师的重要途径之一，也是教学计划的重要组成部分。

(一) 实习主要任务

教学实习的主要任务是让学生进一步学会做人，具有正确的人生观和世界观，符合 21 世纪人才需要；正确学习和理解教师的行为规范、仪表仪态及素质要求。在此基础上具体完成以下任务：

1. 完成《体育与健康》课程的教学任务，初步掌握课程教学的内容和对课的分析。

2. 完成课间操、课余体育锻炼任务，基本掌握课间操、课余体育锻炼的组织与指挥。

3. 运动训练，组织竞赛和担任裁判工作的任务，了解和熟悉运动训练，组织竞赛（重点是田径运动会的组织编排）和担任裁判工作的任务。

4. 完成规定的教学文件任务，掌握体育教学有关文件的制定方法（重点是单元计划和教案）。

此外，实习生还应初步掌握对学生进行思想教育的基本方法，学习和了解班主任工作，学习实习学校体育工作经验和体育教师的优良作风，了解中学体育教学改革动态等。

(二) 体育技能教学的基本要素与方法

体育技能教学是指教师采用适当的方法与手段，指导学生形成某些体育技能的教学活动。教学既包括教师的教法，也包括学生的学法。教师的教法必然要通过学生的学法而体现出来。教师与学生都是教学活动中的主体，都是教学方法的使用者和控制者，都具有能动作用。

当确定了教学目标和相应的教学内容之后，就必须采用富有成效的教学方法，否则教学目标就会落空。任何教学方法都是由教师、学生、知识和知识载体这四个基本要素的有机地结合。

在体育教学中通过教师的知识（动作示范、技术要点、练习方法等）传授，在知识传授过程中，促进学生各方面的发展。载体就是传授知识的方法，即教学方法，在体育技能教学中，常用的载体是语言法（通过讲解、提示、提问等）、直观法（动作示范、图解等）和练习法（分解练习法、完整练习法等），并通过学生自身的主动活动（思维、练习等）来促进知识（锻炼方法）的掌握，并在练习中进行信息反馈，根据信息反馈，教师修正教学方法。

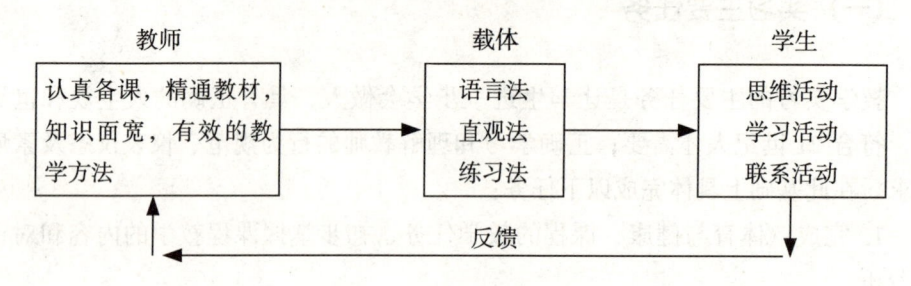

```
    教师                    载体                    学生
┌─────────┐           ┌─────────┐           ┌─────────┐
│认真备课，│           │ 语言法  │           │思维活动 │
│精通教材，│ ────────→ │ 直观法  │ ────────→ │学习活动 │
│知识面宽，│           │ 练习法  │           │联系活动 │
│有效的教 │           │         │           │         │
│学方法   │           │         │           │         │
└─────────┘           └─────────┘           └─────────┘
     ↑                      反馈                   │
     └─────────────────────────────────────────────┘
```

图 7-1　教学方法要素关系

教学方法是指师生为完成一定教学任务，在共同活动中所采用的教学方式、途径和手段的总和。教学方法包含教学方式和教学手段。对于教学方法，应认识和掌握"教学有法，而无定法"这一重要特点，正确处理好"有法"与"无定法"的矛盾关系。"教学有法"是指任何一种教学，都要掌握和运用一定的教学方法；"教学无定法"是指实际教学活动中，不能总用一个固定不移的教学模式，要善于艺术地、灵活地运用教学方法。随着知识的更新和科学技术的发展，教学方法也在不断丰富（表 7-3），需要教师根据需要有针对性的选择教学方法。在体育教学中常用的教学方法主要有：讲解法、示范法、完整法、分解法等。

表 7-3　体育教学方法分类表

分类	具体方法
传授知识的方法	讲授法、谈话法、演示法等
掌握运动技术的方法	讲解法、示范法、练习法、预防和纠正错误法等 重复练习法：连续重复练习法、间歇重复练习法等
体能练习的方法	交换练习法：连续变换练习法、间歇变换练习法等 综合练习法：循环练习、游戏法、比赛法等
思想品德教育的方法	说服法、评比法、奖惩法等

1. 讲解法

讲解法是体育教学中最常用的一种教学方法，教师运用语言进行教学，使学生掌握学习内容、达到教学要求的方法。在讲解时应注意以下几点。

(1) 讲解要有明确的目的。

(2) 讲解要正确,符合学生的接受能力。

(3) 讲解要简明易懂,抓住重点,层次分明。

(4) 讲解要有启发性。启发学生练习的兴趣,引导其积极思维。

(5) 讲解要注意时机和效果。在学习开始阶段讲解要简单,主要讲解动作表象、基本过程;当学生练习到一定程度时,逐步开始讲解动作的细节;学生对动作掌握到较熟练的程度,则可以讲解动作的风格等。

(6) 讲解要注意情感和声调。

2. 示范法

直观法是体育教学中运用图片、影像、多媒体等直观手段,通过学生的视觉,结合听觉,有助于学生了解动作的形象、结构、要点、完成动作的方法等,从而建立正确的动作表象。随着现代科学和信息技术的发展,直观的内容越来越多。在体育教学中对示范有下列基本要求。

(1) 示范要有明确的目的性。开始阶段,示范重在使学生建立动作形象,产生兴趣。其后示范的重点应使学生了解动作结构,完成的顺序、要点,动作的关键、难点等。纠正错误动作的示范时,应突出错误的所在、原因及如何纠正,可以使用正误对比。

(2) 示范要正确、熟练。学生开始学习主要是模仿,示范不正确则会直接影响到教学效果和学生学习的效果,而熟练、轻松的示范动作,会使学生感觉到这动作既优美、又简单好学,提高学生学习兴趣和模仿的欲望。

(3) 示范要有利于学生的观察。

示范位置应让每一个学生都能看清教师的示范,注意对称和方向,动作速度要适宜。

3. 完整法

完整法是指从动作开始到结束,完整、连续地进行教学的方法,它能够使学生对动作有一个完整印象,有利于学生掌握动作节奏。一般来说简单技能采用完整教学法。但是对于复杂的体育技能,采用完整法教学效果较差,一般采用分解法。

4. 分解法

分解法是指把一个完整的、复杂的体育技能动作合理地分成几个部分,按各部分进行教授、练习，最后达到掌握完整技术的方法。它化繁为简，缩短教学时间，提高学生自信心，利于学生精确掌握每个技术环节。分解练习方法细分为：单纯的分解法、递进分解法、重点分解法以及上、下肢分解法等，教师要根据教学实际选择使用。

采用分解教学时应注意：动作分解得要合理，要根据动作节奏、技术特点来进行分解，并有利于动作衔接；分解练习时间不宜过长，及时与完整法相结合。

三、中学体育教学实习

(一) 备课

备课是教学工作中十分重要的环节，是教师在上课前的教学准备，也是对每一堂课的精心设计，备好课是上好课的前提。备课包括学期备课、单元备课、课时备课。课时备课是指编写课时计划及编写教案。课时备课一般要注意以下几个方面：

1. 了解课的结构

课的结构是一节课的组成部分及各部分之间的联系、顺序和时间分配。体育课的结构一般分为：准备部分、基本部分和结束部分。

(1) 准备部分。目的在于促使学生对上课做好生理上和心理上的准备，集中注意力。

(2) 基本部分。目的在于培养学生身体练习的积极自觉性，学习和掌握一定的身体活动方法和技能，提高学生的身体素质。

(3) 结束部分。进行生理和心理上的调整与放松，对本节课进行小结，做好后继学习的准备。

2. 了解课的类型

课是进行教学的基本组织单位。为完成不同阶段的教学任务，而形成不同类型的课。课的类型一般分为两类。

(1) 单一课。教学过程中为完成某一特定阶段的任务采用单一课，通常有新授课，复习、巩固提高课，培养能力课，检查考核课等。

（2）综合课。教学过程中完成两个以上教学阶段的任务，这类课称为综合课。

3. 钻研教材

钻研教材主要包括学习教学大纲和教科书，阅读参考书等。了解"体育与健康"课的教学目的，掌握教材体系的基本内容和教学方法的基本要求。

4. 了解学生，确定目标，选择方法

（1）了解学生是备好课、上好课的前提，学生是学习的主体，只有对学生了解，才能有的放矢地进行教学。

（2）在"体育与健康"课总体教学目的基础上，根据课的教学内容来确定具体的教学目标。

（3）选择教学方法主要根据具体的教学任务（目标）、课的类型和教材的特点，以及学生年龄特点等来决定。

5. 编写单元教学计划和课时教学计划（教案）

（1）单元教学计划。单元教学计划是指把某项的教学内容按学期教学计划（教学进度）中确定的课序，安排出每次课的教学目标、重点、难点以及主要教学手段。

（2）课时教学计划（教案）。课时教学计划（教案）是以课时为单位进行教学设计的具体教学方案。课时教学计划的内容主要包括：课的教学任务（目标）、教学内容、教学重点、教学难点、教学步骤、教学要求、教学组织、运动负荷的预计、场地器材的需要等。在编写时应注意：明确地提出课的教学任务（目标），课的教学任务（目标）应具体、可行，不要与教学内容混淆；合理地组织教材，突出重点，解决难点；恰当地选择和运用教学方法，调动学生学习的积极性。面向大多数学生，应注意培养优秀生和提高后进生，使全体学生都得到发展。备课时要力求熟悉教案。

（二）上课

1. 树立教师的形象：教师在上课时，要通过自然的姿势、整洁的服装、恰

当的语气、洪亮威严的口令和正确优美的示范来树立良好的形象。

2. 明确每一个练习的目的和要求。

3. 加强趣味性练习，激发学生的练习兴趣。

4. 发挥学生的主体作用，使感知、思维与实践结合：在体育技能的教学中，发挥学生的主体作用是一堂课成功与失败的关键，使学生把感知、思维、实践（反复练习）有序起来。

5. 运用反馈机制，对教学进行控制：通过观察、调查，掌握学生各种信息，通过信息分析教学效果，进一步调整教学方法，有效控制教学过程。

6. 适宜的重复次数：重复练习是掌握技能的前提，但过多练习会使学生兴趣下降。

7. 区别对待：在了解学生的基础上，针对不同的学生采用相应的激励、教学方法，提出不同的要求，提高教学效果。

8. 重视安全措施：体育教学要力求避免伤害事故。首先对学生要加强安全教育，提高学生的安全意识；对于容易发生伤害事故的练习，必须有安全预防措施；对于场地、器材的检查和布置不能忽视安全因素。

（三）课后小结

课后小结可以发现不足及时总结、改进，以免再出现不必要的错误，对实习生更为重要。小结可以自己做，也可以请指导教师或其他实习生给自己指出不足。

四、体育课的设计

课的设计是指在备课过程中，就整个教学过程及其各个环节与步骤进行认真的研究，构思出一套比较详细的教学实施设想。它通常包括：确定教学任务，教学内容的重点、难点，教法手段的采用，课的组织，以及运动负荷的安排与时间的分配等几个方面。

（一）教学课设计的程序和内容

1. 教学内容和主体设计：介绍教学内容及选择的依据。

2. 指导思想（教学理念）：采用教学形式的理论依据，基于什么样的教学理念。

3. 教材和学生分析：分析所选教材的作用，结合学生情况分析选择教材的意义；分析学生生理、心理、年龄、性别等因素与所选教学内容的关系。

4. 目标设计：介绍设计的目标，预计目标完成情况。

5. 教学过程设计：介绍主要教学过程，对教案中不能明确表达的部分，进行说明，阐述授课教师的意图。

6. 场地器材和安全措施设计：简述如何使用场地器材，以及对教学安全的考虑和采取的措施。

（二）教学设计注意事项

1. 高度重视第一堂课的设计

要使实习教师在学生面前树立威信，留下深刻美好的印象，同时要使自己提高自信，应该力争成功地上好第一节课。

2. 精心构思课堂组织

课堂组织是上好体育课的保证，包括课堂常规、学生队形的安排与调动、体育课的组织形式，以及场地、器材的布置四个方面。

（1）练习队形与调动

练习队形与调动的合理安排不但可使课的进行严密紧凑，而且可以丰富教学内容。构思新颖的队形与变化还能构造出各种美丽的图案，创造出美的教学情境。在构思练习队形时应考虑以下几点。

①示范队形与练习队形结合：每个练习队形的构思除按常规要求学生背风、背阳、背干扰站立外，还要尽可能将练习队形与示范队形结合起来考虑。

②便于学生相互观察学习：安排每个练习队形时不能只考虑学生练，更应考虑练习过程中学生之间的相互观摩与比较，使学生在练习中不但掌握动作，还能培养分析、评价动作的能力。

③注意学生的安全与卫生：在安排每个练习队形时应考虑到卫生与安全，避免因队形设计不合理而造成伤害事故，有损于学生的健康。

④利于衔接：整堂课的各个练习队形必须考虑将练习与练习之间，部分与部

分之间的队形巧妙地连接起来，从而做到队伍调动迅速、省时省力。

(2) 合理的场地及器材布局

场地的设计应使每个学生在教师的视线范围内练习，并考虑到安全与卫生的要求。场地、器材的布局要既美观又要实用。距离不宜太远，便于摆放、回收，以最大限度利用场地、器材。在构思与设计一节课的场地与器材时，应以有利于基本部分学习的原则，使基本部分不同练习的场地距离得当，有机衔接。准备部分与结束部分应尽可能利用基本部分的场地和器材，以有利于练习转化时调动队伍，节省调动队伍和布置场地。另外使用场地器材还要考虑学校条件和同时上课的班级、人数等实际，以免场地与器材冲突。

(3) 合理选择教学手段

①紧紧围绕教学目标选择教学手段：实习生要在全面把握教材内容的前提下，再根据本节课的教学目标有针对性地选择教学手段。

②便于学生接受，可行性强：所选的教学手段应符合学生年龄特征，使学生乐于接受。同时各学校由于场地、器材条件不同，学生的运动基础不同，教学手段的选择要考虑实施的可能性。

3. 注重不同实习阶段教学设计的差异性

实习生在不同实习阶段设计课的侧重点应有所不同。在初期阶段，实习课的主要要求是让实习生顺利地完成课的全过程。因此这个阶段设计课的重点应放在课的组织与教法、学法、练法环节上。到了中期，实习生在设计课时除了要强调课的组织与教法、学法、练法外，还应开始重视练习密度与运动负荷。到了实习后期，实习生已经能比较顺利地上好一节体育课了，这时应用优秀体育教师的标准来严格要求自己。注意课中每一个环节的精心设计，力求完美。

另外要注意听取指导教师意见，调整教学思路，赢得指导教师的信任和支持。

4. 理论课的设计

在了解学生情况、钻研教材内容的基础上进行理论课的设计。设计时通常包括：确定教学目标、教学重点和难点、教学步骤、教学方法与手段，以及板书、作业设计等几个方面。由于实习生对实习学校的实际情况与学生的实际情况掌握得不是十分全面，因此，最好是先对整节课的教学有个初步的设想，然后向指导教师汇报设计方案，征求意见后再写成教案，请指导教师审阅批准。

【思考题】

1. 如何理解专业实习、就业、职业生涯规划的关系？
2. 我国现阶段体育专业实习存在哪些问题？如何改进？
3. 影响体育专业实习的因素有哪些？
4. 理解不同体育专业实习的特点和要求。
5. 体育教育专业实习时，上体育课应注意哪些问题？
6. 如何设计一堂体育课？

第八章　社会实践与服务调查

【章前导读】社会实践与服务调查是培养学生综合实践能力的重要方面之一，让学生进行社会实践及服务调查的最终目标是培养学生学习能力、实践能力和创新能力。社会实践与服务调查是培养学生社会责任感和服务社会意识的重要手段之一。本章主要阐述社会实践与服务调查的基本目标、程序、方法和内容，介绍进行调查的基本理论与方法，在着重阐述了社会实践与服务研究中运用较多的调查法的相关内容基础上，就学校体育调查、社区体育和公益服务调查进行介绍。提供开展社会实践与服务调查的一些案例，对培养应用型的体育专业人才具有一定的作用。

第一节　社会实践与服务调查的基本目标

社会实践与服务调查的目的是进一步巩固和加强对学生的基本知识和基本技能的训练，促进其知识、能力和素质的协调发展；加强学生学习能力、实践能力和创新能力的培养，培养学生社会责任感和服务社会的意识，鼓励学生运用所学知识独立进行社会实践与服务，培养其严谨、求实的治学态度和刻苦钻研、勇于探索的治学精神。使学生关心社会和科技进步，使学生形成综合思考问题的能力，获得解决问题的经验，培养学生探究社会问题的基本能力、人际交往能力、协作能力、组织能力、独立思考和操作能力以及适应环境的能力，在实践中培养学生的创新精神。

一、学校体育调查的基本目标

目标是人们想要达到的结果或标准。它是人们在一定条件下通过一定的行为，在一定时期内，期望所要达到的预期结果。目标对人们的实践活动，具有导向和激励的作用。对学校体育调查是学校教育实践活动的重要内容之一，当然也毫不例外地要研究它的目的，即学校体育研究的目标问题。

确定学校体育研究的目标首先明确的是研究目标的取向问题。可以说学校体育研究目标的确立必须指向学校体育实践。并通过学校体育研究来促进学校体育实践。学校体育调查的基本目标主要有以下两个方面。

一方面，也是由于学校体育工作总目标所决定的。即在学生观层面，学校体育的总目标为"增强学生体质，促进学生身心的协调发展"；在社会观层面，学校体育的总目标为"促进教育和体育的协调发展"。学校体育实践活动不仅是要满足学生当前对运动的需求，还要积极地启发学生的兴趣，培养学生的体育意识、能力和锻炼习惯，从而使学生能够把体育学习坚持下去，最后获得健康和良好的体质。学校体育要把社会需要和个体需要、体质健康和心理健康、为学生终身体育打好基础有机地结合起来，充分发挥学校体育在增强学生体质、促进学生身心健康全面发展方面所起的作用，使学生终身受益。

另一方面，学校体育实践过程中所遇到的普遍性问题，那就是需要进行研究的，把那普遍性的问题进行归类、整理，找出共性的东西来。这些问题是由学校体育的条件、过程和效果目标决定的，即条件目标包括体育师资、经费、场地器材与设备等各方面的投入。过程目标包括师资培训、体育教学、课外体育活动、课余训练、运动竞赛、卫生保健、科学研究和各项学校体育工作的要求与管理。效果目标包括学生的体质与健康水平、学生的体育能力、体育人才培养及科学研究等方面的最终结果。因此，学校体育研究目标的确定也就是为了学校体育教学、训练及课外体育活动等工作能够得到更好的发展。

总之，学校体育调查就是要进一步明确调查目标，明确了学校体育调查的目标，也就可以确定学校体育调查的任务。学校体育调查任务是通过调查、实验等的手段探讨各种学校体育实践领域中探索未知的活动。学校体育调查一方面既是根据已知的各种理论和方法去探索未知领域的本质，揭示其发展变化的客观规律，探究学校体育实践中的基础理论，描述现象，分析内在的关系与原因，进而揭示其中的本质和规律，发现和创新出更加先进的理论知识和技术方法的过程。同时，学校体育调查研究又是探究和发现有关学校体育实践中的基本问题，利用这些客观规律、先进理论知识和技术提出解决问题的途径或方法为学校体育实践服务的过程。

因此，探索和认识学校体育的本质及与有关方面的实际联系，揭示其客观发展规律及掌握新知识，新方法并用于更好地指导学校体育实践，就是学校体育调查研究的根本任务。

二、社区体育与公益服务调查的基本目标

社区体育是社会体育的一个重要组成部分。由社区居民自主进行的简便易行、广大群众喜闻乐见的多种多样的身体锻炼活动。社区体育是公益服务之一，是不以盈利为目的，为全体人民提供服务的行为。了解社区体育具有自主性、公益性、多样性、有趣性、服务性等特点是非常重要的。本章主要介绍在体育场馆、体育俱乐部、体育社团等做调查时的一些背景理论和注意事项，引导和指导大家更好地从事社会体育实践与调查。

近年来，我国贯彻落实《全民健身计划纲要》，深入实施全民健身工程，不断完善社区体育设施建设，广泛开展群众体育活动，社区体育成为体育的重要组成部分之一。

社区体育与公益服务调查的基本目标是研究社区体育与公益服务现象和主要规律，促进和丰富居民文化生活，提高生活质量，交流邻里感情，改善人际关系，促进社区繁荣发展。

社会体育的目的在于健身、娱乐以及丰富人们的日常生活，提高人们的生活质量。它可以根据参与的主体不同而有不同的选择，即不同的参与者在参与同一活动过程中可能有着不同的目的。随着世界科学技术新的发展，各学科的横向转移、相互交叉和渗透，学科既高度分化又高度综合，代表了当今科学研究发展的总趋势。社区体育与公益服务调查研究除具有这个总趋势外，还具有如下两点主要发展趋势。第一，社区体育与公益服务调查普遍受到重视，调查研究深度、广度不断加大，投入不断加强。第二，结合多学科的社区体育与公益服务综合调查研究，应用和定量分析占主导地位，研究手段和方法不断改进，现代电子技术、计算机及声像工具广泛应用。

对相关制度的建设方面的关注是社区体育与公益服务调查对社会发展促进的主要体现。

社区体育与公益服务工作的发展离不开制度的保障，如《中共中央国务院关于加强青少年体育增强青少年体质的意见》《全民健身条例》《关于加快发展体育产业的指导意见》等一系列重要体育政策法规颁布实施，为社区体育与公益服务提供了重要保障，在社区体育与公益服务工作中发挥了其应有的作用，将大众体育工作纳入到了法制化的轨道。相关理论的研究促进了这些制度的出台与实施。这些法规对深化学校体育卫生工作改革，推动我国学校体育卫生事业的发展，具

有深远的战略意义。而相关的调查研究其目标就在于使个人、单位和社会广大的成员能够及时了解政策法规实施的状况，帮助社会各界和各级政府对体育功能和作用的认识不断深化，促进体育事业发展所需的各种条件和环境进一步改善。

第二节 社会实践与服务调查的基本程序

体育学是一门多学科起源、多学科交叉渗透的学科，体育学研究的内容众多（表8-1）。体育社会实践与服务的调查包含体育学、社会学、心理学、人类学、经济学、统计学、信息技术学等学科内容的调查，揭示了体育社会实践与服务活动的过程、规律和效果。

表 8-1 各类重大体育科技成果涉及的体育理论与实践分类

序号（成果大类）	各类涉及的研究问题与领域	
1. 竞技体育类（含10个问题领域）	① 竞技体育宏观发展与改革 ③ 各项目选材方法与标准 ⑤ 各项目技战术创新与试验 ⑦ 训练比赛中的心理训练 ⑨ 部分项目职业化	② 运动训练过程的方法技术与监控 ④ 各项目科技攻关与服务 ⑥ 优秀运动员个例 ⑧ 训练体制与管理 ⑩ 大型运动会及其组织管理
2. 体育教育类（含6个问题领域）	① 各项目教学训练大纲 ③ 体育院校人才培养、教学改革 ⑤ 教练员队伍培训	② 体育制度标准（国家体育锻炼标准，广播体操等） ④ 中小学体育改革与发展 ⑥ 体育教学模式方法
3. 体育科技、法规类（含3个问题领域）	① 体育科技体制与管理 ② 科研方法、手段、课题、成果评价 ③ 体育法规建设	
4. 体育基础理论与实践应用类（含10个问题领域）	① 兴奋剂检测方法与手段 ③ 运动性疲劳与恢复 ⑤ 儿童少年生长发育、体质测定 ⑦ 各项目的生物力学 ⑧ 主要训练监控指标及范围（有氧、无氧能力、无氧阈、血乳酸、骨骼肌疲劳、大脑神经类型、运动心脏、运动性月经、激素水平、尿蛋白、脑电图、最大吸氧量） ⑨ 运动员的机能评定	② 运动损伤与治疗方法 ④ 运动营养及实用补剂研制 ⑥ 身体成分、运动与减肥 ⑩ 选材中的生物学指标与测试

(续表)

序号 （成果大类）	各类涉及的研究问题与领域
5. 运动训练用方法仪器、设备类（含6个问题领域）	① 各项目电子裁判与技战术计时计分系统、器材 ② 各项目训练监控测评台 ③ 运动会组织管理系统（编排、报名、竞赛、信息服务） ④ 各项目的专项训练器材 ⑤ 运动场地设备材料的研制开发（航空动力橡筋、微型内燃机、定向风速仪、测速雷达、跳板弹性、网球场铺设材料、划船起航器、抗疲劳眼镜、混光照明） ⑥ 摄影技术、数学模型法、伪真技术、PCP技术在运动训练比赛中的运用
6. 信息、软件等类（含5个问题领域）	① 大型运动会的信息研究与服务 ② 中外体育文献、数据库 ③ 专项情报研究与服务　　　　④ 重要体育期刊、内刊的作用与效益 ⑤ 我国运动员数据库

资料来源：周登嵩，董渝华. 我国当前体育科研成果的选题现状与特征 [M] .北京体育大学学报，2001（4）.

体育学的研究方法，广泛地吸收了社会学、心理学、人类学、经济学等学科的研究方法，体育社会实践与服务研究也越来越多地使用数理统计方法和计算机，以进一步解决体育社会实践与服务所遇到的问题。社会实践与服务研究呈现由定性分析到定量分析两者结合使用的趋势，一般包括以下基本程序：第一，选题，设定研究问题；第二，文献检索，查阅相关的理论及以往的研究结果；第三，提出假设或模型；第四，制定研究计划，选择适用的研究方法、设计研究方案；第五，搜集研究材料；第六，对研究材料的加工整理，处理、分析和解释数据或资料；第七，撰写研究报告，获得研究成果，以适当的形式发布研究结果；第八，必要时再次跟踪研究该课题。

一般作为社会实践与服务调查的学术性研究，上述八个步骤一般都是需要的，但如果是以解决社会实践与服务具体问题为目标的调查，那么其中的有些步骤（步骤2和步骤8）也可以省略。

一、选题

选题是研究过程的起点，研究从选题开始，到取得研究成果，解决研究问题而告终。不同的题目，需要采用不同的研究方法，因此，在一定程度上选题也就决定了研究问题的方法和方式。

（一）选题路径

第一，从理论中演绎。可从学校体育理论中，使用演绎推理方法导出一些合乎逻辑的研究问题，然后再设计研究方法加以验证。这种为了验证理论而做的课题，内容包括：（1）验证前人的理论架构是否正确，对研究成果作合理解释。（2）批判和修正旧的学校体育的理论，使科学的现代的理论得到发展和加深。（3）提出并解决学校体育理论的新问题。

第二，从学校体育实践中发现。课题研究最迫切的任务是要解决当前学校体育改革与教学工作中亟待解决的实际问题。所以，必须从当前教学工作中的迫切需要出发，注意选择当前体育教学改革和教学实践中存在的实际问题。

第三，从以往的研究中寻找。有些研究报告不仅报告其所要研究问题的答案，而且也从其研究问题中导出不少值得研究的问题，有的往往是在回答旧问题的同时提出了新问题。例如，有的体育教学的实验报告，常常在"讨论"部分提出作者进一步研究的建议，这些建议便成为他人发现问题的来源。有的体育教学研究具有长期性、连续性的特点，在某一阶段只能完成研究的一部分工作，解决一部分问题，而余下的部分需要人们继续去完成，通过前人过去的研究，我们可发现还有什么问题有待于后人研究。有的教学研究具有多元性的特点，在一篇研究报告中只能研究若干变量或因素，故通过阅读过去的研究文献，可以引发对其他变量或因素的研究。因此，从以往的研究中我们可以得到许多启发，寻找到许多研究亮点。

第四，从参加各种学术活动中得到启发。积极参加校内外的学术活动，多与老师交流，多请教有关专家，也可从中得到启发，选择到较好的研究课题。

（二）选题原则

第一，需要性原则。需要性原则是指所选择的题目要满足学校体育实践的需要和理论发展的需要，从满足需要出发进行选题。

第二，创造性原则。创造性原则要求题目具有先进性和新颖性，或独创性和突破性。这一原则要求，首先要加强情报工作和文献查阅，掌握体育教学的发展现状和新动态，善于发现新情况新问题；其次，要注意选择具有创造力、新颖性的题目。

第三，可能性原则。可能性原则是指我们的课题是要在经过努力后能够做好的，在选题时，要正确估计完成课题的主、客观条件。

二、提出研究假设

研究假设又称为科学假设或科学假说（有人亦称为理论假设），它是研究者对研究问题的预期结果的假定性设想或解释，是形成和建立科学理论的预制品（初步模型）。假设不是随意猜想，必须有一定的科学和事实根据，并且要经受实践的检验。假设体现了研究者解决问题的基本构思，是整个研究工作的纲领与导向。多数研究课题应力求有明确清晰的研究假设。

三、选定研究方法

在确定了研究课题和提出了研究假设之后，就要考虑选择获取研究材料的各种研究方法，即验证假设的研究途径与手段。任何研究课题，都要选择适合于解决其研究任务的方法与手段。这就要求从本课题的特点、性质、研究对象、研究范围、研究条件及假设的内容出发，去综合考虑与选择研究方法，以确保获得丰富可靠的材料，顺利完成研究任务。

在当代体育科研中，一些研究方法具有共性通用的特点而得到普遍运用。如绝大多数研究课题都需要运用文献资料方法去搜集文献资料；为选定课题，验证假设和论述问题提供依据，都需要采用一系列逻辑方法、数学方法去分析研究资料，进行科学抽象得出结论。其次，根据不同类型的课题，还经常采用各大类学科的研究方法，其应用范围也较广，同类学科的课题均可运用。如体育社会科学类课题常用的社会调查法、专家调查法、观察法；技术学科类课题常用的竞赛临场观察与统计法、教育实验法、测量与评价法等。另外，在不同学科的研究中还采用具有某一学科特征的研究方法，如心理测试方法、生物力学实验与分析方法、生化实验方法等。上述不同类型的研究方法还根据研究需要经常交叉综合运用，以多角度、多层面地获取研究材料，客观地揭示事物的本质。但是，任何研究课题并不是采用的方法越多越好，而是要服从于研究任务的需要，并在可能条件下选择适宜的主要的研究方法手段。

四、制定研究计划

研究计划又称研究设计或研究方案，它是依据课题的研究假设对研究的过程进行总体安排与计划，是科研课题具体实施的方案和依据。它对于保证整个研究工作的顺利进行具有重要的指导作用，是研究工作的行动纲领与蓝图。在周密思考后，最后用文字书面表述出来，可以是文字叙述式或表格分栏式表达。

制定研究计划时，相应的数据收集方案和统计方案也应该同时考虑，以确定该项研究至少在技术上是可行的。抽样的设计是制定研究计划的重要内容之一。

所谓抽样就是从所研究对象的全体（总体）中，抽取一部分（样本）进行调查、观察或测量，然后根据所获取的样本数据，对所研究总体的某些数量特征（参数），进行描述或作出推断。调查研究离不开抽样。

但是，调查者应该关注两个问题。第一，样本能否代表总体？第二，样本与总体之间有多大的差异？很多调查报告中有"这项调查结果，置信度为95%，误差不超过3%，可推算到总体"的描述，此为描述抽样对象和实际总体之间差异大小以及做出对应估计或推断的把握程度的常用统计学术语。

样本抽取可分为随机抽样（也叫概率抽样）和非随机抽样（也叫非概率抽样）两类。随机抽样是以一定的统计原则和一定的程序进行选择，每一个单元被选择的概率是已知的；而非随机抽样并不遵循统计规律。

随机抽样和非随机抽样之间的不同，在于随机抽样可以推断总体。当总体的数量多达数百万，而且分散在一个范围很广的区域中时（即当其边界不像市界或县界那般清晰时），抽样原理不变，但是操作起来会比较困难。研究者该怎样着手去获取一个随机样本呢？有几种常用方法可供参考，包括抽签法、系统间隔法；非随机抽样无法推断总体。有"路人"样本，或街头样本、电话拨入调查样本、便利样本、立意样本、焦点团体、配额样本、社会样本等。每一种都有重要的研究功能，但不能完全推论总体。应区分"随机"和"随便"，随机是有严格的科学含义的；而随便则带有人为的或主观的因素。

调查者在决定是选用随机抽样还是非随机抽样时，主要考虑研究的性质和目的、总体的特征、费用与价值、时间限制、误差的性质与允许的范围、研究者的经验和能力等因素。

五、搜集研究材料

研究材料就是验证假设、论证问题，形成科学理论所需要的各种事实与资料，这是所有研究工作都要完成的重要内容。它具体包括：文献资料和经验事实两大类。文献资料是间接实践经验的表现，是过去实践经验与规律性的系统理论形式，即前人积累的科学理论与研究成果的集中体现。研究人员只有尽可能搜集较多的文献资料，才能充分了解本课题的学术背景与前沿动态，才能为验证假设、论证观点提供可靠有力的依据；也能为进一步调整课题修改与完善假设提供参考；还能从文献资料中获取信息、得到启示，改进研究方法和调整研究计划。

经验事实是直接来自社会实践（包括研究者本人的实践活动），来自各种体育实践活动的感性经验、感性材料和具体事实结果。它为研究课题提供新鲜、直接的研究材料，是科学研究中检验假设、提出新发现、新发明、新规律、新理论的重要先决条件。社会实践是产生一切科学理论的源泉，又是检验真理（包括作为初级真理形态的研究假设）的唯一领域，许多重大的科学成果、科学理论是靠直接经验与客观事实而概括提出的。经验事实的表现形式多种多样，可以是各类实验研究中获取的原始数据、指标、事例、反应记录；也可以是调查、观察或参加体育实践活动而直接获得的第一手情况记录、数字、问卷材料、录音、录像、照片、图片、手稿、日记、某些标本等。

收集文献资料与获取经验事实，是一个课题的研究过程中花费时间与精力较多的阶段，属于验证假设的前期阶段。他是研究者具体接触研究对象、深入社会实践或亲自参与实践，动手操作的过程。任何有价值的课题和研究方案，如果不能搜集所需的各种研究材料，则研究工作将半途而废。有的好课题也因研究材料太单薄而使论文（成果）价值大为逊色。

六、对研究材料的加工整理

对所搜集的大量原始、零乱的研究材料，必须经过科学的加工整理与分析，才能为验证假设、形成科学理论提供有效可靠的依据。它一般包括对定性资料的整理分析和定量资料的处理。

对从不同途径获取的文献资料和（定性类）经验事实，主要采用系统方法和各种逻辑方法进行加工整理。首先，要对资料进行汇总、分类、检验、筛选和贮存，使零乱的资料分别进入研究课题的各自位置。然后,结合研究的主要任务,运用比较、类比、归纳、演绎、分析、综合和系统分析的方法,对资料事实进行科学加工与整理。主要任务是:通过科学抽象建立新的科学概念,透过各种现象事实去发现问题的本质与特征,通过对事物间矛盾的分析比较,揭示可能存在的联系与规律,得出对研究问题的基本观点与结论。进而将这些分析结果与原来的研究假设相比较,以验证假设的正确性与完整性,从而对假设作出肯定、否定或修正。

从各种实验、测量和观察中直接获取的数字材料,以及从调查中获得的需要加工为数据的有关材料(如调查问卷、笔记、手稿等),经检验筛选后,采用数学、统计学有关方法进行加工处理。一般按照原研究设计中对各类问题的处理要求(基于对假设的各种检验),进行常规统计处理和某种特殊处理。在具备计算机和现成软件包的条件下,上机处理数据可以大量迅速、准确地完成任务;少量数据亦可手工(计算器)处理。运用各类指标数据的处理结果,可以直接对研究假设中的某些问题进行抽象判断与检验;也可结合定性资料分析整理的有关结论,对研究假设中的问题进行科学分析、对比和论证,以验证假设,提出结论,揭示规律。

这一阶段是验证研究假设的后期阶段,具有去伪存真、去粗取精、去表留本、综合验证的特点。其加工整理的水平如何,对科研成果的创造性、可靠性及达到的理论高度影响很大。

七、撰写论文,获得研究成果

研究者通过以上研究材料的加工整理,最终获得了反映研究成果的基本论据、观点和结论,并依据这些"初产品"检验研究假设的合理性。如果原假设经过验证可以成立,则原来的研究假设就可去除其"假定""推断"的成分与特征,而形成真正、可靠的科学理论与结论。当然,有些研究(初次、小规模、小范围的研究)所形成的科学理论尚属初步不系统的理论,还只是提出了有一定科学依据的研究假设,因而,还需要以此为起点,继续进行深入研究。

就整个研究过程来说,上述各种研究结果(加工整理形成的材料数据及据此而形成的基本观点和结论)还是分散无序化的"元件"与"初产品"。作为系统化、规范化的正式科研成果,还必须经过科学组装,即用一系列逻辑方法和文字理论加工,按照科研论文的规范结构与论文要求,把研究过程及所获的研究成果用文字完整系统地表达出来,最后形成科研论文。

第三节　社会实践与服务调查的基本方法

调查法，是科学研究中最常用的方法之一。调查法是指调查人员通过访谈、开座谈会、问卷、测验等手段，有计划地广泛了解（包括口头的或书面的、直接的或间接的）调查对象的各种方式，掌握有关实践的历史、现状和发展趋势，或有关的成果和经验、问题和教训，并在大量掌握材料的基础上，进行分析综合，得出科学的结论，以指导今后的实践活动。通过调查，可以把握事物现象的状况，发现现象之间的联系和存在的问题，认识并预测现象的发展趋势。在社会实践与服务的调查中，人们使用的方法是多种多样的，并随着科学和学校体育研究的发展，方法在不断地被创造和借鉴。调查方法常用比较多的有访问调查法、问卷调查法和专家调查法。

一、访问调查法

（一）访问调查法的种类

访问调查法根据访问的内容不同，可分为标准化访问和非标准化访问。

1. 标准化访问

标准化访问，也称结构性访问。它是按照统一设计的、有一定结构的问卷进行的访问。标准化访问便于对访问结果的统计和定量分析，便于对不同访问者的回答进行比较分析。但由于缺乏弹性，难以对现象进行深入的探讨，不利于充分发挥访问双方的积极性、主动性。

2. 非标准化访问

非标准化访问，也称为非结构性访问。它是按照一个基本框架的访问提纲进行的访问。非标准化访问有利于充分发挥访问双方的主动性、创造性，有利于适应客观情况的变化，有利于拓宽和加深对现象的了解。但由于具有一定的灵活性，对访问者的要求较高，给调查结果的分析和比较带来不便。

(二) 访问调查法的实施与要求

访问调查法的实施一般包括：访问前的准备、接近访问者、提出问题、听取回答、引导和追询等几个环节。

1. 访问前的准备

（1）制定调查提纲。要准备好详细的访问提纲和问题，掌握与调查内容有关的各种知识。进行标准化访问时，必须对统一设计的问卷有明确的了解和掌握；进行非标准化访问时，应把粗线条的访问提纲具体化为各种访谈问题。

（2）选择合适对象。访谈对象的选择要服从访谈内容的需要，要尽可能找到最了解情况的人来回答最适合的问题。选准访谈对象后，在可能的情况下对被访问者的各方面情况应多了解，这对于正确选择访谈方法和灵活运用访谈技巧具有重要的意义。

（3）选好时间、地点和场合。一般来说，最佳访谈的时间是访问者工作、劳动、家务不太繁忙、且心情比较舒畅的时候。访谈的地点和场合的选择，以利于被访谈者准确回答问题和畅所欲言为原则。

（4）准备好访问的工具。工具分为两类：一类是普通工具，如笔、纸等，另一类是特殊工具，如调查表格、调查说明书、问卷、调查地区地图、照相机、录像机、计算器等，此外还应有调查机关所发的公文、介绍信、证件等。

2. 提出问题

访谈中提出的问题包括实质性问题和功能性问题。实质性问题指的是为了掌握访问调查所要了解的实际内容而提出的问题。功能性问题指的是在访谈过程中为了对被访问者施加某种影响而提出的问题，它包括接触性问题。

提问的方式多种多样，或开门见山，或投石问路，或顺水推舟，或顺藤摸瓜，或借题发挥，或一竿到底。究竟采用何种方式，应考虑三个方面的因素。

（1）问题本身的性质和特点。一般情况下，比较尖锐、敏感的问题，应采取谨慎、迂回的方式提出。反之，则可大胆、正面提出。（2）被访问者的具体情况。一般情况下，对性格孤僻、多疑或对情况不太熟悉、理解能力较差的被访问者，应采取逐步前进、循循善诱的方式提出问题。反之，则可单刀直入。（3）访问者和被访问者间的关系。一般来说，对不熟悉者、尚未建立基本信任和初步感情者，应采取谨慎、耐心的方式提出问题。反之，则可直率、简捷地提出问题。

不管采用何种方式提出问题，都应顺其自然，随机应变，使访谈在平等、友好的气氛中进行。提问的语言要努力做到"一短三化"。"一短"是指提问的语言应尽量简短；"三化"是指提问的语言应通俗化、口语化、地方化。提问的速度应适中。

3. 听取回答

听取回答是提出问题的直接目的，是访谈过程的另一重要环节，"善谈"和"会听"是一个熟练的访谈者不可缺少的两个方面。

访谈过程的听，应该是有效的听，即专心地、积极地听。不仅以耳"察言"、以眼"观色"，而且积极开动脑筋，理解讲话者的观点和言外之意，并进行记忆或考虑如何做出反应。有效听的实质是一个复杂的信息交流的动态过程，这一过程包括：接收和捕捉信息、理解和处理信息记忆或做出反应。这三个步骤是交互出现、反复循环进行的。要做到有效的听，一是必须努力排除各种听的干扰。彻底排除主观和客观的干扰，是有效听的基础和前提。二是要有正确的态度。正确的态度表现为听得认真，聚精会神，一丝不苟，边问、边听、边记；表现为虚心的听，实事求是；表现为有感情的听，理解被访问者的感情，并做出感情移入式反应。三是善于对被访问者的回答做出恰当的反应。对被访问者的回答做出恰当反应，是保证访谈过程正常进行的必要条件，也是有效听的必要条件。四是努力提高记忆能力。

4. 引导和追询

引导是提问的延伸和补充，当访谈过程遇到不能顺利进行下去或偏离原定计划的时候，应及时引导。在引导过程中，应根据出现的具体问题，采用不同的引导方式，如被访问者对问题的理解不正确，应该用对方听得懂的语言对问题做出解释或说明。追询不同于提问，也不同于引导，它不是提出新的问题，也不是排除回答中的障碍，而是为了促进被访问者更真实、具体、准确、完整地回答问题。在何种情况下追询，一般来说，是当被访问者回答前后矛盾、含糊不清、不够完整准确的时候。总之，在被访问者的回答没有按照调查的要求完整说明问题的时候，就要适当地追询。追询采用的方法有正面追询、侧面追询、补充追询、重复追询、反感追询等。不管采用何种追询方法，只要促进被访问者更真实、更具体、更准确、更完整地回答问题，就算达到了追询的目的。

(三) 提高访谈效果的方法

要提高访谈的效果，除了要注意访谈前的准备、提问种类、方式和语言、听取回答的技巧及引导和追询等几个环节外，在访谈过程中还必须在建立良好的人际关系、重视非语言信息、访问记录等间接性环节多下功夫。

建立良好的人际关系是取得访问成功的首要条件，理解、尊重、平等则是建立良好人际关系的必要基础。要做到这一点，在访问时要说明身份，表明来意及调查的目的意义、内容等；要虚心请教，以礼待人，尊重对方；要平等交谈，保持中立；要以诚相待，晓之以理，动之以情。在人际交往中，除了语言信息外，人的外貌、行为、表情、目光、自然环境等非语言信息也在一定的程度上影响访谈效果。

二、问卷调查法

问卷调查法是调查者运用统一设计的问卷向被调查者了解情况、征询意见、搜集事实材料的一种调查方式。

(一) 问卷的基本结构

1. 封面信

封面信是指调查者在问卷的卷首或以单独成文的附信方式写给调查对象的致意短信。主要内容是用以交待调查者的身份、调查目的、意义、内容、要求以及回信的通讯地址等。说明信的主要目的是消除被调查者的疑虑或顾虑，争得其支持与配合。说明信的语言应简明扼要，谦虚诚恳。切忌罗嗦和官气十足。

例如：关于"中小学体育教师科研现状调查问卷"的封面信

尊敬的老师：

您好！

在我国教育事业高速发展和教学改革日益深入的今天，体育教育事业对中小学体育教师的素质提出了更高的要求。科研是教学的基础，科研能力是深化教学改革和提高教学质量的重要环节。为了了解中小学体育教师从事体育科研工作的现状，特制定了本调查问卷，请您根据自己的实际情况如实填写，以便为进一步改善中小学体育教师的科研工作环境和提高其科研水平出谋划策。

本调查问卷只作为研究之用，并采取不记名方式，不会对填写人造成任何负面影响。

在此我们对您的协助表示衷心地感谢！同时附上回信地址及邮票，敬请您在两周内填好寄回。

回信地址：（略）

签名：

2013 年 3 月 4 日

2. 指导语

指导语是用来指导被调查者如何填写问卷的说明。需要说明的主要事项有：一是对答案选择所用的符号；二是对回答问卷的特殊解释。填写说明一般仅列出简单的几条，位置应放在封面语下方。

例如：填表说明

①凡符合您的想法或您同意的项目，请在项目后面的 [ ] 中打勾。

②请在"＿＿＿"处填写您的意见。希望您对每一个问题都填写或打勾，不要遗漏。

3. 问卷主体（问题和答案）

（1）开放式问题。开放式问题，就是不为回答者提供具体的答案，而由回答者自由回答的问题。例如"您喜欢看哪一类书籍？" "您学习的主要动力是什么？"等。

（2）封闭式问题。封闭式问题，就是在提出问题的同时，还给出若干个可能的答案，供回答者根据自己的实际情况从中选择一个作为回答。比如：

"您喜欢看哪类电视节目？" （限选一个答案）

①新闻节目

②体育节目

③文艺节目

④广告节目

⑤其他节目（请写明）＿＿＿＿＿＿＿＿＿＿

4. 结束语

对被调查者的合作表示的感谢。可以简短些，也可顺便征询对问卷调查本身的看法和感受。

（二）封闭式问卷设计具体方法

（1）填空式，即在问题的后面的横线上填写答案的回答方式。

如：姓名_____ 文化程度_____ 职业_____

（2）肯定否定式，即只有两种答案可供选择的回答方式多用于对一般情况、简单问题的了解、态度判断。如：

你是最热心的足球球迷吗？

（ ）是　　（ ）不是

（3）单项选择式，它是请答卷者在为问题提供的全部可能性选择答案中，任选一项答案。这些答案应是互相独立、互不重复的。

如果只能从事体育领域内的工作，你毕业后选择哪一项最喜欢的职业？（请任选一项，在所选项的括号里划"√"）

（ ）①教练员　　　　（ ）②大学体育教师
（ ）③体育科研人员　（ ）④体育管理干部
（ ）⑤中学体育教师　（ ）⑥小学体育教师
（ ）⑦社会体育辅导员　（ ）⑧其他

（4）等级选择式（或程度选择式）。对一个问题列出常见的几种不同等级（程度）的答案，请答卷者任选一种答案。它是单项选择式的特殊形式，主要适用于对某一问题的态度、观点的定序调查。其答案（等级）范围、数量相对固定（五个），对多种事物的态度调查具有广泛的适应性。

例：你对大学生课余经商持何态度？（请在同意的态度的括号内画"√"）

非常赞成（ ）赞成（ ）不赞成也不反对（ ）反对（ ）强烈反对（ ）

（5）多项选择式。当提出一个具体问题后，同时要求答卷者从可选择的答案中选择两个以上规定数量或任选数量的答案。这种回答方式，要求所提供的可选答案应力求穷尽，答案数量要大大多于限选数量；答案一般在同一逻辑层次上分解提供，并互不交叉。

例1. 你喜欢哪些体育项目？（请选择3项，在括号内画"√"）

（ ）篮球　　（ ）排球　　（ ）足球　　（ ）武术
（ ）体操　　（ ）艺体　　（ ）健美　　（ ）游泳

例2. 您的家庭拥有哪些体育器材？（任选不限，在括号内画"√"）
（ ）乒乓球拍　　（ ）羽毛球拍　　（ ）哑铃　　（ ）拉力器
（ ）网球拍　　（ ）冰鞋　　（ ）跳绳　　（ ）篮足排球

（6）排序选择式。这种提问要求答卷人从所提供的选择性答案中任选两个以上的答案，并按所认为的重要程度排出顺序；它是多项选择式的派生形式，在设计时要留出排序位置，并说明。

您认为体育锻炼的主要价值是什么？（请选择三项并在排序表栏内排出顺序，填上所选答案的代号）

①娱乐消遣②教育③健身④传授技能⑤为国争光⑥促进人的全面发展⑦追求刺激⑧没有价值⑨其他

第一位 ③　　　第二位 ⑥　　　第三位 ①　　　……

（7）顺序评价式。研究者列出多种选择性答案，要求答卷人对所有答案的性质程度予以顺序排列，做出评价性回答（而对答案并不选择）。它是"排序选择式"的特殊形式。

例如：你认为影响运动成绩的因素有哪些？（请按重要程度对下列答案打分，最重要的是10分，最次要的是1分）。

（ ）教练员水平高　　　　（ ）运动员能吃苦
（ ）训练的系统性　　　　（ ）运动员心理素质好
（ ）营养与恢复　　　　　（ ）运动员文化素质高
（ ）训练条件好　　　　　（ ）高额奖金
（ ）领导重视　　　　　　（ ）管理严格

（8）矩阵式。当提出一系列小问题都属于相同性质与范畴，数量又较多时（五个以上至几十个）；且每个问题的答案都能用相同的等级（程度、级差、变量）进行选择回答时（只选一种），则可以将这样的小问题和相应的等级答案设计为一个矩阵排列，供调查对象对比选择回答。

	非常赞成	赞成	未定	反对	强烈反对
①每天坚持上早操	（ ）	（ ）	（ ）	（ ）	（ ）
②每天参加课间操活动	（ ）	（ ）	（ ）	（ ）	（ ）
③每天课后自己锻炼一小时	（ ）	（ ）	（ ）	（ ）	（ ）

（9）相倚问题。在问卷设计中，经常遇到这样的情况，有些问题只适用于

样本中的一部分调查对象。而且某个被调查者是否需要回答这一问题，常常要依据他对前面某个问题的回答结果而定。这样的问题，称之为相倚问题，而前面的那个问题则叫作过滤问题或筛选问题。一个回答者是否应该回答相倚问题，要看他对前面的过滤或筛选问题的回答而定。比如，对于过滤问题："您是个体经营者吗？"有两种可能的回答，是和不是，而相倚问题"您从事个体经营有多长时间了？"只适合"是"的那一部分回答者。相倚问题的格式见下表所示：

例1. 您是个体经营者吗？

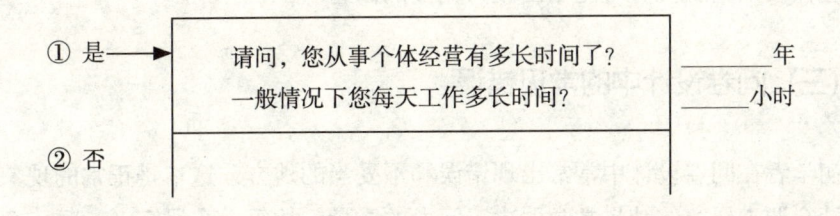

① 是 → | 请问，您从事个体经营有多长时间了？ _____年
　　　　| 一般情况下您每天工作多长时间？ _____小时

② 否

相倚问题的这种格式有两点要十分注意：一是它要用方框与过滤问题隔开；二是要用箭头将相倚问题方框与过滤问题中的适当的答案联在一起，以表明回答这一答案的那部分回答者才继续回答方框中的问题，回答其他答案的人则不答方框中的问题，而只须继续往下填答。有时，问卷中还需要更复杂的相倚问题，只要掌握了上面的方法和原则，同样可以设计出条理清楚的多层相倚问题。

(10) 敏感性问题的设计。另外，对于那些敏感性强、威胁性大的特殊问题，为了使被调查者容易接受，应在文字表述上做些特殊处理，努力减轻问题的敏感程度和威胁程度，使被调查者敢于坦率做出真实回答。对特殊问题的处理，有以下几种方法。

①释疑法。即在问题前面写一段消除疑虑的功能性文字。例如《中华人民共和国体育法》第三章第二十二条规定：学校体育场地必须用于体育活动，不得挪作他用。您学校的体育场地是否存在被挪用现象。宪法规定："中华人民共和国公民对于任何国家机关和国家工作人员，有提出批评和建议的权利，您对您所在地方的政府机关主要负责人有何评价和看法？"

②假定法。即用一个假言判断作为问题的前提，然后再询问被调查者的看法。例如："假如允许教师自由流动的话，您是否还愿意留在原单位工作？"

③转移法。即把直接回答问题的人转移到别人身上，然后再请被调查者对他

人的回答做出评价。例如"现在不少学校实行教师竞争上岗，在现行政策下，有些人认为利大于弊，有些人认为弊大于利，您同意哪种看法？""对于婚姻关系中的第三者，有些人认为不道德，有些人认为无所谓，您同意哪种看法？"

④模糊法。即对某些敏感问题设计出一些比较模糊的答案，以便被调查者做出真实的回答。例如，个人收入是一个比较敏感的问题，许多人不愿做出具体的回答。但如果这样设计：您本人全年的收入是：

a. 500元以下； b. 501~1000元； c. 1001~3000元；
d. 3001~5000元； e. 5001~10000元； f. 10001~30000元

这样被调查者就有可能做出较为真实的回答。

（三）问卷设计中的常见错误

初学者在问卷设计中常常出现错误和不妥当的地方，这本是正常的现象。但由于社会调查研究的结果常常取决于问卷的质量，故每一个研究者，每一个问卷设计人员都应该尽可能避免各种错误的产生。设计人员易犯的错误，主要有下列几种。

1. 问题含糊

所谓问题含糊，即问题的含义不清楚，不明确，或有歧义。

例如："在所有的体育项目中，您最喜欢哪一类？"

应问"您最喜欢参加（或观看）哪一种体育项目？"，显然，后一种提法更容易得到具体的客观的答案。

例如：A. 您对单位近年来情况的感觉是：

（1）几乎没有什么变化
（2）变化不大
（3）变化较大
（4）变化很大

B. 您认为这种状况（变化或没变化）是：

（1）有利的
（2）不利的

首先，问题 A 没有说明你所问的是单位的什么情况。即是问单位的各方面情况呢，还是问某一方面或某些方面的情况；是问单位的生产情况呢，还是问单位的干群关系、人际关系或福利待遇、文体活动等方面的情况。这里都十分含糊。

其次，问题 B 中对谁有利或无利也不明确。有的变化可能对个人有利但对集体和国家无利，有的则相反。像这样笼统的提问是得不到科学的答案的。问题不明确，也就意味着资料不可能反映客观现实。产生这种错误的原因主要是设计者对所提问题的目的和用意不清楚，或者是表达不当，对问题的语言推敲不够。问卷设计的所有问题均应可能得到客观的答案。因此，问句应具体而有针对性。

2. 概念抽象

前面谈到，问卷设计中研究者必须先通过操作化过程，将所研究的概念或变量转化为具体可测的指标。这是问卷设计过程中的关键环节之一。许多研究者正是在这方面注意不够，因而在设计问卷时产生了毛病。问卷问题的设计拟定应开门见山，逻辑与文理均应清楚，切忌使用诸如"很多""较少""大概""往往""经常"等含义模糊的用语，例如："您经常参加体育运动吗？"应改为"您每周参加几次体育运动？"同时，还应避免诸如"您单位的体育活动开展的如何？""您对体育战术创新是怎样认识的？"等抽象概念的问题。"你是体育人口吗？"，什么是"体育人口"？这些都是既抽象又笼统的概念，含义不具体、不明确，问题要通俗易懂。陌生的、过于专业化的术语，不便于被调查者回答问题。

3. 问题带有倾向性

合格的问卷应该是中立的、客观的。问卷中的问题不应该带有某种倾向性。否则达不到准确测量回答者的行为和态度的目的。例如："你喜欢教师这一受人尊敬的职业吗？"这种提问的态度已经包含了明显的倾向或诱导的含义，被调查者往往在趋同心理的支配下做出肯定回答，但却不一定是他自己真实的看法。另外，在提问中要避免出现那些有权威的、享有盛誉的人或机构的名称，更不要直接引用他们的原话或意思，例如"毛主席说'毫不利己，专门利人'您认为对吗？""医生说'吸烟有害健康'，你认为呢？"

4. 双重含义问题

一个问题只能问一件事。如果一个问题中同时问了两件或更多的事情，回答

者往往会无法回答。这种双重含义问题有时不注意的确是不易发现的。如

你的父母是工人吗？

你喜欢体育课和体育活动吗？

你的家长支持你参加课余体育训练吗？

5. 不用否定形式提问

如，你是否赞成不进行体育课程改革

6. 其他方面的毛病

除了上面读到的几类错误外，在表格设计、封面信及指导语设计等方面也常出现一些不妥的地方。有的表格设计得过于复杂，一个表格所包含的问题和内容太多，往往给被调查者填答带来一些困难。尤其是当一份问卷中复杂的表格问题太多时，既给人一种呆板的感觉，又容易使回答者放弃填答。有的表格设计得不正确，没有按照一般人们填写的习惯（按行填写）来设计，因而增加了回答者理解的难度和填答的困难。封面信设计上易犯的错误主要有对调查的有关内容（比如调查目的、调查内容、调查意义、调查方法等）介绍不够，过于简单或者相反，内容过于罗嗦，不简明扼要。另外，有些封面信的语言太专业化，用了一些专业术语，或者太文学化，这都会对调查产生不良影响。

最后，由于校对检查不够，许多问卷中常出现一些印刷错误，这种印刷错误的危害也不能小看，特别是当一些较关键、较重要的字印刷有错误，有时造成的损失是难以挽回的。

（四）问卷的效度和信度检验

1. 调查问卷的效度及检验

对于问卷调查而言，问卷发放前与回收后所必须进行的效度是指调查问卷所设计问题的有效程度，即通过该项问卷调查能否得到需要的情报资料。效度检验具体又可分为结构效度与内容效度两类检验方式。内容效度是指整个问卷内容是否反映了研究问题所需要的全部事实材料。结构效度是指问卷调查的所有问题构成是否围绕课题调查中心的对应程度。

问卷内容的效度检验一般请对本课题熟悉的专家、学者（10人左右），采用

定量（百分制、十分制）或定性（很有效、有效、基本有效、无效）的方法对问卷进行逻辑有效性分析，从问题的内容和逻辑关系全面审核、评价问卷是否符合调查的目的任务与研究的需要。如果专家认为问卷的项目较好地代表了调查需要的内容范围，则问卷具有内容效度。

结构效度的检验一般请专家结合专业知识经验进行逻辑推理判断。可将问卷设计排列的问题打乱随意排列，然后在小范围（15人左右）请熟悉该研究问题的专家，根据问卷设计者提供的调查主题及问题类别，逐一判断每一问题（项目）属于哪一类问题，以及各类问题项目构成的总体结构是否与调查者主题相一致。如果专家判断问题的分类正确率在85%以上，且总体结构与调查主题相吻合，则问卷的结构效度是有效的，否则应修改或剔除。

2. 调查问卷的信度及检验

调查问题的信度指的是问卷所调查得到的材料的可靠性程度。问卷信度的检验一般采用再测法，即在调查样本范围内，收回第一次问卷15天左右，再将问卷在小范围内发给部分第一次填答问卷的人，回收问卷后计算两次问卷材料的得分或比率的相关系数，并进行显著性检验。若相关系数高且达到显著性水平，则表明调查材料具有较高可信程度，反之则可信程度较低。若无法进行第二次调查，可将第一次调查材料按奇数、偶数题（或前后）分为两部分，求两部分各自得分或数据，再求两部分的相关系数，从而反映调查问卷问题的内部一致性程度。

（五）问卷调查的实施及要求

问卷调查的实施一般包括：设计调查问卷、选择调查对象、发放调查问卷、回收调查问卷、审查调查问卷、问卷调查结果的整理、问卷调查结果的分析研究。

设计调查问卷，包括选择调查课题、进行初步探索、提出研究假设等几个先行步骤。进入具体问卷设计阶段由于要把调查中的口头语言变成书面语言，特别是封闭式回答方式，不仅要考虑如何问得科学、具体，而且要考虑怎样答得全面、正确，因此，工作量加大、难度提高。此外，在设计问卷过程中，试验调查（试填）具有特别重要的意义，它是对设计的问卷进行可行性研究不可缺少的方法和步骤。

问卷调查的对象，可采用抽样方法选择，也可把一定范围内的全部成员作为调查对象。由于问卷调查的回收率和有效率一般不可能达到100%，所以选择的调查对象应多于研究对象。

发放问卷的方式有多种，在学校体育科学研究中，通常采用邮政问卷、送发问卷方式发放问卷。在采用送发问卷时，调查人员应尽可能向被调查者加以说明和解释，以利于提高问卷的回收率和有效率。

回收问卷是问卷调查的一个重要环节。送发问卷只要做好工作，一般回收率都较高。邮政问卷则不同，初始回收率一般都较低。因此，在规定回收时间后，可间隔一周左右向被调查者发出1次提示通知或催复信件（每次的内容有所区别），以提高回收率。

对于回收的问卷必须及时认真地加以审查，淘汰一切回答不合格的无效问卷，把调查资料的整理、加工工作建立在有效的问卷基础上，从而保证调查结论的可靠性和科学性。

三、专家调查法

专家调查法是指调查者针对某些问题（如方案、指标、教学内容、教学手段方法等）向专家进行咨询调查，依靠专家的专业知识、实践经验、创造性智慧，采用系统的逻辑方法分别对事物进行评估与分析、预测与判断，从而获得客观可靠意见与信息的方法。特尔菲法、专家座谈和头脑风暴法。

（一）特尔菲法

特尔菲法是专家预测法即专家调查法的一种。以匿名的方式，通过几轮函询，征求专家们的意见（经典的特尔菲法是四轮函询）。特尔菲是地名，是古希腊神谕灵验的阿波罗神殿所在地。20世纪五六十年代，美国兰德公司用它作代号，用来进行技术预测，取得很大成功，因此特尔菲法为世人所推崇。

该方法应用于对未来的预测，如在没有或很少有现成资料的科技领域，或在有很多相关因素影响下作出判断的技术领域；或在技术政策决定技术发展的领域。特尔菲法（Delphi）作为专家调查法的主要类型，在学校体育科学研究中具有广泛的用途，常用于预测和研究学校体育改革与发展趋势、学校体育教材内容的改革、学校体育工作的评价方法与具体指标等。

1. 特尔菲法的特点

(1) 匿名性。采用匿名书面问卷的方式进行调查、预测。在这一过程中,专家与专家间彼此不交流,以消除专家在心理、知识、经验、权威等方面的相互影响,使个人能充分独立地发表各自见解。

(2) 反复性。在有控制的情况下进行多轮次的反馈征询,并将每次征询的意见整理归纳后,反馈给各专家。多次的综合,多次反馈,既集中了主要意见,又不排除少数意见,达到提高调查结论可靠性的目的。

(3) 定量性。对每一轮的调查结果,研究者要采用一定的统计方法进行统计处理,对预测意见作定量分析,对预测结果作定量评价。

(4) 集体性。调查结论不是个别专家的意见和建议,而是多名专家的集体意见和建议。由此可见,特尔菲法实质上是一种集体的、间接的书面调查。

2. 特尔菲法的程序

(1) 确定调查主题。

应邀专家各自围绕主题,分别提出各种具体事件、指标或问题,寄给调查组(或研究者)。调查组经过筛选整理(排除重复、次要的),编制成调查事件(项目指标)一览表,即正式调查问卷。这是经典特尔菲法的第一步。

(2) 设计调查具体指标,设计时要注意以下几个问题。

①预测调查的主题要集中、明确,力求客观。

②调查问卷表中的指标数量要适当控制,一般认为在 25 个以内,或以 1.5~2 小时内思考答完为宜。并留出足够的地方供填写意见。

③调查问卷应附有简短的前言;如果问卷较复杂,可拟定专家评定细则,使填答的依据清楚,一致性较高。

(3) 选择专家。因为特尔菲法是一种对意见和价值进行判断的作业,要求专家们能作出正确的判断,能提供可益的意见。因此,要求参加预测的专家必须有广泛的知识,在本专业有较深的造诣。能否选准专家是成败的关键。

一般认为,在某领域从事 10 年以上技术研究的专业人员可称为专家。怎样选择专家,是由预测任务决定的。如果预测本部门的决策,在本单位选择就可以,那当然很熟悉了。如果牵涉的范围广泛,则要从外部选择。根据预测的问题,编制所需专家一览表。先收集熟悉的专家名单;在出版物中物色知名专家;再让他们推荐 1~2 名。然后征求这些专家对预测问题能否坚持参加到底的意见,最后确定。

选择专家，一要精通专业，二要具有一定的权威性和代表；三要选边缘学科、相关学科方面的专家。此外，还要有热情、有兴趣、能坚持到底。

选定的专家一般为 10~50 人。据外国的经验，当专家接近 15 人时，再增加人数对预测的精度影响不大，但还要视预测问题的大小而定。

聘请专家，不应单看其地位、职称，还要看实际能力和研究素养。

(4) 预测过程。调查表制成以后就开始进行预测，要创造条件使专家能独立、自由地进行判断（为专家保密，互相间不得讨论，也不允许请人代劳）。必须说明，专家们不承担任何责任。

经典的特尔菲法一般分四轮进行。第一轮：将调查表发给专家，填写后寄回。对寄回的表进行统计归纳处理，得出统计结果，将次要因素排除，将整理的问题作为第二轮调查表发给专家。第二轮：专家对第二轮调查表作出评价。允许专家们修改自己原先的意见。收回后进行统计处理，集中专家意见后再反馈给他们。第三轮：专家根据第二轮预测结果，再进行判断和预测。有的在第三轮时仅要求持不同意见的专家充分阐述理由，因为他们的意见可能是其他人所忽略的。详细阐述可能对其他人产生影响。第四轮：在第三轮统计结果的基础上，专家再次预测。有的专家要作出新的论证。一般经过四轮，意见会相当协调。

3. 组织预测应注意的问题

(1) 对特尔菲法作出充分说明。此法不为众人所熟知，所以要对其实质、特点以及轮次间反馈对评价的作用等作出说明，还要说明预测的目的任务及专家预测的作用。

(2) 问题要集中。问题要有针对性，使各个事件（问题）构成一个有机整体。问题要按整体排队，先全局，后局部。在同类问题中，先简单，后复杂。这样符合事物的发展规律，回答起来有兴趣，不致破坏认识思维规律。

(3) 避免组合事件。一个问题就是一个问题，不能包括两个方面。如果含两个方面，可能其中的某一方面是专家不同意的，他就可能对整个问题都拒绝回答。

(4) 用词要确切。模糊的、非定量的词尽量不用。如"普遍""广泛""正常""一般""大多数"等。

(5) 要实事求是。调查者本人、领导小组的意见不应见于调查表中。如果把这种意见加于调查表中，则预测结果的可靠性就值得怀疑。

（二）头脑风暴法

头脑风暴法（有人又称脑力激荡术）是通过专家调查会的形式，使专家之间当面相互启发与交流，在头脑中进行智力碰撞，以产生不同的新颖观点与意见，最后获得可靠最优性意见与方案的方法。

1. 头脑风暴法的特点

这种方法既不同于特尔菲法的专家各自独立发表意见，又不同于常规专家咨询会的一般讨论，而是具有如下特点。

（1）会议主持者只提出讨论（调查、预测）的主题，不提供任何期望目标或已有答案。请各专家会聚一堂，就主题充分自由地发表意见。

（2）明确规定任何人对别人的意见不能进行反驳批评，但可以综合、发展使之完善，从而保证各抒己见。

（3）鼓励每个专家多提不重复的新观点、新方案。

这种方法形式使专家之间相互启发，激发智慧火花，可以在短时间内获得创造性方案与构思。因而这是一种以激发专家创造性思维为特色的调查方法，具有百家争鸣的特点。

2. 头脑风暴法的运用要求

（1）会议开始前，尽可能将议题通知每位与会专家，使之有所准备。

（2）会议主持者要善于主持会议，并一开始讲明要求，会议进程中要善于把握气氛，激发情绪，但要请专家"唱主角"。

（3）提倡即席发言，发言精炼，说明问题（可限定时间）。

（4）专家可对别人的意见综合、改进（不是反驳），个人也可在受他人启发后再修改、补正原来自己的意见与方案。

（5）研究者在入会专家所提众多方案、意见的基础上，进行分析综合。最后优选出最合适的少数备用方案，或最有创意的构思。

（6）为保证调查质量和每位专家发言的机会，拟请专家人数不宜过多，一般在8~10人。

第四节　社会实践与服务调查的基本内容与要求

一、学校体育调查的基本内容与要求

根据学校体育的理论和实践，学校体育研究大致可以分为以下几个方面：学校体育的宏观研究、体育教学研究、课余体育锻炼研究、课余体育训练研究、学校体育竞赛研究、学校体育保障研究和学校体育评估研究等。

有学者（王华倬、刘海元，2011）研究显示，2005—2007年我国学校体育领域研究文献总体发表基本现状是，有关体育教学方面的研究4792篇，学校体育宏观方面研究1353篇，体育课程方面研究1024篇，学生体质健康标准方面研究297篇，课外体育活动研究179篇，体育与健康课程标准方面研究84篇，课余体育方面研究50篇，农村学校体育方面研究49篇，体育教材方面研究49篇，阳光体育运动方面研究42篇，体育中考方面研究16篇，学校运动会方面研究8篇。一般主要有以下几个方面。中国近现代学校体育的阶段性发展研究；近现代学校体育发展的规律；学校体育师资队伍的建设与发展；高等体育教育专业办学与人才培养质量的回顾和展望；学校体育指导思想的研究；学校体育与全民健身、竞技体育关系的研究；学校体育管理研究；学校体育课程与教材建设的研究；学校体育教学的研究（包括体育教学模式、体育教学目标、体育教学方法、评价等方面的研究）；学校课外体育活动的研究；学校课余体育训练研究（包括高水平运动队）；学生体育竞赛研究；中国学生健康教育研究；体育与健康课程的实验与改革研究；学校体育国际比较研究；学生体质与健康的研究；农村学校体育研究；网络技术在学校体育中的应用研究。

围绕中小学课程改革，学校体育依然以体育课程与教学改革研究为重点，同时，其他研究领域，如有关落实学生每天一小时体育锻炼、课外体育活动、大课间体育活动、课余体育训练、体育风险管理、体育师资队伍建设、高校体育、农村学校体育与弱势群体的体育教育等方面的问题，也都受到了广泛的关注。学校体育研究内容以课程教学为主，各领域取得一定进展。其中体育教学的研究是学校体育研究中所占比重较大的课程。

体育课程教学改革进一步深化，取得了显著的成绩，体育课程教学研究仍然

是学校体育研究的重点。

（一）积极贯彻"健康第一"指导思想，把握体育课程的本质属性

《中共中央国务院关于深化教育改革全面推进素质教育的决定》强调指出："学校教育要树立'健康第一'的指导思想，切实加强体育工作"。"健康第一"既是学校教育的指导思想，更是体育课程教学改革的指导思想。经过几年的体育（与健康）课程标准的实验，学校体育工作者和广大体育教师逐步认识和树立了"健康第一"的指导思想，在体育教学改革实践中，逐渐明确了体育课程的本质属性，把身体练习作为体育课程教学的主要手段，合理地安排运动负荷，力求从发展学生的身体和培养学生的自尊、自信、意志和团队意识、合作精神、竞争能力、创新意识、人际交往等方面全面体现"健康第一"的指导思想。

（二）突出学生在体育课程教学中的主体地位，重视发挥教师的主导作用

《体育（与健康）课程标准》明确指出"体育课程要以学生发展为中心，重视学生的主体地位"。在体育课程教学改革实践中，广大体育教师重视运用学生的自主学习、合作学习和探究学习等，努力促进学生主动地参与学习与锻炼，注重教法的创新，激发学生体育学习的兴趣，注重让学生在体育学习和锻炼中获得良好的情感体验，重视学生的个体差异，因材施教，强调正确发挥教师的主导作用，加强对学生的学法指导，重视学生的自我评价与相互评价的运用，帮助学生学会学习。

（三）积极构建民主和谐的师生关系，主动营造生动活泼的教学氛围

在体育课程教学改革实践中，诸如主题教学、情景教学、激励评价、情感分组、师生互动、体育游戏、合作讨论等多种多样的方法和手段已经被比较广泛地运用于体育教学的实践之中，通过这些方法和手段主动地营造生动活泼的教学氛围，熏陶、感染和激励学生，使学生愉快地投入到体育学习和锻炼中去。教师发扬教学民主，关注学生体验，倾听学生意见；学生积极参与教学活动，自觉维护教学秩序。师生之间、同学之间体现出教学相长、互帮互学、团结友爱等生动活泼的教学气氛，民主和谐的师生关系逐步得到重视和发扬。

(四) 重视体育课程资源的开发利用，发挥教师在课程资源开发中的作用

《体育（与健康）课程标准》强调课程目标的统领作用，把选择教学内容和教学方法的主动权交给了教师。在体育课程教学改革实践中，不少体育教师根据实际情况和学生特点选择教学内容和教学方法手段；主动开发健身性、趣味性较强、地方特色突出的教学内容。在体育器材开发方面，也不断地涌现出安全、实用、新颖的自制体育器材。

(五) 对多元化的体育学习评价进行了探索性的尝试

在体育课程教学改革实践中，广大体育教师对多元化的体育学习评价进行了有益的探索。在评价方式方法上，教师评价、学生的自我评价、相互评价得到了比较广泛的运用；在评价内容方面，对知识技能评价、运动参与评价、学习态度评价、合作精神评价、情意表现评价等也进行了探索性的尝试和运用。

(六) 促进了学校体育学科的发展

体育课程与体育教学理论与实践的研究成果，对完善体育课程与教学理论，深化体育课程与教学改革，提高体育教学质量，具有较高的参考价值，促进了学校体育学科的发展。

二、社区体育与公益服务调查的基本内容与要求

(一) 体育场馆的调查

体育场馆是开展体育锻炼、组织体育竞赛、进行体育经营等活动的重要基本条件，同时一个国家体育场馆的拥有量也是反映其体育整体水平的一个标志。

1. 体育场馆调查目的的确定

进行体育场馆调查，首先要有明确的目的。要十分清楚地知道自己对体育

场馆的哪些方面做调查，即为什么要进行体育场馆的调查。如：是想了解我国或某一区域体育场馆的利用情况呢？还是想了解体育场馆的开放情况呢？是想掌握某类体育场馆的经营与效益呢？还是想知道体育场馆的设计与规划呢？还是想了解体育场馆的布局与环境情况等。出于不同的调查目的，所涉及的调查方法和获得的结果也不同。因此，进行调查前一定要明确调查的目的和任务是什么。这样才能有计划、有程序、科学地进行调查，才能把一些最初设想转变成可操作性的步骤。

2. 体育场馆调查对象的选择

在明确了体育场馆调查的目的以后，就要着手设计调查方案。其中重要的是要选择调查对象，因为它是进行调查和抽样的基本单位，调查的最终目的就是将这些选出来的个别体育场馆的特征汇集起来以描述整个体育场馆集合体的特征。在选择作为调查对象的体育场馆时，要注意以下几个问题。

（1）调查对象的典型性。就是指在被选择调查的体育场馆在本地、本区是否有特色，是否有代表性，是否能满足调查目的的需要。假如在本地可以选择调查的体育场馆很多，在这个时候如果为了节约资本，可以选择一些体育场馆进行调查的话，就要特别注意被选择的场馆是否具有典型性和代表性。主要可以考虑体育场馆的规模、场馆的性质、场馆的功能、场馆的地理位置等。

（2）调查对象的全面性。在选择被调查的体育场馆时还要注意被选对象的全面性，也就是说在被选的体育场馆这些样本中，是否比较全面地包括了各种类型、性质的体育场馆。例如在"北京市对体育场馆经营管理的调查"中，要选择30所作为调查对象，而在这30所被调查的北京市体育场馆中是否包括了政府管理的、私人经营的、学校经营的、公私合营的等。被选择调查的体育场馆覆盖面越广，越能代表总体的特征。

（3）调查对象满足统计学的要求。在选择体育场馆调查对象的数量时，要注意满足统计学的要求。如果体育场馆调查对象数量少可采用普查的方法，全部进行调查。而如果满足调查目的需要的体育场馆数量多时，则可采用抽样调查的方法。这时则需要考虑抽样的方法和调查对象的数量能否满足统计学的要求，以至于最后所获得的调查数据可信、有效。

3. 体育场馆调查方法的设计

体育场馆调查方法的设计非常重要，设计的可行性直接影响到调查能否成功。在明确了调查对象后，既知道了要对哪些体育场馆进行调查外，还要明确对这些体育场馆的哪些人、哪些部门进行调查。这些因素都决定调查的方法，可根据调查侧重点的不同设计不同的方法。可以采用问卷调查法、实地考察法、调查对象座谈法、文件档案整理调查法等。设计调查方法的主要依据是满足调查的目的、调查人的能力、调查对象的配合程度等。

4. 体育场馆调查结果的分析与撰写

在对体育场馆调查完成后，要对回收的问卷或所采集的信息进行加工整理、分析归类，找出基本的特征和具有规律性的东西，并且用严谨的语言、严密的论证、合理的结构表达调查结果的过程就是对体育场馆调查结果的分析与撰写。在分析和撰写调查报告、科研论文时，除了要运用简朴、通俗的语言外，还要注意分析的深度和广度。如果别人能看明白的或者是众所周知的东西就尽可能不写或少写，而要把别人没有揭示的、没有发现的那些有关体育场馆的特征或规律深刻地分析和写出来。分析要有理有据，令人心悦诚服，得出结论时要实事求是，不能以偏概全、以点代面，要尊重事实结果。

（二）体育俱乐部的调查

体育俱乐部在我国来说是一个新生事物，也就是在改革开放后，特别是在20世纪80年代后期90年代初才比较大规模地发展起来的。所以对体育俱乐部的认识也多种多样，但目前比较统一的认识是：体育俱乐部是一种由社会兴办的开展体育活动的组织。如图8-1所示

图 8-1　体育俱乐部与体育组织的关系

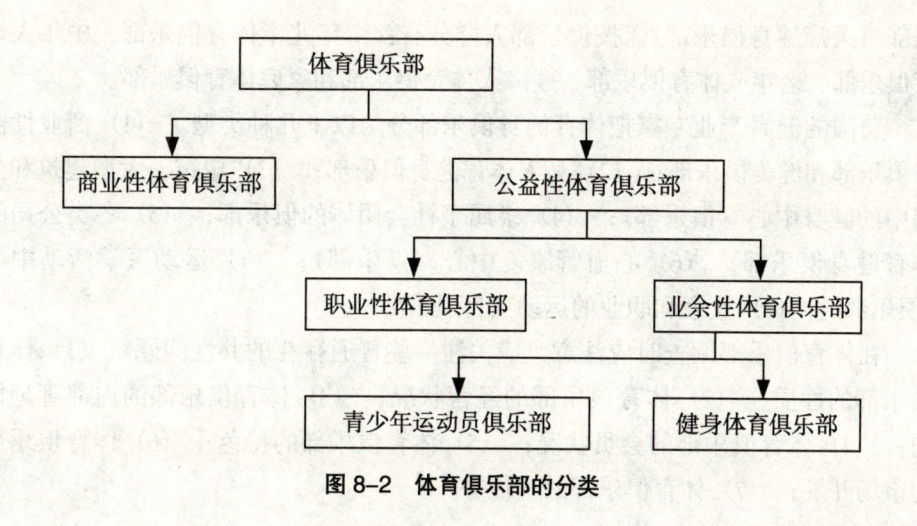

```
                    ┌──────────┐
                    │ 体育俱乐部 │
                    └──────────┘
                    ↙          ↘
      ┌──────────────┐      ┌──────────────┐
      │ 商业性体育俱乐部 │      │ 公益性体育俱乐部 │
      └──────────────┘      └──────────────┘
                              ↙          ↘
                  ┌──────────────┐  ┌──────────────┐
                  │ 职业性体育俱乐部 │  │ 业余性体育俱乐部 │
                  └──────────────┘  └──────────────┘
                         ↓                  ↓
                  ┌──────────────┐  ┌──────────────┐
                  │ 青少年运动员俱乐部│  │ 健身体育俱乐部 │
                  └──────────────┘  └──────────────┘
```

图 8-2 体育俱乐部的分类

世界上，大多数体育发展比较好的国家均是大力鼓励与发展体育俱乐部。体育俱乐部已成为国外体育发展的最重要、最基本的组织形式。目前，根据体育俱乐部的经营性质划分，有这样几种俱乐部类型：营利性（商业性）的体育俱乐部、非营利性的体育俱乐部、准营利性的体育俱乐部。按体育俱乐部的活动内容分，又可分为如下几类。

（1）单项俱乐部。这是以开展某一项目为主的俱乐部。例如，有氧活动俱乐部、长跑俱乐部、保龄球俱乐部、健美俱乐部、高尔夫俱乐部和乒乓球、舞蹈、网球、篮球等俱乐部。在德国这种俱乐部占全国俱乐部总数的 40% 以上。

（2）综合型俱乐部。这种俱乐部是包括多种体育运动项目、多种体育设施以及各种人群的综合体。按俱乐部规模大小分，可分为大、中、小三种类型的俱乐部。其中小型俱乐部多为中、老年和妇女开展文娱、健身活动而组成的，规模小，活动方式灵活、方便。

按单位性质可分为如下几类。（1）中小学校的体育俱乐部（健身俱乐部、运动项目俱乐部、兴趣爱好者俱乐部）。（2）大学生体育俱乐部（健身俱乐部、运动项目俱乐部）。（3）公司和企业中的俱乐部（健身俱乐部、运动项目俱乐部）。这主要由某个大企业赞助组织起来的。如日本的日立实业团体，属横滨市体育联合会，拥有男女篮球、女排、棒球等 6 个队。这 6 个队又分属有关单项协会。这些队的活动和成绩对企业起着宣传作用，提高企业的知名度，同时也推动企业职工体育的开展，增进职工健康，加强企业的凝聚力。（4）居民区和公园中的俱乐部（健身俱乐部、运动项目俱乐部）。（5）大型门诊部和疗养院中的俱乐部（医疗健身俱乐部）。按俱乐部人群分有：少年儿童体育俱乐部、中年人体育俱乐部、老年人体育俱乐部、残障人体育俱乐部和家庭体育俱乐部。

美国的健康产业专家把体育健身俱乐部分为以下几种类型。（1）商业性健身俱乐部和健美俱乐部；（2）私人体育健身俱乐部；（3）旅馆、大型建筑和公园中的健身中心（俱乐部）；（4）隶属于社会团体的俱乐部；（5）各类公司的体育健身俱乐部；（6）心血管康复中心（俱乐部）；（7）运动医学活动中心（俱乐部）；（8）业余和职业的运动项目俱乐部。

在体育俱乐部调查时应注意，应关注一些普通存在的共性问题。（1）体育俱乐部的性质；（2）体育俱乐部的经营状况；（3）体育俱乐部的内部管理体制；（4）体育俱乐部的会员状况；（5）体育俱乐部的特色；（6）体育俱乐部的市场开发；（7）体育俱乐部的宣传等。

（三）体育社团的调查

体育社团是社会社团的重要类别，也是体育活动的重要组织形式之一。[①]体育社团的发展与整个社会的发展息息相关。研究显示，我国体育社团的发展变化有三次发展的高峰期。

表8-2　第一次高峰期体育社团成立的数量

序号	社团名称	成立时间
1	中国篮球协会	1956年10月23日
2	中国排球体育协会	同上
3	中国田径协会	同上
4	中国游泳协会	同上
5	中国体操协会	同上
6	中国乒乓球协会	同上
7	中国羽毛球协会	同上
8	中国射击协会	同上
9	中国网球协会	同上
10	中国举重协会	同上
11	中国拳击协会	同上

[①]黄亚玲.中国体育社团的研究 [D] .北京体育大学博士论文，2001.

(续表)

序号	社团名称	成立时间
12	中国摔跤协会	1956年10月23日
13	中国自行车协会	同上
14	中国足球协会	同上
15	中国冬运协会（中国冰球协会、中国滑冰运动协会、中国滑雪运动协会、中国雪车运动协会、运动雪橇运动协会）	1956年成立 1979年分为5个协会
16	中国水利电力体协	1956年6月30日 1992年分为中国水利体协与中国电力体协
17	中国公安体协	1956年成立 1958年改为前卫体协

表8-3 第二个高峰期体育成立的数量

序号	社团名称	成立时间
1	中国航海模型运动协会	1964年2月3日
2	中国航空运动协会	同上
3	中国无线电运动协会	同上
4	中国国际象棋协会	同上
5	中国围棋协会	同上
6	中国射箭协会	同上
7	中国武术协会	同上
8	中国体育集邮协会	同上

表8-4 第三个高峰期体育社团成立的数量

序号	社团名称	成立时间
1	中国棒垒球协会	1979年3月9日成立 1983年分为中国棒球协会与中国垒球协会
2	中国手球协会	1979年3月9日成立
3	中国柔道协会	1979年12月27日
4	中国摩托运动协会	1979年3月9日
5	中国现代五项冬季两项协会	1979年12月27日

(续表)

序号	社团名称	成立时间
6	中国马术协会	1979年12月27日
7	中国击剑协会	1979年3月9日
8	中国体育记者协会	1979年9月27日
9	中国帆船帆板运动协会	1979年3月9日
10	中国皮划艇协会	同上
11	中国赛艇协会	同上
12	中国中学生体育协会	同上
13	中国桥牌协会	1979年9月29日

国外体育社团的情况，以意大利体育社团和西班牙体育社团为例。

意大利奥委会是体育管理的最高权力机构，属于非政府性管理机构。奥委会管辖单项运动协会。意大利奥委会管辖39个单项运动会，39个单项协会的主席均是奥委会的理事。奥委会主席由理事会选举产生，任期四年，奥委会设置七个主要职能部门，即行政部、技术部、人事部、宣传部、彩票部、体育促进部和国际部理事。

西班牙单项体育联合会是联合各运动项目俱乐部开展活动的民间社团性组织，单项联合会的成立必须经最高体育理事会批准，并通过章程进行管理和进行注册登记。各单项运动联合会在最高体育理事会的协助下，制定单项运动联合会的章程，负责所管理项目的开展，安排竞赛，培养技术人员。

西班牙体育组织体系中与其他国家不同的是对发达的职业足球和职业篮球分别成立了职业足球俱乐部协会和职业篮球俱乐部协会。这两个协会与各自的单项运动联合会没有直接的隶属关系，而是通过协议来建立联系。职业俱乐部协会按照协会章程完全独立地管理各自的职业俱乐部。各单项运动联合会对职业俱乐部协会在经济上不拨款，管理上是协作关系。

全西班牙有55个单项运动联合会和5个伤残人体育联合会，每个协会根据《西班牙体育法》的要求都有各自的章程，并根据章程的规定选举单项运动联合会主席。

体育社团调查时应注意的问题。我国体育社团成立时间较长，但是真正的社会性质不强，过去基本是在政府管理下的社会团体。具有明显的计划性和政府性，而社会性、业余性却不强。因此，在对我国体育社团调查时要注意以下几个问题。(1) 体育社团的发展历史;(2) 体育社团的性质;(3) 体育社团与政府的关系;(4) 体育社团的运行情况;(5) 体育社团举办的活动;(6) 体育社团的基础和规模;(7) 体育社团社会化和市场化的程度。

【思考题】

1. 社会实践与服务调查的基本目标是什么?
2. 社会实践与服务调查的基本程序是什么?
3. 社会实践与服务调查的主要方法是什么?
4. 学校体育研究主要包括哪些方面的内容?
5. 我国体育场馆的性质与分类是什么?怎样进行调查?
6. 简述国外体育俱乐部的状况和我国体育俱乐部的发展。
7. 我国体育场馆的性质与分类是什么?怎样进行调查?

第九章　基本写作能力的培养

【本章导读】《中华腾飞的一百道难题》一书中说，写作已成为中华腾飞的一种阻碍，"不会写表扬信、感谢信、申请书、启事，甚至不会写请假条的事在高等学府中屡见不鲜"。学校教育必须重视和加强对学生基本写作能力的培养，这是加强素质教育的重要内容。"写作是现代人缺之不可的基本能力、基础能力，是思维习惯和创新能力的逻辑起点，是衡量民族创造力的关键指标、主要观测点。""写作能力代表一个人对文明的掌握程度，代表一个人对技能的认知高度，代表一个人对世界的理解深度，这种能力的形成，需要一个逐渐完善、发展的漫长流程。"（林超然，2011）具备基本的写作能力，在现代社会生活当中，对于任何一个人来说都是非常重要的，可以说它是现代人必备的基本生活素质和职业能力。一般说来，具备基本写作能力，既要做到语言通顺、准确，又要做到符合文体规范。本章主要介绍了几种常见应用文体的写作规范和要求。

第一节　公文文体的写作规范

所谓公文是指在公务活动中用以上传下达、处理问题、反映情况、联系事务、商洽工作的具有特定效力和惯用体式的文书。公文是依法行政和进行公务活动而使用的一种实用性很强的文体，离开了公务活动，就不能称之为"公文"。

一、通知

通知是运用最为广泛的下行文，是行政公文最主要的文种。

(一) 通知的分类

1. 发布性通知

主要用于向所属下级机关发布有关行政法规、制度、办法、措施的通知。

2. 批转、转发性通知

将某一下级机关报来的文件（主要是建议性报告或工作报告）转发给有关下级机关，叫作"批转"。将上级机关发下来的文件，或不相隶属机关发来的文件（主要是意见、通知等）转发给下级机关，叫作"转发"。

3. 指示性通知

主要用于对下级机关布置工作，要求贯彻执行。如《国家体育总局社体中心关于举办2012年首届全国柔力球比赛的通知》。

4. 会议性通知

会议通知的作用主要在于告知会议的内容、时间、地点及其他要求，以便保证会议如期进行。如《××省教育厅关于召开大学生就业工作会议的通知》。

(二) 通知的格式规范

1. 标题

通知的标题有三种形式：一是由发文机关、事由和文种组成，如《国务院办公厅关于严禁滥发钱物和赠送礼品的通知》；二是由事由和文种组成，如《关于召开全省经济社会发展战略研究座谈会的预备通知》；三是有些只用文种名"通知"二字为标题。

有时根据工作需要和行文目的，有的标题还要写明是紧急通知、重要通知或补充通知等。

2. 主送机关

通知的主送机关是发文机关的下属单位，即受文单位，其名称要写全称或规范性简称、统称,在标题下、正文前顶格书写。该写的受文单位和个人不要遗漏,以免误事。

3. 正文

通知的正文一般由通知缘由、通知事项、通知要求三部分组成。由于通知种类的不同,写法也有所不同。

发布性通知,一般由文件的由来、文件的名称、发布文件的作用和意义、提出执行要求等部分组成。

批转性通知,一般由表明态度、阐明意义、提出执行要求等部分组成。

指示性通知,一般包括通知缘由、通知事项和执行要求三部分,有的只有前两部分。通知缘由一般写明发文的原因、依据。通知事项包括部署工作任务、规定政策界限等,要求写得具体明确。指示性通知带有强制性、指挥性、决策性等特点,下级机关必须贯彻执行。

会议性通知,一般写明召开会议的根据和目的、会议名称,然后以"现将会议有关事项通知如下"为过渡,转入对会议事项的具体交代,如会议内容、起止时间、会议地点、与会人员、会议要求、报到时间和地点、会议费用、行车路线、联系方法、注意事项等。结尾可以用"特此通知"作结尾,也可自然收尾。

4. 生效标识

在正文右下方写上发文机关全称,加盖公章。有的通知标题中已经写出发文机关的全称,可以不再写。

5. 日期

落款用汉字写上年月日,右空4字。如"一九九八年四月二十五日"。

【例文一】
中共中央国务院印发《关于深化行政管理体制改革的意见》的通知

各省、自治区、直辖市党委和人民政府,中央和国家机关各部委,军委总政治部,各人民团体:

《关于深化行政管理体制改革的意见》已经党的十七届二中全会审议通过,现予印发,请结合实际认真贯彻落实。

中共中央国务院(印章)
二〇〇八年三月三日

二、通报

通报是国家机关、社会团体、企事业单位用以表彰先进、批评错误,传达重要精神或通报有关情况的公文。

(一) 通报的分类

1. 表彰性通报

包括表彰先进单位和先进个人,重在介绍其先进经验或事迹,以便树立典型,使大家有所效仿,见贤思齐,从而尽心竭力地做好本职工作。

2. 批评性通报

是用来批评、处分错误行为,以示警戒,要求被通报者和大家吸取教训的通报。

3. 情况通报

是在一定范围内传达重要情况和动向,以指导面上工作为目的的通报。

(二) 通报的格式规范

1. 标题

通常有两种写法:一是"发文机关+事由+文种",例如《国务院关于表彰国家科委等单位长年深入基层开展扶贫工作的通报》。这是通报标题的规范写法。二是"事由+文种",例如《关于2000年全国公有住房租金改革情况的通报》。

2. 主送机关

通报通常须标明主送机关,例如"各省、自治区、直辖市人民政府,国务院各部委、各直属机构"。

3. 正文

不同类型的通报，其写法也有所不同。

（1）表彰性通报，一般由三个层次组成：第一层概括先进事迹，说明表彰缘由；第二层对先进事迹进行简要分析，揭示其精神实质和思想意义，提出表彰决定；第三层是提出希望和要求，号召大家学习。

（2）批评性通报，一般由四个层次组成：第一层概述错误事实，包括错误发生的经过、性质及后果；第二层分析错误产生的原因，指明造成的危害性；第三层是根据有关规章制度，提出处理意见和决定；第四层是对受文单位或个人提出告诫性要求，希望引以为戒，防患于未然。

（3）情况通报，一般由两个层次组成：第一层是概述所通报的情况，包括背景介绍、事情经过等；第二层次是进行分析，得出结论，提出希望和要求。在写作实践中，有的先介绍情况，然后进行分析得出结论；有的先通过简要分析得出结论，然后再列举情况，进行说明。可根据具体内容和需要，灵活掌握。

4. 生效标识

在落款处，写上发文机关名称，用汉字写上年月日，加盖公章。通报标题中已写明发文机关名称的，可略去不写。

（三）通报与通知的区别

通报与通知都有沟通情况、交流信息的作用，但两者也有明显区别。

1. 内容不同

通知主要是发布法规，批转、转发文件，传达指示，安排工作，任免人员等；而通报则是表彰先进，批评错误，传达重要情况。

2. 要求不同

通知要求下级贯彻执行；通报则侧重让下级了解有关情况。

3. 时间不同

通知是在事前制发；通报则是在事后制发。

4. 表述不同

通知一般用概述性语言；通报在具体叙述的基础上，还要有分析评议。

【例文二】

××省省直机关老年人体育协会关于换届选举工作的情况通报

各省直机关老干部处（室）、老年体协、省直机关老年体协各专项委员会：

遵照上级有关指示精神和省体育总会、省老年人体育协会的部署要求，省直机关老年人体育协会于2011年1月13日召开主席办公会议，按照本协会章程规则，经过充分酝酿协商，形成并通过了关于本协会领导班子成员调整预案。……后经多次请示汇报，已于2012年10月25日经省民政厅社团登记处正式行文批准，省直机关老年人体育协会换届工作圆满结束，省直机关老年人体育协会第五届委员会正式成立。

主　席：×××

执行主席：×××

副主席：×××　×××

秘书长：×××

以上情况，特此通报。

××省省直机关老年人体育协会（印章）

2012年10月29日

三、函

函是用于不相隶属机关之间商洽工作，询问和答复问题，请求批准和答复审批事项的公文。是公文中唯一的平行文，行政公文和党的机关公文都把函列为主要文种。

（一）函的分类

1. 公函和便函

按函的性质，可以分为公函和便函两种。公函是正式的公文，用于机关单位正式的公务活动往来。像一般公文一样，公函有文件头、发文字号、标题、公章,总之,严格按照公文格式撰写制作。便函不属于正式公文,格式可以比较随意,没有文件头,没有发文字号,甚至可以没有标题。但正文之后,要有机关署名、日期和公章。

2. 发函和复函

按函的行文方向,可以分为发函和复函两种。发函即主动提出公事事项所发出的函,又叫"去函"或"来函"。复函则是为回复对方所发出的函。回复对方,一般情况下,对方发来的是函,回复的也应该是函,但有时可以灵活处理。譬如前面说过,上级发函向下级询问有关情况,下级回复时可以用函,也可以用答复报告。

3. 商洽函、询问函、答复函、请批函

按函的内容和用途,可以分为商洽函、询问函、答复函和请批函等。商洽函指用于平行机关之间和不相隶属机关之间商洽工作、联系有关事宜的函。询问函与答复函指用于上下级机关之间互相询问和答复有关具体问题的函。请批函用于向不相隶属的主管部门请求审批事项,而审批函则用于主管部门答复不相隶属机关单位的请批事项。

此外,还有通知事宜函、转办函、催办事宜函、邀请函、通知报送材料函、转送材料函等。

(二) 函的格式规范

1. 标题

作为正式公文的函,其标题和一般公文的写法一样,由发文机关名称、主要内容(事由)、文种组成。如《国务院办公厅对国家工商行政管理局关于贯彻<食用盐加碘消除碘缺乏危害管理条例>有关问题请示的复函》,也可以采用省略发文机关名称的写法,如《关于请求批准××市节约能源中心编制的函》。

2. 主送机关

主送机关即受文并办理来函事项的机关单位,于文首顶格写明全称或者规范化简称,其后用冒号。

3. 正文

发函缘由，这是函的开头部分，主要用来说明发函的根据、目的、原因等。如果是复函，则先引用对方来函的标题、发文字号，然后再交代根据，说明缘由。这部分结束时，常用一些习用的套语转入下一部分，如"现将有关情况说明如下""现就有关问题函复如下"等。

事项，这是函的主体部分，主要说明致函事项。函的事项部分内容单一，一函一事，行文要直陈其事。无论是商洽工作，询问和答复问题，还是向有关主管部门请求批准事项等，都要用简洁得体的语言把需要告诉对方的问题、意见叙写清楚。如果属于复函，还要注意答复事项的针对性和明确性。

结语，通常应根据函询、函告、函商或函复的事项，选择运用不同的结束语。结尾部分，向对方提出希望或请求，或希望对方给予支持和帮助，或希望对方给予合作，或请求对方提供情况，或请求对方给予批准等。最后，另起一行，以"特此函商""特此函询""请即复函""特此函告""特此函复"等惯用结语结束。有的函也可以不用结束语，如属便函，可以像普通信件一样，使用"此致""敬礼"。

落款，一般包括署名和成文时间两项内容。署名机关单位名称，写明成文时间年、月、日；并加盖公章。

【例文三】

中国科学院××研究所关于建立全面协作关系的函

××大学：

近年来，我所与你校双方在一些科学研究项目上互相支持，取得了一定的成绩，建立了良好的协作基础。为了巩固成果，建议我们双方今后能进一步在学术思想、科学研究、人员培训、仪器设备等方面建立全面的交流协作关系，特提出如下意见。

一、定期举行所、校之间学术讨论与学术交流。

二、根据所、校各自的科研发展方向和特点，对双方共同感兴趣的课题进行协作。

……

以上各项，如蒙同意，建议互派科研主管人员就有关内容进一步磋商，达成协议，以利工作。特此函达，务希研究见复。

中国科学院××研究所（盖章）

××××年×月×日

【例文四】

国务院办公厅关于征求《国家行政机关公文处理办法（草案）》意见的函

国办函〔1999〕×号

各省、市、区人民政府、国务院各部门办公厅（室）：

现将我们草拟的《国家行政机关公文处理办法（草案）》送给你们，请组织有关同志讨论修改，并将修改意见于十一月底前告诉我们。

国务院办公厅（盖章）

一九九九年×月×日

第二节　新闻文体的写作规范

新闻是新近发生的、有社会意义的事实的报道。"新闻"有广义和狭义之分：广义的"新闻"是指报纸、广播、电视、网络中的新闻栏目里经常使用的文章体裁，包括消息、通讯、特写、采访札记、新闻评论以及调查报告等；狭义的"新闻"专指消息。本节主要介绍消息和通讯两种新闻形式。

一、消息

消息，也叫新闻。它以明确的思想和简洁的文字，迅速及时地反映现实生活中新近发生的具有社会意义的事实。它是报纸、广播和电视中最广泛、最经常使用的一种新闻文体。

（一）消息的特点

1. 时效性强

在各种新闻文体中，消息对时间性的要求最高。消息具有强烈的时间性，常常以最快的时效性告诉受众发生了什么新闻事实。通常所说的抢新闻，其实就是抢消息。在现代社会新闻竞争日趋白热化的情况下，消息不但要抢时间，还要抢独家。

2. 简短明快

由于对时间性要求特别高，消息常常采用一事一报的形式，直接报道事实的主要内容，简明扼要。尽管篇幅较短，但消息对事实的报道是完整的，一般5W要素俱全——When（何时）、Where（何地）、Who（何人）、What（何事）、Why（何因）。消息简短明快的特点适合快速传递新闻信息，尤其适合报道突发性事件。

（二）消息的分类

1. 动态消息

动态消息是迅速简洁地报道刚刚发生或正在发生的新闻事实的最具有时效性的报道。动态消息内容集中单一，多一事一报，篇幅一般三五百字。动态新闻中的"简讯"（即简明新闻），通常才一两百字甚至几十字，用于报道事件的简要情况或将不太重要的消息作简化处理。

2. 述评消息

述评消息，也叫评述性消息或新闻分析，是指在报道新闻事件的同时对事实发生的背景、原因、结果、影响等进行叙述与评说的新闻报道体裁。其特点是，在叙述事实的同时，引出必要的议论。事实概括、扼要，具有说服力，其重点在于写好议论。就事论理，以理服人。

3. 综合消息

综合消息，是记者就某一现象或问题进行大范围采访，从而对同类事物或同一事物的多侧面进行归纳综合报道。综合消息一般不采用一事一报式，而是由多个不同事实组成，点面结合，事实材料丰富。

（三）消息的格式规范

消息一般由标题、消息头、导语、主体和结尾五个部分组成。

1. 标题

根据内容需要，消息标题可分三类。

（1）多行标题。重要的新闻常采用多行标题，除正题外，还有引题和副题，含量丰富，读者读过标题后就可以基本了解全文的主要内容。引题在正题之上，又称"肩题""眉题"；正题是消息的本题，起到对消息的主要事实进行概括的作用，明确、突出；副题在正题之下，又称"辅题""子题"，副题对正题的内容作补充介绍。如：

国家人口发展战略研究报告发布　　（引题）
男多女少　我国青年婚姻问题凸现　　（正题）
计划生育使我国少生 4 亿人 2033 年人口将达到 5 亿　　（副题）

（2）两层标题。两层标题分为实题和虚题。实题，是指对事实的概括；虚题，是指对意义的阐述、气氛的渲染。将两者结合起来，可以增强宣传效果。如：

举重世锦赛玩"心跳"
张国政第三举成功摘走两金

（3）单行标题。这类标题，直接提示内容，简洁、醒目。如：

第七届全国体育科学大会将在北京体育大学举行
首都体育学院举办人文社会科学知识竞赛

2. 消息头

"消息头"分为"电头"和"本报讯"两种。其中，"电头"是电讯稿件发出单位（通讯社）、时间和地点的说明。发向当地的叫讯，发向外地的叫电。发文单位、时间和地点三个要素之间的顺序可以调整。报纸采用通讯社电讯稿时，在不强调新闻事件的时效性的情况下，可以省略电头中的时间，如"新华社""均据新华社"。　一般在消息开头以不同字体或加括号区别于内文。它表明发布新闻的单位名称或简称，交代发布新闻的时间和地点。比如：

新华社北京 2012 年 8 月 6 日电。

3. 导语

导语是消息特有的结构要素，是消息区别于其他新闻体裁的重要特征。从内容上看，导语是消息的开头部分，一般是用简明扼要的文字，写出一篇消息中的最主要、最新鲜的事实，或概括全文的基本内容，提示中心思想，以便引导读者进一步阅读全篇。导语有的是一句话，有的是一段话。

写导语常用的有如下几种方法。

(1) 叙述式。用摘要或综合的方法，把消息里最主要、最新鲜的事实，简明扼要地直接叙述出来。

(2) 描写式。对消息的主要事实或某一有意义的现场侧面，进行简洁朴素而又富有特点的描写，给人以亲临其境的感觉。

(3) 评论式。把对新闻事实的评论放在开头，给读者认识消息的性质、意义与特点以指导。

(4) 提问式。把消息的主要事实或中心思想用提问的方式写出来。有两种情况：一是提出问题，随即作出回答；另一种是提出问题先不作回答，其目的是引起读者注意和思考。

4. 主体

主体是消息的正文，是具体展示和叙述新闻事实、提供相对完整的新闻信息的部分。导语中没有详细说明和没有涉及的新闻要素都要在主体中进一步展开说明。主体的展开是为了详细叙述新闻事实的来龙去脉，以满足受众了解新闻事实详情的需要。

5. 结尾

消息的结尾，又称结语。它是消息的最后一句话或一段话。其作用是新闻事实的完整性和消息逻辑结构的严密性，以加深读者的印象。但是大多数情况下消息不设结尾而自然结束，文终而止。

二、通讯

通讯原指以书信传递的形式向报社发稿的外埠新闻，又称通信，是采用叙述、描写、议论、抒情并举的方法，报道典型人物、事件或问题的一种新闻体裁。对于新闻人物与事件的记叙要比消息具体、详尽、生动，寓理于事、以情动人。

（一）通讯与消息的比较

通讯与消息都必须具备新闻的特点，遵守新闻的基本要求，两者的构成要素也大致相同。但是，通讯与消息毕竟是新闻报道中两类不同的文体，有着不同之处。

第一，消息一般是告诉人们发生了什么事及其一般过程，不展开形象情节；通讯则要详细地报道事件，展开情节，并且要较具体地描述有意义的场面。所以，有人称通讯是"详细的消息"或"形象化的消息"。

第二，消息一般不运用文学的手法，通讯则要写得具体形象，生动感人，因此它要在写真人真事、真情实感的前提下采用一些文学手法。而通讯中运用文学手法是以真实准确地反映现实为基础的，这一点又把它同文学创作区别开来。

第三，消息选材广泛，通讯选材则比较严格。消息选材强调有意义，通讯选材则要求选取典型，写人、写事、写情节，都必须具有典型意义。

第四，消息的时效性要求更高、更严。同一新闻事件往往消息先报道，随后再发通讯。

（二）通讯的分类

按报道对象的不同，通讯可分为四类：事件通讯、人物通讯、工作通讯、风貌通讯。

1. 事件通讯

以记事为主，是反映具有典型意义的新闻事件，揭示其影响和意义，给读者以较强的思想教育和启示的一种通讯题材。

2. 人物通讯

以人物报道为中心，集中反映人物的事迹和形象，在各类通讯文体中，数量较多，影响较大。

3. 工作通讯

一种直接反映、分析、指导实际工作的新闻文体，具有较强的针对性、指导性和理论性。

4. 风貌通讯

又称概貌通讯、旅游通讯，指着重反映社会变化、时代风尚及风土人情的通讯题材。

（三）通讯的格式规范

通讯一般由标题、开头、主体、结尾四部分组成。

1. 标题

2. 开头

通讯的开头有别于消息的导语。消息的导语大多数是以简洁的文字，开门见山，直陈新闻事实，其目的在于尽快告知新闻信息。通讯的开头是以多种灵活的表达方式引出新闻信息，内容上要紧扣主题，引出全文，生动活泼，引人入胜。

3. 主体

主体由生动的情节、场景的渲染，人物的言行，客观的评价等交叉组接而成。主体的结构一般有以下三种形式。

一是纵式结构。即按事件发生、发展的时间顺序来安排层次。许多故事性强的事件通讯、人物通讯和一些风貌通讯，都采用这种结构方式。

二是横式结构。即按事物的内部联系、事物的性质来组织层次。工作通讯和许多人物通讯适合用这种结构。

三是纵横结合的结构。它把纵式和横式结合起来，把时间的变换和空间的变换交叉起来安排层次。这种结构方式，适用于事件比较多而且涉及的空间比较广的通讯。

4. 结尾

结尾是具体事件的发展结果，是文章内容的自然收束。

第三节　日常事务文体的写作规范

日常生活与工作中，计划、总结、书信，以及请示、报告、协议等都是常见的一些应用文体。

一、计划与总结

（一）计划

计划是为完成一定时期的任务而预先作出安排部署的一种事务文书。规划也属于计划，往往是指宏观上且较长时间的工作计划，比如五年规划、十年规划等。计划具有预见性和指导性等特点。

一份比较规范的计划，大都由标题、正文、落款三个部分构成。

1. 标题

标题通常是由单位名称+适用时限+内容要点+文种构成，如《××公司 2012 年度生产计划》。也有在标题中不写出单位名称，只写计划的主要内容和文种，如《春节前后开展文艺活动的安排》。也有不涉及计划内容的标题，如《××市 2005 年第一季度工作要点》。如果计划还需要批准和通过，要在标题下面用括号注明"草案""初稿"或"供讨论用"等字样，待正式定稿后，再去掉这些括号。

2. 正文

正文通常包括前言、任务与目标、步骤与措施、结语等几个部分。其写法是：先概述情况，再定任务要求，然后写措施办法。

前言一般用来简要说明制定计划的指导思想和依据，介绍基本情况，也就是说明"为何做"。

任务与目标是计划的核心部分，要阐述"做什么"。要求详细、明确、具体，有的还应提出数量、质量和时间进程等方面的具体要求。

步骤与措施也是计划的主体部分，要写明完成任务需要经过的阶段，每个阶段需要做哪些工作，或采取哪些措施，即要说明"怎样做"。在一份计划中，这一部分所占的比重较大。

结语是总结全文，表明完成计划的决心。如是下发的计划，还应提出希望，发出号召，或者指明注意事项，提出检查、修订的方法等。如是请求上级批转的计划，结尾应写明"以上意见如无不当，请批转各地研究贯彻"等要求。这个部分也可以略去不写。

3. 落款

落款一般包含两项内容：一是计划的制定单位名称；二是计划的制定日期。有的计划的标题已包含制定单位名称，为避免重复，落款也可不再写单位。如需上报或下发的计划，最后还应写明主送、抄送单位。

（二）总结

总结是对前一段或某一方面的工作或生活所作的回顾、分析和评定，并从中找出经验和教训，寻出规律性认识，用于指导下一阶段工作而形成的书面文字材料。

总结的常见写法是由标题、正文和落款三个部分组成。

1. 标题

标题一般由单位名称 + 时间 + 总结对象 + 文种构成。

2. 正文

正文一般包括基本情况、成绩与经验、问题与教训、今后的意见等几部分内容。

基本情况也就是前言部分，一般都是概述情况，或者对工作背景和开展工作的条件，做一个简要的交代。

成绩与经验部分是重点，要用翔实的材料，将成绩及取得成绩的做法写清楚，有实例，有数字，有认识，有体会，最好能从中找出规律性的东西来。

问题与教训要求实事求是地把工作中的失误和问题写明，并深刻分析产生失误和问题的原因，指出应该吸取的教训。

今后的意见是结尾部分，要结合经验和教训，提出改进工作的办法或下一步努力的方向。有的总结在最后还写上一段对前景的展望，表明决心。

3. 落款

落款包括两项内容：撰写总结的单位名称和日期。有的总结在标题中已写有总结的单位名称，在落款时可不再署单位名称。

二、专用书信

专用书信是供某种特殊场合或某种特殊需要而写的具有专门用途的书信，大量用于单位之间或单位与个人之间。

（一）介绍信

介绍信是国家行政机关、企事业单位或社会团体的工作人员与其他单位或个人联系工作、了解情况、磋商事宜时所用的一种书面函件，具有介绍与证明的双重作用，办事双方凭据此信接洽。

1. 标题

标题常冠以"介绍信"三字。

2. 收信对象名称

凡收信对象为单位团体，必写全称；若属单位领导，还应写明其职务。

3. 介绍姓名、身份、随行人数

随行人数的数码要大写。必要时还应注明被介绍者的政治面貌、职务、级别等，便于对方接待。

4. 介绍接洽的具体事项和要求

这部分要写得周全、简明扼要，最后写"此致"二字，再另起一行顶格写"敬礼"。

5. 骑缝线加盖印章

6. 有效期限

（二）证明信

证明信是国家行政机关或企事业单位、社会团体证明有关人员身份或某一事情真相的书面材料。证明信又通常称为"证明"。

证明信有两种形式：一是以组织名义出具的证明信；二是以个人名义出具证明，再由所在单位组织签注意见的证明信。这两种形式的证明信，结构大致相同，都由标题、称呼、正文、署名和日期构成。

1. 标题

标题常冠以"证明信"三个字或写明"关于×××同志××××情况（或问题）的证明"。

2. 称呼

称呼要顶格写上需要证明信单位的名称，之后加冒号。

3. 正文

正文要证明事项的全部事实，内容要翔实，语言要准确肯定、简明扼要。正文之后常用"特此证明"作为结束语。

4. 署名和日期

在正文右下方署上证明人（或单位）名称、日期，并加盖印章。

（三）邀请信（请柬）

邀请信是邀请有关单位或个人参加某项活动、会议使用的文书。邀请信有两种形式，一是比较常见的印制请柬式。二是文字式。前者只将活动的时间、地点通知对方，活动方式简略。后者则较详细地介绍邀请的起因、理由。

【例文五】
介绍信
　　_____负责同志：
　　您好！
　　在校大学生参加社会实践活动是大学生理论联系实际、在实践中成长的有效途径。根据团省委的指示精神，我院每年都组织大学生利用假期通过各种形式参加社会实践活动，兹介绍我院××级休闲体育专业×××同学到贵单位联系进行社会实践活动，请给予大力支持！
　　此致
敬礼！

××××学院学生会
××××年×月×日

【例文六】
证明信
××学院：
　　兹证明×××同学在我单位从××××年×月×日到××××年×月×日在我单位参加业务实习。现已通过实习。特此证明！

××健身俱乐部（加盖公章）
××××年×月×日

三、请示与报告

（一）请示

　　请示是适用于向上级机关请求指示、批准的一种呈请性上行公文。请示的行文目的是请求上级批准，解决某个具体问题，要求作出明确答复，否则，就是上级机关的不负责，因此请示具有求复性。请示必须在事前行文，等上级机关作出答复后才能付诸实施，没有上级的答复，就不能自作主张行事，不能"先斩后奏"。
　　一般请示由标题、主送机关、正文、签署四部分组成。

1. 标题

请示的标题一般由事由和文种组成，如××省申报2012年省级旅游建设项目的请示。

2. 主送机关

请示的主送机关只有一个，即请示事项的主管部门，不可多头主送，也不可越级请示，否则就会影响公文办理的效率，欲速不达。

3. 正文

正文通常由缘由、事项、结语三部分组成。

缘由，即请示的理由或依据，位于正文的开头，是正文的重要构成部分。缘由部分要切中要害、言之有据、说明充分，切不可泛泛而谈，主次不分。

事项，即请求上级批准、指示的具体事项，要具体明确，切忌笼统含糊。从缘由到事项一般需要过渡，常用的过渡语有"为此""鉴于……"等。

结语，即请求上级给予答复的用语，也是正文结束的标志。常用的有："以上意见当否，请批复。""请予审批。""以上问题，请裁示。""以上请示，请批复。""以上请示，是否妥当（当否、妥否、可否），请批复（批准、批示、指示、审批）。"等。

4. 签署

签字要写明发文机关和发文时间。若标题省略了发文机关，则此处必须注明。

【例文七】

关于举办"××洽谈会"的请示

市经贸委：

为了扩大我××商品的知名度，向全国推广，繁荣市场，满足消费者需求，拟于××××年×月×日至×月×日在我市举办"××洽谈会"。洽谈会摊位共××平方米，展团由我公司及生产厂家派人组成，经费自理。

妥否，请批示。

××公司
××××年×月×日

（二）报告

报告是行政机关和党的机关广泛采用的上行文。适用于"向上级机关汇报工作。反映情况，答复上级机关的询问"。

根据报告内容的不同，报告可以有工作报告，是向上级机关汇报工作、总结工作成绩及经验教训的一种报告；情况报告，向上级机关反映本单位出现的新事物、新问题、新情况的报告；建议报告，即向上级机关提出工作建议，并请求上级机关批转有关单位有关部门参考或执行的呈转性报告；答复报告，又称上复报告，主要运用于答复上级机关询问或汇报上级机关交办任务的结果为内容的报告；呈送报告，是向上级报送文件、物件时使用的报告。

报告一般由标题、主送机关、正文、签署等部分组成。

1. 标题

报告标题有两种写法：一是完全式，由发文机关、事由和文种组成，如《山西省人民政府关于杏儿沟煤矿"8·12"特大瓦斯爆炸等三起事故的检查报告》。二是不完全式，省略发文机关，由事由和文种组成。

2. 主送机关

报告的主送机关一般是一个，即报告要汇报的事项的主管部门。

3. 正文

报告的正文一般包括前言、主体、结语等几部分。

前言，或概括内容，提出观点，或说明原因、目的，或交代报告产生的现实背景。

主体，主要写报告事项，要围绕报告的目的和主旨陈述基本事实。如果是工作报告，应先写工作的基本情况，然后写成绩和做法及效果，最后写存在的问题和今后的工作设想。如果是情况报告，应先陈述事实，如事情发生的时间、地点、人物、过程等，然后分析原因，对事情的认识和处理，最后写解决措施。如果是答询报告，应先扼要叙述上级机关询问的问题或交办的工作，然后写对这些问题或工作处理的过程，包括所采取的办法和措施，以及在处理问题中需进一步陈述的事项等，最后写处理结果。如果报告内容较多，可采用分条列项的方式写。无论哪种方式,报告的内容都要突出重点,恰当安排层次,体现一定的逻辑性。

结语,反映情况的报告,结语常用"特(专)此报告""以上报告当否,请指示"。汇报工作的报告,可以用"以上报告,请审阅"。答复询问的报告常用"特(专)此报告"。有的报告也可以不使用结语。

4. 签署

签署要写明发文单位和成文时间。

四、协议书与合同

(一) 协议书

协议书就是双方当事人就某一问题或某项工作,通过洽谈、协商后取得一致意见而订立的一种具有政治、经济或其他关系的契约性文书。

协议书一般由标题、正文、签署三部分组成。

1. 标题

常用标题有三种形式:一是完全性标题,由"协作双方单位名称+事由+文种"构成,如《××材料厂和香港××公司关于合营××项目的协议》;二是由"事由+文种"构成,如《关于合作兴建××游乐园协议书》;三是直接写出文种,如《协议书》。

2. 正文

协议书的正文一般由前言、主体、结尾三部分组成。

前言,主要概括说明合作双方签订协议书的目的、根据和意义。然后用"根据××意向签订以下协议"过渡到主体部分。常用的承上启下惯用语有"达成以下协议""签订如下协议"或"甲乙双方本着友好、平等、互利的原则,经过充分协商,达成以下协议"等。

主体,这是协议书内容的核心部分,一般采用分条列项的方法,而且每一个项目还列出小标题,使之一目了然。在实际拟写时,主要明确所定协议的内容、双方的责任、基本程序、预算以及文本形式和法律效力等。这些条款是双方合作的基本依据。这部分的文字要明确、严密，不能笼统、含糊，不允许有产生歧义或误读的可能性。

结尾，说明本协议书执行要求，注明有关事项。

3. 签署

写明合作各单位名称（全称），当事人姓名，并加盖印章。在下方写上达成项目协议书的日期。

（二）合同

合同亦称"契约"，它是当事人之间，为了达到一定的目的而明确相互权利和义务关系的一种协议。

合同的写作格式一般包括首部、正文、附件和落款四个部分。

1. 首部

首部包括标题、当事人名称（姓名）和住址。

标题，合同的标题一般要写明合同性质、内容、类别等，越具体越好，而且要与内容紧密相连，切忌文不对题。

当事人名称（姓名）和住所，若当事人是法人、其他组织，则写其全称；若当事人是自然人，则写上姓名。为了表达方便，一般依据合同内容在当事人名称（姓名）后加括号注明简称"甲方"和"乙方"、"供方"和"需方"等。

2. 正文

合同的正文一般包括签约的依据或目的、议定条款、附则三部分。

一是双方签订合同的目的、依据、意义或希望等。例如，"为保护甲、乙双方的合法权益，根据《中华人民共和国合同法》有关规定，经协商一致同意签订本合同，以期共同遵守。"

二是双方协议内容，一般包括以下三方面。第一，通用条款。这些条款是《中华人民共和国合同法》中明确规定的。第二，专用条款。这是根据合同性质所必须具备的条款。第三，特约条款。指订立合同时，当事人一方为保障合同顺利履行，在合同中规定的某项条款，如"本合同的未尽事宜及本合同在履行过程中需变更的事宜，双方应通过订立变更协议进行约定"。

附则内容，指合同的有效期限、份数及保存办法等。

3. 附件

附件是合同条款的相关说明材料及证明材料，是合同的组成部分，和合同具有同样的法律效力。一般在正文的主体部分注明附件的名称、份数，按件列写清楚。

4. 落款

这部分是合同生效的标记，它包括署名和签约日期两部分。

署名，写明签订合同的当事人各自的单位名称（加盖公章）、单位的地址、电话、开户银行和账号等。

签约日期，即合同签订的日期、地点，位置一般在合同的最后，也有把日期写在标题右下方的。

【思考题】

1. 根据函的写作格式规范，模仿教材中的"例文三"，练习写一封商洽函。
2. 学校学生会要搞一次新生联欢会，需要向学校学生处请示。请你以学生会的名义向学校学生处写一份活动请示。
3. 自拟赛事题目，练习写一份体育赛事赞助合同。

第十章　体育社会实践中创新能力的培养

【本章导读】 创新能力的培养是当今大学生素质教育的核心内容之一。本章论述了体育社会实践中创新能力培养的基本概念、原则与意义，创新能力培养的基本内容、影响要素和培养途径等；着重对学生创新意识与创新实践能力的培养进行了介绍。

第一节　创新能力培养的相关概念、原则与意义

社会实践是人们相互之间进行社会交往与了解、研究与解决社会问题的过程。在社会实践活动中，学生会逐步形成观察社会、分析问题、选择人生道路的世界观和价值观，逐步提高参与社会的实践能力。创新能力是人类最宝贵的能力之一。因此，学生创新意识、创新思维和创新能力的培养不仅是社会实践活动的重要内容，更是全面推进素质教育的核心内容。

一、创新能力培养的相关概念

创新是指主体在前人成果的基础上，做出新的发现、提出新的见解、开拓新的领域、解决新的问题、创造新的事物和做出新的应用。

能力是指主体完成一定活动的本领。包括完成一定活动的具体方式以及有效完成一定活动所需的心理特质。

创新能力是主体在对象性活动中，运用一切已知信息，产生某种独特的、新颖的、有社会或个人价值产品的能力。创新能力主要包括创新意识、创新思维和创新技能。它是一种综合能力，不是生来就有的、而是后天学习和教育的结果，具有独特与稳定的心理特点。

社会实践中大学生的创新能力，主要是指学生以自己独特的方法或在教师的引导下对所学习的知识提出新的见解、创造出新的理论或做出新的应用成果等。

体育社会实践中创新人才的基本特征：具有高尚的人生理想和良好的体育道德修养；对体育知识与技能具有很强的求知与习得欲望；具有良好的自我探索与实践应用能力，有敏锐的专业洞察力和严谨的科学思维能力，在某一领域或某一专项拥有广博而扎实的知识；具有强烈的团结协作精神和踏实认真的工作作风；有健康的体魄、良好的心理和身体素质，能承担艰苦的体育工作。

二、创新能力培养的原则

（一）"以人为本"原则

在创新能力培养的过程中，"以人为本"可以最大限度地调动人的主观能动性，最充分地激发人的兴趣和创造活力。遵循"以人为本"，首先要尊重学生的主体地位，把学生看作是充满活力的知识探索者和潜在的知识创造者，尤其要注重培养学生的独立思考、勇于探索和自主学习的能力；其次要充分发挥学生个性特长，激发学生个人兴趣，扩大学生视野，让知识与技能获得的过程成为创造能力培养和创新人格养成的过程；最后要强化人本管理，尊重学生的意愿和兴趣。

（二）实践性原则

体育活动具有显著的实践特点，实践既是认知之本，也是创新之根。坚持实践性原则，首先要强化体育社会实践环节，不断优化实践教学体系，创新实践教学方法；其次是大力推进体育实践的创新基地建设，建立形式多样、各具特色的教学与训练基地，为学生提供宽广的创新平台和社会实践机会；再次，要加强与丰富第二课堂的创新实践活动和创新竞赛活动，激发学生的创新热情，张扬学生的创造个性，展示学生的专长和创新潜质；最后要改革学生的毕业考核办法，注重学生的体育实践能力考核。

（三）教学、训练与研究相结合原则

教学、训练与研究紧密结合，是体育运动的一大特点，实现教学、训练与研

究相长，人才培养与科技创新才能相得益彰。教师在教学与训练过程中，首先，要优化教学内容和课程结构，使"加强基础性、突出实践性、注重研究性、体现交叉性"的原则融合到教学与训练中；其次是推行研究性与启发式的教学与训练方法，改变传统被动的灌输式教学方式，以启发式、问题式和探究式的教学与训练方式，激发学生参与科学研究的兴趣，培养独立思考的能力；最后要加强体育大学生的科研竞赛活动，在体育教学与训练过程中，逐步培养学生的创新意识和科研能力。

(四) 激励性原则

有效地调动学生的创新动机，激发创新兴趣和热情，是保证学生创新能力得以培养和发挥的重要基础。教师在将激励机制贯穿到教学双边互动过程之中，首先要改革只注重知识记忆和考试分数的传统考评方法，建立科学有效的多元化考试与评价体系，在考核内容上要重点测评学生灵活运用知识与技能的能力、解决体育实践活动中具体问题的能力以及实践活动的创新能力；其次要制定创新激励政策，将学生的新思想、新成果和新发明都以学分的形式体现，鼓励学生根据自己的特长和兴趣积极参与创新实践活动。

(五) 开放性原则

学校要打破传统、封闭的办学模式，扩大对外开放，为创新型人才培养提供动力与活力机制。首先，要积极借鉴世界先进的办学理念和教改经验，建立与国际接轨的、内容不断更新的课程体系和国际化人才培养模式；其次，在教学与训练中，要针对大学生的不同个性、兴趣进行差异化、个性化的教育与训练，根据学生专业知识与技能基础的好坏、身体素质水平的高低、个性心理品质特点的差异进行因材施教，为学生的个性自由发展提供广阔的空间；最后，要主动适应当代学科发展既高度分化又高度综合的发展趋势，改革单一狭窄的专业化教育模式，积极开展多学科的开放式教育教学活动。

(六) 环境育人原则

只有优化体育人才成长的物质与精神环境，构建开放、自由、民主的创新文化，塑造健康、和谐、进取的校园精神，才能培育具有完善主体人格和创新能力的新型创新人才。在物质环境建设方面，高校要加大投入力度，加强教学仪器设备、运动训练器材、图书资料、体育场馆和信息资源网络共享体系等硬件条件的建设，为学生创新能力的培养提供物质保障；在文化环境建设方面，要营造一个崇尚真理、尊重人才、鼓励创新、倡导合作、宽容失败的良好创新文化氛围，将创新渗透到校园文化的方方面面，使大学生在校园内随时随处都能够感受到浓郁的体育文化气息，并产生创新的冲动和灵感。

三、创新能力培养的意义

培养大学生的创新能力是全面推行素质教育的需要，是实现我国高等教育发展重点由规模扩张转向质量提升的根本途径，是实施科教兴国、人才强国战略的必然选择，是提高高等教育质量的核心问题。

对学生创新能力的培养不仅可以逐步提高学生对社会问题的认识、分析和判断能力，还会使学生逐步了解社会、熟悉社会与适应社会，并学会应用所学的知识解决社会实践活动中的各种问题。培养大学生创新能力不仅是培养和发展学生具有独立思考、大胆求索的创新精神和创造性品格的需要，更是培养学生由维持性学习走向创新性学习，在未来社会中敏捷地利用新知识创造世界和创新生活的需要。在社会人才需求日益看重学生的实践能力和创新能力的竞争环境下，提高大学生在社会实践活动中的创新能力显得更加迫切。因此，加强大学生创新能力与社会活动能力的培养无疑会为学生步入社会生活打下良好基础。

第二节 影响创新能力培养的因素

在体育社会实践中，影响学生创新能力培养的因素，既有公共政策、社会文化、教育技术与管理等外部因素，也有个人素质水平与技能能力等内部因素。

在公共政策与社会文化等影响因素方面：创新教育没有在我国公共教育中得到实质性重视。在传统教育理念中，学校注重"应试教育"与"规范型"教育，缺乏"素质教育"与"创新型"教育；偏重学生认知能力的培养，忽视学生综合素质与情感方面的协调培养；重视培养学生的竞争观念，轻视培养学生的团队合作精神。在传统文化中,人们注重人与社会协调的观念、偏重"中庸"的思维方式,在很大程度上制约了学生创新意识的萌生与创新思维的形成。

在教育内容、教学手段与教育技术应用等影响因素方面:学校的教育内容相对陈旧,并且仍以传授知识为主,有关创新能力培养的内容明显缺乏;在教学过程中,以教师的课堂"灌输式"教学为主,教学形式单一,训练方法呆板,教师很少综合运用问题式、启发式、研讨式、案例教学、活动教学、游戏教学等多样化的教学手段;学生在"传授—接受"式教学理念下被动学习与训练,学生的自主性与积极性明显不强;在教学环节,教师应用先进的教学技术来培养学生创新能力的能力有限,教师之间、师生之间、学生之间和校际之间的教育信息化可利用率和共享率低;在教学目标上,学校重视认知教育,忽视情感教育;在对学生的培养过程中,教材的选用、课程的选择、教学大纲的实施等弹性弱。

在教学管理等影响因素方面:社会以统一的办学条件和教学质量评估标准评价不同层次学校的教学效果,在人才培养目标方面,注重统一且共性制约强,很少考虑学生与学生之间的个性差异和多样化发展的需要。考试是学生学习的指挥棒,由于考试的内容单调,只注重对知识的记忆,而对实践能力、创新精神、创新能力的考核评价要求过低,导致学生平时学习时方式死板,不愿进行自主性、研究性等方式的学习。

在学生的个人影响因素方面:由于缺乏广泛的沟通和对社会的全面了解,导致学生的创新目标不够明确,虽有创新的兴趣与热情,但没有独特的创新目标。由于学生的联想思维能力、发散思维能力、逆向思维能力没有得到培养与引导或学校的创造性学习条件有限,学生普遍缺乏创新性思维能力。他们的思维方式往往是单一的,思考问题缺乏灵活性和全面性。有些大学生虽有创新愿望,但不知道如何去创新。

第三节 创新教育的基本内容

无论是知识创新还是技术创新,都需建立在知识的传播、转化和运用的基础之上,而这一切又深深根植于教育,都离不开教育的支撑。学生的创新教育必须通过日积月累的知识与技能学习,并使学生在实践中应用所学知识与技能,才能逐步达到创新教育的目的。创新教育主要包括创新意识教育、创新人格教育与创新能力教育。

一、创新意识教育

创新意识是指崇尚创新、追求创新、以创新为荣的观念和意识。只有在强烈的创新意识驱使下，学生才可能产生强烈的创新动机和树立创新目标，才能充分发挥自我的聪明才智和创新潜力。

创新意识由认知、情感、行为意向三种成分构成。认知成分是指创造者对创造性活动意义的了解和评价，情感成分是指对创造活动的喜恶等的体验，行为意向是指对创造活动的反应倾向。创新意识是驱使个体进行创造行为的心理动机，是创造的愿望、动机和意图，是创造性思维的出发点。创新意识和创造力既有联系又有区别，创造力的开掘和培养有助于强化创新意识，而创新意识的培养有助于开掘人的潜能和发挥人的创造力。

创新意识在一定程度上可以通过后天培养和教育形成与加强。在创新意识的培养过程中，首先，教师要善于激发和培养学生的好奇心，引导并鼓励学生参与新奇、有趣的探索性学习活动，这是培养学生创新意识的起点。好奇心强的学生对新知识、新事物、新问题都有很强的求知欲和浓厚的兴趣，它往往可以促使学生作进一步深入细致的观察与思考并提出探究性问题。

其次，教师要善于把各项教学任务转化为学生探究的愿望，创设能引起学生观察和探索的情境，引导和帮助学生自己提出探究的问题，设计探究的程序，诱导学生的创新欲望，并善于提出难度适中而富有启发性的问题，引导学生解决并分享创新成果。

最后，教师要针对本学科的知识特点，深挖创新教育的动力因素，善于突破常规，引发学生积极、主动的学习意识，培养学生智能结构中的批判性思维和发散性思维能力，在支持、鼓励、肯定、接纳、承认、赞扬、欣赏等积极成分的环境气氛中培育学生的好奇心、自尊心和自信心。

二、创新人格教育

创新人格包括创新情感和创新个性。前者是创新的动力，后者是创新的支撑。有了这种创新人格，学生才有远大理想、坚强信念、坚忍不拔的意志和一丝不苟的精神。良好的人格特征是开展创造性活动必不可少的心理保障。重视学生创新人格的塑造，是现代学校面向未来社会所作出的必然选择。

培养创新人格，就是要在丰富学生的科学文化知识的同时，对学生心理结构进行重构与升华，让学生形成以科学精神为内蕴的人生观和世界观，这是创新人格教育的主旋律。创新活动具有明显的艰巨性、长期性和开拓性特征，不仅需要创造者具备科学的知识及科学地应用知识的能力，更需要创造者具备崇高的追求与远大的目标。

积极的情绪是灵感产生的重要条件，它能够使联想活跃，思维敏捷，提高创造效率。教师可以通过教育、疏导和体验等方式，使学生了解情绪发生、发展和变化的一般规律以及自身情绪变化的一般特点，学习和掌握有效调控情绪的一般手段和技巧，形成适度的情绪反应能力。学生也要加强自我教育，形成自我调控、自我实现的能力。

意志与创新水平的发挥有着密切的联系，只有具备坚强的意志，才敢攀登科学高峰。在教育过程中，教师要教育学生充分认识到自身意志品格中的优点与弱点，有意识地培养果断和持久的行为品格，增强抗挫能力，形成刚强拼搏、敢为人先和勇于拼搏的品质和精神。教育过程中应激励、扶持和推动学生去获取成功，使他们从小就充满自信心、自豪感和成就欲。教师要注重培养学生的竞争意识，科学组织富有竞争性的活动，改造学生身上存有的甘居平庸、承受不了失败等不良的人格表现。

学生创新人格的养成是外部教育与自身修养的统一。通过有针对性的教育和训练，通过学生的自我努力，学生的知、情、意、行诸要素可以有机地形成合力，并逐步形成创新人格，学生的素质也逐步得到优化和提高。

三、创新能力教育

创新能力是指创新者的操作技能，如创新思维的能力、创新信息加工的能力、创新成果的表达能力以及创新成果的物化能力等，其中创新思维的能力是创新能力的核心。

（一）多向思维能力的培养

多向思维也叫发散思维，是指对某一问题或事物的思考过程中，我们不拘泥于一点或一条线索，而是从仅有的信息中尽可能向多方向扩展，不受已经确定的方式、方法、规则和范围等的约束，并且从这种扩散的思考中求得常规的和非常规的多种设想。多向思维有四个特点。一是"多端"。对一个问题可以多开端，产生许多联想，获得各式各样的结论。二是"灵活"。对一个问题可以根据客观情况的变化而变化。三是"精细"。可以全面细致地考虑问题。四是"新颖"。答案可以有个体差异，各不相同，新颖不俗。

人的多向性思维能力是可以通过锻炼而提高的。在对多向思维能力的培养过程中，我们应注意对某一问题的思考要从全局出发，提出多种思路。当思维在某一处受阻时，应善于及时变换思维走向；当久思不得其解时，可引导注意力转向其他领域，寻求新的启示；当运用通常的方法解决不了问题时，可考虑交换事物的条件、目标等因素，从不同的途径去解决问题。

重复自己脑子里传统的或定型的东西是不会发散出独特性的思维的。只有在思维时尽可能多地为自己提出一些"假如……"，才能从新的角度想自己或他人从未想到过的东西。

（二）联想能力的培养

联想能力的培养，其本质在于启发人发现原来以为没有联系的两个或几个事物之间的联系，善于从对一个事物的思维联想到对另一个事物或另几个事物的思维就是创造性思维。

在联想这一心理活动过程中，被联想的事物与联想到的事物之间必须有内在联系。如果两个事物之间没有内在联系，就不可能产生联想这一心理活动过程。接近联想、似同联想、因果联想和对比联想是联想的四种基本类型。

1. 接近联想

是指事物之间在时间或空间相接近的基础上产生的联想。它分为时间接近联想和空间接近联想。时间接近联想是事物在时间接近的基础上产生的联想，空间接近联想是事物在空间接近的基础上产生的联想。

2. 似同联想

是指不同的事物在某一点上相同或相似而展开的联想。这类联想是利用两个事物的相似点作为连接线，由此事物联想到彼事物。如由长城联想到巨龙、由湖泊联想到明镜等。通常说的"打比方"，运用的就是这种联想。

3. 因果联想

是指所联想的事物与眼前的事物有因果关系的一种联想。此类联想的两个事物之间的关系，有的从原因想到结果，如由跌倒想到脚伤，因下暴雨想到河水涨，由风大想到伞难撑；有的从结果想到原因，如看鲜花怒放想到园丁辛勤耕种，从家乡新貌想到农村改革政策，见香港澳门回归想到"一国两制"理论。

4. 对比联想

是指两个事物有相对的关系，或一个事物有相反的两个方面的联想。对比联想分为横向对比联想和纵向对比联想两种。前者是由这个事物联想到那个与它特征相反的事物的联想，后者是由事物的现在联想到事物的过去或未来的联想。无论哪种对比联想，都能使事物形成鲜明的对比，增强表达效果。如鲁迅《故乡》中写到中年闰土的贫困、衰老、精神麻木，与少年闰土的健康、活泼、天真烂熳的小英雄形象，形成对比，突出闰土变化之大。

联想思维可为创造性思维起到积极的引导和铺垫作用。知识和经验与联想思维能力有着密切的关系，知识和经验越丰富，联想的广度和深度越大，也就越容易产生意想不到的创新结果。若联想能力与边缘学科的知识有机结合，那将会产生更高价值的新思维。

（三）想象力的培养

想象是人脑对已有的表象进行加工改造形成事物新形象的心理过程。它包括再造性想象和创造性想象两种类型。想象是创造力中最活跃的因素，它是人们进行创造性学习和创造性活动的必要条件，也是人们为改造世界而进行的一切创造性活动的必要条件。如果没有想象，人类的文学史、艺术史、科学史乃至文明发展史都将黯然无光，社会生活乃至个人生活将是枯燥乏味、了无意趣的。爱因斯坦说得好："想象力比知识更重要，因为知识是有限的，而想象力概括着世界上的一切，推动着进步，并且是知识进化的源泉。"著名教育家裴斯泰洛齐认为：教学的主要任务不是积累知识，而是发展思维、丰富想象。

实践经历是想象力的翅膀，而情感是想象力的动力。人的想象力必须以实践和情感为底蕴，才能自由地驾驭各种内在与外在的现象，使想象无羁绊地翱翔，也才能使想象充满活力，达到更深与更高的水平。黑格尔在他的《美学》中谈到：最杰出的艺术本领就是想象，它是创造性的。人们要有创造性的活动，首先是掌握现实及其形象的资禀和敏感，这种资禀和敏感通常通过听觉和视觉，把现实世界丰富多彩的图形印入心灵里。

(四) 观察力的培养

观察力是指人透过现象观察事物本质的能力。要培养学生的观察能力，首先要使学生养成勤于观察的习惯，然后再逐步培养其观察能力。训练观察能力时，学生要从多角度、多层面进行认真观察，既要看表面现象，又要了解内在实质；既要观察局部，又要观察全局；既要注意偶然事件，也要注意必然规律。在全面观察的基础上，把所观察到的信息，进行排列、组合、分类与分析，然后提出问题与发现规律。学生只有长期坚持观察与分析，并不断总结经验，才能逐步做到目光敏锐，明察秋毫。在培养学生观察力的过程中，兴趣促进观察，情感推动观察，认识深化观察。

兴趣是指一个人经常倾向于认识与掌握某种事物，并力求参与该项事物活动的心理特征。人有了某种兴趣，就会对该事物或活动表现出良好的情绪态度。对于喜爱的对象，人往往表现出愿意接触、接受的态度，在接触、接受的过程中，人们感受的深，留下的印象也就清晰；对于不喜欢的对象，人们会在心理上排斥它，并表现出注意力不集中或东张西望。

情感对观察具有推动作用。情感对人的活动影响是有差异的。一般来讲，积极的情感使人们感到生活丰富多彩，推动他们积极地去观察事物；消极的情感会影响人们观察事物的主动性与持久性。

观察为认识提供了感性材料，认识对观察有深化作用。学生实践前的观察，应作好有关观察对象的知识准备，这样，学生才能抓住事物的特点和观察的重点。

(五) 捕捉灵感能力的培养

捕捉灵感的能力，就是具有将瞬间即逝的灵感思维紧紧抓住，并及时加工成创新设想的能力。人的灵感思维是指突如其来的对事物的本质或规律的顿悟与理解，以及使问题得到解决的瞬间思维形式，它是经过紧张、深入思考的探索之后产生的思维成果，具有突发性和瞬时性特征。灵感的产生与艰苦积极的思维活动、丰富的知识经验及占有大量有价值的信息等因素有关。

学生在社会实践时要具有捕捉这种灵感的能力，养成这种捕捉灵感的习惯。一旦养成了这种能力和习惯，便促使自己去洞察一切事物，见人之未见，言人之未言。在创造性社会实践活动中，捕捉灵感，往往是成功的先兆，是开启成功大门的金钥匙。灵感的类型大致可以有以下几种。

1. 思想点化型

思想点化型灵感是指在平日阅读或交谈中，偶然得到他人思想启示而出现的灵感。例如，前苏联火箭专家库佐寥夫为解决火箭上天的推力问题，而苦恼万分，食不甘味，妻问其原因后说："此有何难呢，像吃面包一样，一个不够再加一个，还不够，继续增加。"他一听，茅塞顿开，采用三节火箭捆绑在一起进行接力的办法，终于解决了火箭上天的推力难题。相传我国著名书法家郑板桥，未成名时，成天琢磨前辈书法大家的体势，总想写得与前辈大家一模一样。一天晚上睡觉，手指先在自己身上练字，朦胧之中手指写到妻子身上，妻子被惊醒，生气地说："我有我体，你有你体，你为何写我体。"他从妻子的话中马上得到启示：应该写自己的一体，不能一味学人。在这个思想作用下，他刻苦用功，朝夕揣摩，终于成了自成一家的一代书法家。

2. 原型启示型

原型启示型灵感是指通过某种事件或现象原型的启示，激发创造性的灵感。如科研人员从科幻作家儒勒·凡尔纳描绘的"机器岛"原形得到启示，产生了研制潜水艇的设想，并获得成功。

3. 创造性梦幻型

创造性梦幻型灵感意指从梦中情景获得有益的"答案"，推动创造的进程。睡眠之时，常常也有灵感出现。格拉茨大学药物学教授洛伊在一天夜里醒来，想到一个极好的设想，他马上拿过纸笔简单地记录下来。翌晨醒来他知道昨夜里产生了灵感，但使他惊愕不已的是：怎么也看不清自己所做的笔记。他在实验室里整整坐了一天，面对熟悉的仪器，总是回想不起那个设想，到晚上睡觉之时，仍然一无所得，但是到了夜间，他又一次从梦中醒来，还是同样的顿悟，他高兴极了，做了细致的记录后，才回去睡觉。次日，他走进实验室，以生物史上少有的利落、简单、肯定的实验方法，证明了神经搏动的化学媒介作用。

4. 无意识遐想型

无意识遐想型灵感意指在紧张工作之余，大脑处于无意识的宽松休闲情况下而产生的灵感。有人曾对821名发明家作过调查，发现在休闲场合，产生灵感的比例比较高。从科学史看，在乘车、坐船、钓鱼、散步或睡梦中都可能会涌现灵感，给人提供新的设想。德国物理学家亥姆霍兹说："在对问题作了各方面的研究以后，巧妙的设想不费吹灰之力意外地到来，犹如灵感。"他发现这些思想，就不是在精神疲惫或是伏案工作的时候，而往往就是在一夜酣睡之后的早上，或是当天气晴朗缓步攀登树木葱茏的小山之时。达尔文在有了进化论的基本概念之后的一天，正在阅读马尔萨斯的人口论作为休息，这时，他突然想到：在生存竞争的条件下，有利的变异可能被保存下来，而不利的则被淘汰。他把这个想法记了下来，但还有一个重要问题未得解释，即由同一原种繁衍的机体在变异的过程中有趋异的倾向。而这个问题还是他在这样的情况下解决的："我能记得路上那个地方。当时我坐在马车里，突然想到了这个问题的答案，高兴极了。"

灵感的产生条件

(1) 愉快的精神状态

心情愉快，情绪轻松的精神状态是捕捉灵感的有利条件。而在心情沮丧、精神萎顿的情形下往往不产生灵感。对于文学家和科学家，适当的"业余爱好"，有利于营造一个愉快轻松的精神状态，有利于创造性灵感的出现。比如，许多科学家都喜欢音乐，有些人甚至还是音乐迷。爱因斯坦擅长拉小提琴，而且技艺不凡；富兰克林喜欢洋琴；居里夫人、达尔文都喜欢音乐；李四光、华罗庚、钱学森、钱伟长都对音乐很有研究。

(2) 兴趣和知识的准备

兴趣是促使人们去刻苦获取知识的动力之一。对某一领域的研究有兴趣，就会自然而然地留意工作、学习和日常生活中与之有关联的事物。因而说，文艺工作者和科学工作者若有广泛的兴趣，便会使自己具有丰富的知识经验，这也是捕捉灵感的一个基本条件，正如E·I·泰勒所说："具有丰富知识和经验的人，比只有一种知识和经验的人更容易产生新的联想和独到见解。"

(3) 随时做好记录的准备

爱因斯坦有一次和朋友一边共进午餐，一边讨论问题，忽然获得灵感，他一时找不到纸，就把公式写在崭新的桌布上。爱迪生经常携带笔记本，随时记录自己的新鲜想法，不管这种想法起初看起来多么微不足道。一次，奥地利著名作曲家约翰·施特劳斯正在餐馆吃饭，忽然一段音乐灵感袭来，他由于一时找不到现成的纸，便在自己的衬衣袖子上写起来。灵感的催动，使他似有神助，在衬衣上写下了一首后来流传世界的名曲——《蓝色多瑙河》。

灵感虽然行踪难觅，但并不是可遇而不可求。只要你不畏劳苦地学习和积累，孜孜不倦地思考和探求，灵感就会来叩打你的心扉，成功就会属于你!

(六) 预测能力的培养

预测能力就是根据客观事物的已知因素及其发展变化规律，凭借个人的学识与逻辑思维能力，去推断未来的才能。在社会实践中，学生要对新生事物，善于作出及时正确的判断，预见其生命力和发展趋势，以利于把握未来，驾驭事物的发展与变化。如根据运动员身体形态、身体机能、身体素质、运动技术与战术现状，我们预测运动员的发展前景与培养的重点；在阅读理解文章过程中，读者根据阅读材料的线索、通过已读信息的建构，并结合读者头脑中已储存的相关知识信息，对阅读材料"由上而下"地进行意义、情节、结果的推测。准确的预测基于丰富的知识、清晰的思维和对事物发展规律的准确把握。

第四节 创新能力培养的基本途径

在对学生创新能力培养的过程中，我们不仅要了解影响学生创新能力的内外因素，也要明确培养学生创新能力的基本途径，以期获得理想的培养效果。

一、以人为本，更新教育观念

教育观念是基于对教育各种现象的认识所形成的系统化理念，它是影响高校培养人才质量的核心因素。确立以人为本的教育理念，强化学生的主体地位，充分调动学生学习的自主性是培养学生创新能力的关键。创新教育观念，首先要倡导勇于追求真理、敢于探索未知、充分发展潜能、充分展现个性的价值观，鼓励学生自由探究，自主创新，锐意进取。其次，教师在教育教学活动中要充分尊重和爱护学生的创新精神，在强调打好基础的同时，有的放矢地开展各种有利于激发学生创新意识的活动，改变传统教育中直接或间接扼制创新能力发展的教育观念，消除教育教学过程中压抑学生创造思维和个性发展的弊端，重视学生创新意识和实践能力的养成，创建有利于创新能力发展的精神环境，强化独创性和多样性，承认失败的价值，保护学生的好奇心、自尊心和自信心。

二、推进制度创新，营造创新人才培养的环境

实施创新教育，学校必须推进制度创新，创设优秀人才脱颖而出的教育机制，营造热爱科学、敢于冒尖、宽容失误、勇于创造的教育环境。坚持以学生为本，保证学习者的主体地位；坚持学术自由和教学相长，发展"参与性学习"和"研究性学习"。在教育制度上，学生要拥有更多的选择权，学制具有更大的弹性。在满足基本教育要求的前提下，充分发展学生特长，让学生参与学习计划的制订和实施，使整个教学过程体现学生的创新精神，以培养和发展学生的创造性品格。要实现教育目的由培养"守成性"的人向培养"创新性"的人转变；教育功能由强调个体社会化向个体社会化与个体个性化协调发展的方向转变；教育模式由"接受性教育"向"主体性教育"转变；教育内涵由偏重文化传承向文化传承与文化革新并重的方向转变。

三、构建创新人才培养体系

制定人才培养目标时，我们必须把传授知识、培养能力、提高素质、发展个性特长作为重要的内容贯穿在教育的各个方面。课程内容要充分体现创新教育观念，通过富有创造性的课程体系和教学内容的系统教育实现对学生的创新能力培养。构建创新的课程体系和教学内容时，要改变传统课程过于注重把已给定的知识灌输给受教育者的倾向，强调学生要形成积极主动的学习态度，使学生获得知识与技能的过程成为学会学习和形成正确价值观的过程；改变课程结构过于强调学科体系、专业口径过窄、课程体系固定死板的做法；加大课程结构的均衡性、综合性和选择性；既要注重基础知识教育，又要追随科学发展的新动态；注重课程内容与现代社会、科技发展的联系，突出体育技能特点，精选终身学习必备的知识与技能，普及创造学知识，培养学生综合运用知识去分析问题和解决问题的能力；倡导学生主动参与社会体育实践、勤于独立思考、乐于探究体育社会中的未知问题、不断完善解决问题的办法。

四、改变教学方式，建立创新型教师队伍

高素质创新人才的培养离不开具有创新能力的教师队伍。教师创新素质的高低和创新意识的强弱直接决定着创新教育能否顺利实施，决定着学校能否培养出大批具有创新精神和创新能力的高素质学生。教师的教学方式关系到教学效果，也影响着学生创新能力的培养。改革教学方式，必须强化学生在教育教学活动中的主体地位，摒弃注入式、填鸭式的教学方法，采用能激发创新意识的启发式和研讨式教学方式。教师的教学方式不仅要有利于培养学生自学能力、独立分析问题和解决问题的能力，还要有利于学生个性和才能的全面发展，更要有利于学生创新能力的培养。教师要以提高学生素质为中心，把科学精神和创新意识摆在突出位置，将课堂教学和体育实践有机地结合起来，多角度、多层面地开发和培养学生的创造能力。

五、加强实践环节

实践是至关重要的创新教学环节。教学实践活动、校园文化活动、社会实践活动具有强大的育人功能，它可以在引导人、激励人、鼓舞人方面发挥课堂不能替代的潜移默化的作用。加强综合性实践教学环节，既有利于加强学生对所学知识的理解和掌握，更有利于创新思维和创造能力的培养。学生在亲身参与各项体育实践活动时，体验体育运动精髓，充分展示其创造才能，发挥其运动特长，调动其创新积极性，培养其团结协作、知行统一、自主创新和积极探索的能力。对低年级学生，加强基础知识与专业技能学习，强调明晰知识与技能应用的方法与途径；对高年级学生，则应根据不同专业特点逐步进行专业实践实习、社会调查、参与教师的教学、训练与科研工作。创造良好氛围，开展各类学生技能与知识的竞赛活动，引导学生在社会实践中学习，促进理论与实际的结合。各类竞赛活动不仅能够激发学生的学习兴趣和创造潜能，使学生更好地将理论知识运用于实践，培养学生独立的教学、训练和科研能力，还是培养学生团队协作意识和创新精神的有效途径，更能通过竞赛活动，培养学生与人交往的沟通能力与创新能力，增强学生的参与意识及服务意识。

六、构建合理的评价和激励机制

合理的评价和激励机制是培养学生创新能力的制度保障。在教育效果评价方面，学校必须建立一套综合评价体系评价学生知识与技能的学习效果。综合评价体系要将学生的考试成绩、学生在实践中发现问题、分析问题、解决问题的能力以及学生的实践能力都纳入评价体系中，改变以往把考试成绩作为评价学生唯一标准的做法。

在学籍管理体制方面，一方面要对学生的一些创新活动给予学分上的认定，以调动学生的积极性，提升学生的创新能力；另一方面要对学生参加多少创新活动赋予最低的学分要求。

在激励机制上，一方面要建立专项创新奖励基金，对教师指导学生进行的创新活动提供专项资金奖励，以鼓励那些在培养学生创新能力方面成效突出的教师。另一方面，通过奖学金、创新基金、奖励学分、创新学分、素质拓展学分等多种措施激励学生开展创新活动，并为学生的创新活动提供经费支持以及导师专业指导。

【思考题】

1. 简述体育社会实践中学生创新能力培养的原则。
2. 试述学生创新教育的基本内容。
3. 如何培养学生的多向思维能力？
4. 创新能力培养的基本途径是什么？

第十一章 本科毕业论文的选题、撰写与答辩

【本章导读】 毕业论文（设计）是本科生实践教育环节的重要组成部分，是培养学生理论联系实际的良好学风和锻炼学生独立工作能力的有效手段，是对学生掌握和运用所学基本知识、基本技能以及从事科学研究能力的综合考核，是完成专业培养目标的最后一个重要教学环节。毕业论文是大学生才华的第一次显露，是学生学习期间所获得的理论和技能综合水平的展示，在一定程度上反映了一个学校的人才培养质量。因此，一篇好的毕业论文，要有一个好的研究选题。本章主要阐述本科生毕业论文的特点、毕业论文的结构、毕业论文的选题、毕业论文的文献检索、撰写开题报告、撰写毕业论文、毕业论文答辩等方面的内容。

第一节 本科毕业论文的特点、结构

国务院学位委员会办公室在《学位论文编写规则》国家标准送审稿中明确指出学位论文是指"作者提交的用于其获得学位的文献"。我国高等院校学位论文分为学士论文、硕士论文和博士论文三个类型。本科毕业生学位论文是其在读期间学习、实践和科研工作的全面总结，是衡量可否毕业及申请和授予相应学位的基本依据。

一、本科生毕业论文特点

（一）专业性

《学位论文编写规则》明确规定："学士论文表明作者较好地掌握了本门学科的基础理论、专门知识和基础技能，并具有从事科学研究工作或承担专门技

工作的初步能力。"由此可见，体育院校本科学生学位论文的内容必须符合学生所属学科的研究领域。体育院校本科学生毕业学位论文研究内容的选择要体现出所学专业的特色与特征。

（二）创新性

创新性体现在三个方面：其一是理论创新；其二是方法创新；其三是求异性。体育院校的本科学生在技能实践方面和其他专业本科生具有较大的区别。因此，体育院校本科生的毕业学位论文的形式可以突出专业的特色和特点，选择多样化的毕业论文展示形式。比如根据学生的兴趣、爱好，学生毕业论文可以选择理论性的研究内容，也可以选择技能实践表演、展示性的研究内容，而不必拘泥于一种毕业论文模式。

（三）应用性

体育院校本科学生毕业论文的应用性主要体现在学生的研究内容和成果能够应用于学生未来的就业和成长，其研究内容的选择要真正能够从实用性出发，通过毕业论文的撰写，真正提升学生的实践操作技能，把握学科理论知识、方法的移植运用技能。

（四）科学性

科学性是学术论文的灵魂和生命。体育院校学生本科毕业论文不管是理论性的研究内容还是毕业汇报表演性的研究内容，都需要具有科学性。理论问题研究的选题、论述和讨论的问题必须符合客观事物的发展规律，毕业汇报表演研究的技能展示、技术连接、动作表达的艺术性和可操作性等程序也必须符合所涉及学科的科学规律。

（五）规范性

学位论文的规范性主要包括结构的规范性、专业术语使用的规范性和参考文献著录的规范性。体育院校本科学生毕业论文理论类研究的选题要严格按照论文的规范格式进行写作，毕业汇报表演、技能展示类的研究选题，要严格遵循运动规律和动作的规范性，优美地展示自己。

二、本科毕业论文的结构

体育院校本科生的毕业论文大致可以分为实践类和理论类两个类别。在这两类毕业论文中，由于其专业的特色和差异，毕业论文分析的方法也不同。

（一）实践类毕业论文结构

实践类的毕业论文主要是偏重于技能类的选题，也可以称此类的研究为毕业技能汇报表演。在国家提倡创新人才培养的社会背景下，以技能为主的体育教育训练学专业学生的毕业论文也可以采用多种创新形式，展示学生的研究成果。突出技能应用型的毕业汇报表演，也可以作为评价体育院校学生毕业论文的一种方式。

1. 毕业汇报表演的形式

毕业汇报表演是体现学生掌握专业知识，学以致用，并集技能表演、讲解、练习、编排于一体的综合能力展示活动。毕业汇报表演可以采用单人和集体的形式，展示大学期间对所学技能知识的理解和运用。

2. 毕业汇报表演类论文评价的要求

第一，要求学生针对自己所学的专业设计一套展示方案。

第二，展示方案的内容要求既有理论和技能动作的讲解，还要有技能动作的示范、不同运动项目技能的优化排列展示以及集体形式的表演。

第三，毕业汇报表演设计方案要能够全方位地考察学生在大学期间所学知识的理解和运用能力。

第四，艺术性、流畅性、新颖性、规范性、团队合作性、表达准确性是衡量毕业汇报演出成绩的主要标准。

【相关链接】

休闲与社会体育学院组织开展学生专业技能大赛及展示预演

2012年6月18—20日，我校休闲与社会体育学院组织开展了2009级学生专业技能大赛及展示预演活动。休闲与社会体育学院院长李相如、党总支书记杨琬观看了技能大赛展示预演，辅导员胡志文会同相关专业教师组织2009级社会体育和休闲体育两个专业的学生参加了本次技能大赛及展示预演活动。

比赛及展示的项目包括：空竹、跳绳、特色操舞、拓展项目、定向越野、羽毛球、足球、篮球等。本学期，休闲与社会体育学院充分利用早操和第二课堂时间组织学生广泛开展了专业技能训练，使学生的专业知识、技术、技能获得了进一步的提升。

本次专业技能大赛旨在推动专业建设发展，促进学生专业知识、技术、技能的提高，为专业实习做好充分准备。近期，学院将正式举行专业技能展示活动。

资料来源：http://www.cupes.edu.cn/cenep/cupes/xwzx/xwzx_info.jsp?

(二) 理论类毕业论文结构

理论类研究论文是体育院校通常采用的本科毕业论文考核形式，主要包括以下部分。

1. 前导部分，包括题目（下署学号、班级、届次、姓名、日期、指导教师）、摘要和关键词。

(1) 题目。论文题目是论文内容的高度概括，应简明扼要，反映论文的主要内容和基本观点。题目不宜太大，且字数不宜过多，通常在30字以内。

【相关链接】
2008、2009全国体育院校优秀本科毕业论文一等奖题目
浅析图片在报纸赛事报道中的作用——以《北京青年报》对中国网球公开赛报道为例
我国地方体育传媒（电视）发展战略初探——以SMG五星体育为个案
柔韧素质对少年短道速滑运动员运动能力影响的研究
申奥成功后，北京市群众体育活动特色与创新研究
足反射疗法对运动员训练后血乳酸水平的影响
对第29届奥运会中美男排技术统计的对比分析
我国划艇运动员备战期部分生化指标监测研究

(2) 摘要。摘要是作者基本思想和观点的缩影，是全文的高度概括和浓缩。摘要的作用一是让读者尽快全面了解论文的主要内容和结果；二是提高论文的可

读性；三是便于体育科技情报的检索和贮存。

摘要的具体撰写包括四方面要求。一是简短，即用精炼的语言概括整个论文的核心思想，字数500字以内；二是精炼，即语义确切、结构严谨、逻辑性强；三是完整，即独立成文，不分段落；四是第三人称写法，客观、真实地介绍研究内容。

(3) 关键词。关键词一般指那些确能反映论文内容特征、具有实质意义且通用性强的名词性单词或词组。整篇论文一般选择3~5个关键词，关键词的选取是整篇论文中出现频率高的词组。书写关键词时，相互间空一格，或者用逗号、分号隔开，最末不用任何标点符号。

2. 正文部分，包括前言、研究对象与方法、研究结果讨论与分析、结论与建议以及参考文献等。

(1) 前言。前言也称为引言、绪论、问题的提出等，主要介绍论文的写作背景、目的、缘起和提出研究要求的现实情况，以及国内外对本课题的研究概况，说明本研究与前工作的关系，目前的研究热点、存在的问题及作者的工作意义，引出本文的主题给读者以引导。

(2) 研究对象与方法。研究对象应明确，研究对象的选择应合理并有一定的代表性。研究方法主要用来说明课题研究的过程及所采用的方式方法。

(3) 研究结果讨论与分析。研究结果讨论与分析是指研究中所获得的数据和所观察到的现象，并对其产生的原因进行理论性的解释和分析，它是全篇论文的主体。要求将研究所得的调查研究资料、实验数据、检验结果都能通过统计图表并结合文字，分别表述出来。

(4) 结论与建议。结论应是毕业论文的最终的、总体的结论，换句话说，结论应是整篇论文的结局，是整篇论文的归宿，而不是某一局部问题或某一分支问题的结论，也不是正文中各段的小结的简单重复。结论是该论文结论，应当体现作者更深层的认识，且是从全篇论文的全部材料出发，经过推理、判断、归纳等逻辑分析过程而得到的新的学术总观念、总见解。结论应该准确、完整、明确、精练。

(5) 参考文献。论文的参考文献是在学术研究过程中，对某一著作或论文的整体的参考或借鉴。学生应根据学校毕业学位论文要求中参考文献规定的格式进行注释，并且要完整标记阅读文献的出处。

【相关链接】
毕业论文参考文献规范格式

一、参考文献的类型

参考文献（即引文出处）的类型以单字母方式标识，具体如下。
M——专著　　　　　C——论文集　　　　N——报纸文章
J——期刊文章　　　 D——学位论文　　　R——报告
对于不属于上述的文献类型，采用字母"Z"标识。

对于英文参考文献，还应注意以下两点：

①作者姓名采用"姓在前名在后"原则，具体格式是：姓，名字的首字母，如：Malcolm Richard Cowley 应为：Cowley, M.R.，如果有两位作者，第一位作者方式不变，& 之后第二位作者名字的首字母放在前面，姓放在后面，如：Frank Norris 与 Irving Gordon 应为：Norris, F. & I.Gordon.；

②书名、报刊名使用斜体字，如：*Mastering English Literature*, *English Weekly*。

二、参考文献的格式及举例

1. 期刊类

【格式】　[序号] 作者.篇名 [J] .刊名，出版年份，卷号（期号）：起止页码.

【举例】

[1]　王海粟.浅议会计信息披露模式 [J] .财政研究，2004，21（1）：56-58.

[2]　夏鲁惠.高等学校毕业论文教学情况调研报告 [J] .高等理科教育，2004（1）：46-52.

[3]　Heider, E.R.& D.C.Oliver. The structure of color space in naming and memory of two languages [J] . Foreign Language Teaching and Research, 1999, (3)：62-67.

2. 专著类

【格式】　[序号] 作者.书名 [M] .出版地：出版社，出版年份：起止页码.

【举例】

[4]　葛家澍，林志军.现代西方财务会计理论 [M] .厦门：厦门大学出版社，

2001：42.

[5] Gill, R. Mastering English Literature [M]. London：Macmillan, 1985：42-45.

3. 报纸类

【格式】 [序号] 作者.篇名 [N] .报纸名, 出版日期（版次）.

【举例】

[6] 李大伦.经济全球化的重要性 [N] .光明日报, 1998-12-27（3）.

[7] French, W. Between Silences：A Voice from China [N] . Atlantic Weekly, 1987-8-15（33）.

4. 论文集

【格式】 [序号] 作者.篇名 [C] .出版地：出版者, 出版年份：起始页码.

【举例】

[8] 伍蠡甫.西方文论选 [C] . 上海：上海译文出版社, 1979：12-17.

[9] Spivak, G. "Can the Subaltern Speak?" [A] . In C.Nelson & L. Grossberg（eds.）. Victory in Limbo：Imigism [C] . Urbana：University of Illinois Press, 1988, pp.271-313.

[10] Almarza, G.G. Student foreign language teacher's knowledge growth [A] . In D.Freeman and J.C.Richards （eds.）. Teacher Learning in Language Teaching [C] . New York：Cambridge University Press. 1996. pp. 50-78.

5. 学位论文

【格式】 [序号] 作者.篇名 [D] .出版地：保存者, 出版年份：起始页码.

【举例】

[11] 张筑生.微分半动力系统的不变集 [D] .北京：北京大学数学系数学研究所, 1983：1-7.

6. 研究报告

【格式】 [序号] 作者.篇名 [R] .出版地：出版者, 出版年份：起始页码.

【举例】

[12] 冯西桥.核反应堆压力管道与压力容器的 LBB 分析 [R].北京：清华大学核能技术设计研究院，1997：9-10.

7. 条例

【格式】 [序号] 颁布单位.条例名称.发布日期

【举例】 [15] 中华人民共和国科学技术委员会.科学技术期刊管理办法 [Z] .1991-06-05

8. 译著

【格式】 [序号] 原著作者. 书名 [M] .译者，译.出版地：出版社，出版年份：起止页码.

三、注释

注释是对论文正文中某一特定内容的进一步解释或补充说明。注释前面用圈码①、②、③等标识。

四、参考文献

参考文献与文中注（王小龙，2005）对应。标号在标点符号内。多个都需要标注出来，而不是 1-6 等 ，并列写出来。

资料来源：http: //blog.sina.com.cn/s/blog_48f40fbf0100l8n3.html

第二节　本科毕业论文的选题、文献检索与开题报告

爱因斯坦说过："提出一个好问题比解决它更重要。"选题是一种智慧，好的选题是成功的一半。因此，毕业学位论文题目的选择非常重要，要体现出专业性、创新性、价值性，同时也要注意选题的广度、深度和难度。对于本科生毕业论文而言，题目的选择要从一个小的体育社会现象中去分析，挖掘出深层的事实，从中提炼出一些人所不知的小道理。

一、毕业论文选题

（一）选题的步骤

第一步，与指导教师商量的基础上，初步确定学位论文题目的研究方向。

第二步，研究方向拟定后，需要广泛地阅读相关书籍、期刊、杂志，分析所研究主题的实际社会发展情况。

第三步，根据研究方向查阅相关文献，撰写研究主题的研究现状综述。

第四步，与指导教师讨论，确定选题。

（二）研究选题的陈述

一个研究问题的选择并不意味着这个问题有了恰当的陈述。问题陈述得好，可以为研究者提供从事该研究计划的方向。陈述应该指明总体的中心议题和问题的前后背景。

（三）选题的方法

毕业论文的论题种类很多，选择论文题目的方法也多种多样，下面介绍几种常见的学位论文选题法。

1. 课堂学习中寻找研究课题

体育院校教师在理论课程和实践技能课程中，都会对课程知识进行详细的讲解，也会介绍专业前言性的知识，学生可以从教师的课堂授课过程中获得启发，产生对某一问题的研究兴趣。

2. 在阅读他人成果中寻找课题

学生在平时的课外阅读中，要善于积累和发现有价值的研究选题，从他人的研究成果中获得灵感，对于未研究清晰的论题进行深度思考。

3. 自己的"实践问题"转化为"研究课题"

学生可以选择在课堂学习和教育实习中，自己遇到了哪些问题，如果这些问题能够通过研究得到解决，那么，就可以考虑将这些体育现实问题转化为研究的主题。比如社会体育专业的学生会有机会到健身俱乐部实习，如果作为一个操课教练，就会遇到如何让自己所授的课程吸引会员，激起学员的学习热情和持久性。学生就可以以"健身房操课教练的课堂设计"为题，进行相关研究，并能获得让人满意的研究结果。

4. 立项课题转化为毕业论文选题

学生可以将本科生科研立项课题转化为毕业论文，从科研立项课题中选择一个或者几个研究内容，按照毕业论文的要求，形成选题。

【相关链接】

本科生科研立项成果集（项目成果名称摘录）

1. 申奥成功后，北京市群众体育活动特色与创新研究
2. 首都体育学院社会体育专业学生社会实践情况的调查研究
3. 北京市房山区长沟镇大众对健身路径使用状况的调查研究
4. 朝阳区和平里社区健身器材利用率的调查研究
5. 北京市顺义区健身俱乐部私人教练职业现状的调查与研究
6. 专业公司服务赞助商问题研究——以阳光国际体育文化有限公司对 2008 年中国网球公开赛赞助商（中信银行）现场服务为例
7. 北京市延庆县城区中学教师身体健康状况调查研究
8. 北京市平谷区大兴庄镇小学生参加课余体育活动情况的调查研究
9. 极限运动的参与性研究——对北京市高校学生参与极限运动现状的分析
10. 经济危机对海淀区居民健身俱乐部消费的影响与对策研究

资料来源：李相如，李瑞林.本科生科研立项成果集 [M].北京：北京体育大学出版社，2011.

二、毕业论文的文献检索

文献检索有两个意义：一是在选题没有形成之前，学生可以通过翻阅专业杂志或网络文献的方法来获得启发。二是在确定选题之后，学生根据自己的选题和

关键词进行系统的文献检索。

一旦确定主题之后，学生就应该进一步锁定与论文研究主题相关的关键词。关键词是文献检索中的关键要素，在选择关键词时，应尽量避免一些错误。不要将无关的或无足轻重的词语作为关键词，而将重要的词语排斥在关键词之外；或者由于在翻译"关键词"时发生错误，导致寻找相关的外文文献时找不到关键文献。

文献检索可以采用手工的方式，也可以采用网络搜索引擎和网上图书馆。

（一）利用"搜索引擎"

现代人类社会处于电子信息时代，网络搜索将成为学生收集信息首选的检索方式。目前，学生可以通过 Google、Baidu 和 Yahoo 这三个搜索引擎。

1. Google

Google 的完整地址是 http：www.Google.com。Google 和 Baidu 互有优势，Google 更适合检索英文文献，Baidu 更适合检索中文文献。Yahoo 的搜索引擎曾经是最受欢迎的搜索引擎，现在地位有所下降。

2. 百度

百度的完整地址是 http：www.Baidu.com。2001 年 10 月 22 日 Baidu 搜索引擎正式发布，专注于中文搜索。百度的另一名称是中国的 Google，在中文搜索引擎中位居第一。

3. Yahoo!

Yahoo! 完整的地址是 http：www.yahoo.com。雅虎（Yahoo!）是搜索引擎中的"前辈"和"领袖"，但由于雅虎后来致力于做门户网站，所以搜索引擎的领导地位拱手给了 Google。

此外，一般研究者也常用"搜狗"搜索引擎，"搜狗"搜索引擎的地址是 http：www.sogou.com。有时，在 Google、百度、雅虎搜索不到的文献，倒可能在"搜狗"搜索引擎那里获得帮助。

(二) 利用"网上图书馆"

网上图书馆也可以称为数字图书馆、电子图书馆。目前影响较大的是 CNKI 数字图书馆和超星数字图书馆。CNKI 数据库主要有"中国期刊全文数据库""中国优秀博硕士学位论文全文数据库""中国重要会议论文全文数据库""中国重要报纸全文数据库"。其中,"中国期刊全文数据库"是目前世界上最大的中文期刊全文数据库之一。

超星数字图书馆 (http://www.ssreader.com) 是比较有影响的网上图书馆,读者可以购买超星图书卡来查找、检索、下载和阅读图书的权利。

(三) 手工检索

手工检索是文献检索的传统形态,主要包括查阅图书馆的目录索引、体育期刊和专著等。

"主题索引"或"著者索引"是图书馆传统手工检索的主要形式,但随着图书馆管理的信息化、电子化,传统图书馆手工检索方式也逐渐被网上图书馆电子检索形式代替。

查阅体育报刊和专著也是传统手工检索的主要形式。学生可以到学校图书馆重点查阅以下中文杂志:《体育科学》《上海体育学院学报》《北京体育大学学报》《中国体育科技》《武汉体育学院学报》《体育与科学》《体育学刊》《天津体育学院学报》《体育文化导刊》《成都体育学院学报》《西安体育学院学报》《广州体育学院学报》《山东体育学院学报》《首都体育学院学报》《沈阳体育学院学报》《山东体育科技》。

三、毕业论文开题报告的撰写

开题报告如同建筑师的蓝图。有了好的开题报告,才能使研究工作者有计划、有系统、有组织地开展研究工作,以保证课题研究任务的顺利完成。开题报告就是论文研究方案的设计、规划和制定。换言之,就是当论文选题确定之后,学生在综述研究文献的基础上撰写的选题计划。开题报告主要说明这个论文有价值进行研究,自己有条件进行研究以及准备如何开展研究等问题,科研论文的开题报告，它初步规定了论文研究各方面的具体内容和步骤，对整个研究工作的顺利开展起着关键的作用。

一般来讲，开题报告主要包括以下几个方面。

（一）论文名称

论文名称就是论文的名字。科研论文的名称首先要做到准确、规范。准确就是论文的名称要把论文研究的问题是什么，研究的对象是什么交待清楚，突出论文的关键词。规范就是所用的词语、句型要规范、科学。其次，名称要简洁，不能太长。不管是论文或者课题，名称都不能太长，要简明扼要，通俗易懂，要尽可能表明三点：研究对象、研究问题和研究方法。

（二）论文研究的目的、意义

首先，要阐明论文主题研究的背景，即根据什么理论、受什么启发而进行这项研究的。其次，要阐明为什么要研究这个课题，研究它有什么价值，能解决什么问题。第三，要认真、仔细查阅与本课题有关的文献资料，了解前人或他人对本课题或有关问题所做的研究及研究的指导思想、研究范围、方法、成果等。把已有的研究成果作为自己的研究起点，并从中发现以往的不足，确认自己的创意，从而确定自己研究的特色或突破点。

（三）国内外研究的历史和现状（文献综述）

学生根据选定的论文题目，搜集相关文献，整理和总结已取得的研究成果，寻找有待进一步研究的问题，从而确定本论文研究的平台（起点）、研究的特色或突破点。

（四）论文研究的目标

论文研究的目标就是通过研究，要达到什么目标？要解决哪些具体问题？这与我们上课是一样的。研究的目标是比较具体的，不能笼统地讲，必须清楚地写出来，一定要科学地界定好研究的范围。只有目标明确而具体，才能知道工作的具体方向是什么，才知道研究的重点是什么，思路就不会被各种因素所干扰。

（五）论文研究的基本内容

确定了论文的研究目标，就要根据目标来确定这个课题要研究的内容，研究内容要比研究目标写得更具体、明确。并且一个目标可能要通过几方面的研究内容来实现，它们不一定是一一对应的关系。

（六）研究的方法

任何科学研究除了要应用哲学方法和一般科学方法之外，还要有具体的研究方法、技术手段。研究方法这部分，主要反映一项课题的研究通过什么方法来组织实施，为什么要用这个方法？以及要"做什么""怎么做"。体育科学研究的方法很多，包括历史文献研究法、调查研究法、实验研究法、比较研究法、理论研究法、个案分析法等。学生在应用上述各种方法时，一定要严格按照每一具体科研方法的要求，同时，根据研究主题的需要，提倡使用综合的研究方法。

（七）研究步骤

研究的步骤，也就是课题研究在时间和顺序上的安排。研究的步骤要充分考虑研究内容的相互关系和难易程度，一般情况下，都是从基础问题开始，分阶段进行，每个阶段从什么时间开始，至什么时间结束都要有规定。学生毕业论文研究的主要步骤和时间安排包括：整个研究拟分为哪几个阶段；各阶段的起止时间；各阶段要完成的研究目标、任务；各阶段的主要研究步骤。

第三节 本科毕业论文的撰写与答辩

本科毕业论文的撰写大体上可以分为整理文献素材、拟定提纲、起草初稿、修改论文、撰写附加成分五个部分。对于采用毕业汇报表演的论文形式形成过程，大体上也可以分为梳理技能展示资料、拟定展示内容提纲、进行动作编排设计、修改编排设计方案、确定最终毕业汇报表演方案。

一、本科毕业论文的撰写步骤

（一）整理素材

为便于快速查询已获取的、有价值的素材，在撰写论文之前最好根据自己不同的使用目的，采用表格整理法组织所需的素材。按照关键词排序的形式组织所查阅到的文献内容。这样做可以将同一主题的资料集中，便于论文写作过程中有效查找和利用，加快论文撰写速度。

毕业汇报表演形式论文也是一样，将所学的运动项目按照项群理论的分类方法逐一梳理，并注明每一项目在编排动作方案中的表现形式。

（二）拟定提纲

提纲是论文的内容要点，编写提纲的过程，就是理清思路、形成粗线条论文逻辑体系、构建论文框架的过程。

提纲一般应包括论文的各个章节的标题、各个章节中的基本论点、主要论据、论证的方法、参考文献等。

毕业汇报表演的提纲是将整套动作表演的流程罗列出来。

（三）起草初稿

初稿的写作就是依据提纲，将研究获得的结果、形成的结论，以书面语言和毕业论文要求的规范表达出来。

毕业汇报表演的初稿是按照提纲框架，将整套动作表演的内容设计、表现形式等细节内容添加在各个程序中。

（四）修改论文

为了使学位论文能够达到准确、清楚地表达自己研究成果的目的，需要反复进行修改。修改的范围包括论文的观点、结构、材料以及文字。修改的方法没有固定的形式，依据每个学生的思维方式、写作习惯不同，可以采用不同的方法。

毕业论文汇报表演设计方案的修改范围主要包括动作内容编排的流畅性、表演方案的完整性和艺术性。

(五) 撰写附加成分

论文正文定稿后，根据学位论文的撰写要求，还需要提供论文英文题目、中英文摘要、关键词、致谢、参考文献。同时，还应根据各个学校的论文封面模板制作封面。

二、毕业论文的答辩

毕业论文答辩是审查毕业论文的一种补充形式。一般来讲，本科以上（含本科）毕业生都要参加答辩。毕业论文答辩的主要目的，是审查文章的真伪、审查写作者知识掌握的深度、审查文章是否符合体裁格式，以求进一步提高。学生通过答辩，让教师、专家进一步了解文章立论的依据，处理课题的实际能力。这是学生可以获得锻炼和提高的难得机会，应把它看作治学的"起点"。

(一) 毕业论文答辩 PPT 的制作

作好 PowerPoint 幻灯片是答辩好的重要环节。

1. 灯片设计要点

每页 8~10 行字或一幅图。只列出要点，关键技术。推荐幻灯片的数目 15~20 张；推荐标题 44 号，正文 32 号（不少于 24 号字），每行字数在 20~25 个，每张 PPT 6~7 行；推荐字体用宋体（可以加粗）英文用 New Courier；幻灯片配色白底、黑、红、蓝字或者蓝底、白、黄字。

2. 幻灯片篇幅分配

研究概述（1 张幻灯片），简明扼要（一两句话）说明：研究背景、研究意义、研究目标、研究问题。

研究框架（1 张幻灯片），研究的研究思路和论文结构。

相关概念（1张幻灯片），若有特别专业或者要特别说明的概念，可以解释。

研究综述（1张幻灯片），简要说明国内外相关研究成果，谁、什么时间、什么成果。最后很简要述评，引出自己的研究。

研究方法与过程（1~2张幻灯片），采用了什么方法？在哪里展开？如何实施？

主要结论（3~5张幻灯片），自己研究的成果，条理清晰，简明扼要。多用图表、数据来说明和论证你的结果。

问题讨论（1张幻灯片），有待进一步讨论和研究的课题。

致谢（1张幻灯片）。

（二）毕业学位论文答辩程序

1. 答辩的准备工作

学生可以从下列问题（第4~第10题）中，根据自己实际，选取两三个问题，作好汇报准备（第1~第3题必选）。时间一般不超过10分钟。内容最好烂熟于心中，不看稿纸，语言简明流畅。

（1）为什么选择这个课题（或题目），研究、写作它有什么学术价值或现实意义。

（2）说明这个课题的历史和现状，即前人做过哪些研究，取得哪些成果，有哪些问题没有解决，自己有什么新的看法，提出并解决了哪些问题。

（3）文章的基本观点和立论的基本依据。

（4）学术界和社会上对某些问题的具体争论，自己的倾向性观点。

（5）重要引文的具体出处。

（6）本应涉及或解决但因力不从心而未接触的问题；因认为与本文中心关系不大而未写入的新见解。

（7）本文提出的见解的可行性。

（8）定稿交出后，自己重读审查新发现的缺陷。

（9）写作毕业论文（作业）的体会。

（10）本文的优缺点。

总之，要作好口头表述的准备。不是宣读论文，也不是宣读写作提纲和朗读内容提要。

2. 答辩会程序

(1) 学生作说明性汇报（5~10分钟）。

(2) 毕业答辩小组提问。

(3) 学生答辩（一定要正面回答或辩解，一般允许准备1~2分钟）。

(4) 评定成绩（答辩会后答辩小组商定，交系、院学位委员会审定小组审定）。

3. 学生答辩注意事项

(1) 带上自己的论文、资料和笔记本。

(2) 注意开场白、结束语的礼仪。

开场白：各位老师，下午好！我叫×××，是××级××班的学生，我的论文题目是……，论文是在××指导老师的悉心指点下完成的，在这里我向我的指导老师表示深深的谢意，向各位老师不辞辛苦参加我的论文答辩表示衷心的感谢。下面我将本论文设计的目的和主要内容向各位老师作一汇报，恳请各位老师批评指导。

结束语：我的论文报告完毕，请各位老师提出宝贵的意见和建议，谢谢！

(3) 坦然镇定，声音要大而准确，使在场的所有人都能听到。

(4) 听取答辩小组成员的提问，精神要高度集中，同时，将提问的问题一一记在本上。

(5) 对提出的问题，要在短时间内迅速做出反应，以自信而流畅的语言，肯定的语气，不慌不忙地一一回答每个问题。

(6) 对提出的疑问，要审慎地回答，对有把握的疑问要回答或辩解、申明理由；对拿不准的问题，可不进行辩解，而实事求是地回答，态度要谦虚。

(7) 回答问题要注意的几点。

第一，正确、准确。正面回答问题，不转换论题，更不要答非所问。

第二，重点突出。抓住主题、要领，抓住关键词语，言简意赅。

第三，清晰明白。开门见山，直接入题，不绕圈子。

第四，有答有辩。有坚持真理、修正错误的勇气。既敢于阐发自己独到的新观点、真知卓见，维护自己正确观点，反驳错误观点，又敢于承认自己的不足，修正失误。

【思考题】

1. 本科生毕业论文选题的方法主要有哪些？
2. 本科生毕业论文撰写的程序是什么？
3. 如何做好本科毕业论文答辩？
4. 分组讨论，如何在大学学习中养成良好的研究习惯？

第十二章　职业规划与求职应聘指导

【章前导读】 物竞天择，适者生存，当今社会处在变革的时期，到处充满着激烈的竞争。要想在这场激烈的角逐中脱颖而出并立于不败之地，必须设计好自己的人生道路。只有客观认识自己和了解生存环境，设计迎合社会需求的职业路线，才有可能创造自己的个人价值和社会价值。另一方面，自由竞争、双向选择是目前求职的主题，求职者在求职阶段时时刻刻会面对三个对手：自己、其他竞争者以及招聘方。灵活驾驭自己、充分发挥自身优势、时刻注意换位思考是应对这三个对手的法宝。

第一节　职业规划

大学生制定职业生涯规划，有利于认识自我和进行自我定位、确立人生奋斗目标。

一、概念及现实意义

职业规划是个人与组织发展相结合，在对一个人职业生涯的主客观条件进行测定、分析、总结的基础上，对自己的兴趣、爱好、能力、特点进行综合分析与权衡，结合时代特点，根据自己的倾向，确定其最佳的职业奋斗目标，并为实现这一目标做出行之有效的安排。职业规划包括职业定位、目标设定、规划设计三部分内容。

大学生从学校走向社会，将面对一个全新的世界，在这个世界里，能够让大学生长久立足的是所选职业，它不仅是生活的基础，更是每个人实现个人价值的载体。在学业阶段进行职业生涯规划将有利于大学生自我定位、确立人生奋斗目标。在进行具体规划时会自问："我想干什么，我能干什么，现在要怎么做"等一系列问题，并在后期从专业知识、专业技能、个人素养等多方面进行有针对性的准备,以不断完善自我,提高未来发展空间。

二、职业规划制定的基本要求

对于个人职业发展而言,职业规划制定的第一要求是在一定的社会背景条件下,根据自身兴趣、爱好、个性、能力特点等设计迎合社会需求的职业路线。

(一) 自身与环境的融合

理想可以以超越现实的形式存在,但转变为现实则需要依附现实条件或服务于现实,这些条件有自然的,也有社会的,大到外部生存环境、现有的科技发展水平、教育体制等,小到就业方向。如西方自然科学和社会科学有重大突破的19世纪末20世纪初,实用主义是当时的时代特征,一直注重教育实用性的美国于1904—1918年在威斯康星大学率先提出大学应具有社会服务职能的理念,将培养人才、发展科学职能向前推进,以发挥人在社会进步中的作用——人才培养与社会发展挂钩。又如个体在受教育阶段培养的个性、掌握的知识、技术、技能及综合能力等,在很大程度上决定了未来发展方向和发展空间,如逻辑思维能力较强的人表现得较为扎实、稳健,擅长从事技术类工作;而形象思维能力较强的人思想活跃、不拘一格,善于发挥自己的积极性和创造性,比较适合从事人文艺术类工作。这两类都是将个人个性特点、兴趣、爱好、专业能力与工作内容、性质保持一致,以在工作中发挥个体优势,提高个体社会竞争力。无论是哪一种,都是客观现实与自身的结合。

(二) 职业的相对稳定性与未来发展的变化性

社会发展和生活环境的改变会使人生道路发生一定变化,作为生存手段的各种职业时时刻刻会面临现实自由竞争、优胜劣汰的考验,如前些年的热门专业在若干年后成了冷门专业,某些新出现的专业逐步登上热门专业舞台;若干年前风靡一时的篮球热逐渐受到小球热的影响等。这些客观变化对各职业的稳定性及个人未来发展的冲击在告诉我们一个事实,专业、职业是生存的手段,其选择过程应以适合未来发展为前提,考虑职业的适合性、发展性,如该岗位重视人才的程度,单位的实力和所提供的发展机会、尽可能通过各种渠道了解其未来前景等,这些都是促进或阻碍人们职业发展的因素，大学生职业规划应该"择其善者而从之"。

三、职业规划步骤

每个人的价值观念和信仰各不相同，在进行职业规划时，会针对个人特点，确立未来发展方向，对一个人的一生来说，这项工作显得格外重要。大学生要根据职业生涯规划理论与原则以及职业成功的标准，掌握正确的职业生涯设计方法，准确进行自我定位，合理规划职业人生，列出具体措施和日程，通过具有前瞻性的职业生涯设计，减少人生道路上的徘徊犹豫，避免浪费时光，为主动迎接未来职业发展的挑战做好充分准备。

（一）职业定位

职业定位是明确一个人在职业上的发展方向，它是人在整个生涯发展历程中的战略性问题，也是根本性问题。具体而言，从长远上看是找准一个人的职业类别，就阶段性而言是明确所处阶段的对应的行业和职能，就是说在职场中自己应该处于什么样的位置。在职业定位前，需要认真了解自身个性特点和职业的匹配关系。

职业生涯研究专家们经过不断研究和总结，为职业规划者提供了一些可以应用的职业生涯选择的理论工具，如较为典型的个性理论（表12-1）。

表12-1 霍兰德的六种个性类型与适合的职业

个性类型	个性特征	兴趣	相适合的职业
现实主义型	真诚坦率、有攻击性，讲求实利，有坚持性、稳定性、操作性	需要技术力量与协调的活动	体力劳动者、农民、机械操作者、飞行员、司机、木工等
钻研型	好奇、理智、内向、专注、创新，有分析、批判、推理能力	喜欢思考的、抽象的活动（知识科学等）	生物学家、数学家、化学家、海洋地理学家等
艺术型	自我表现欲强，感情丰富，富有想象力、理想主义、爱走极端、易于冲动、善表达	艺术的、自我表现强的、个性强的活动	诗人、画家、小说家、音乐家、剧作家、导演、演员等

(续表)

个性类型	个性特征	兴趣	相适合的职业
社交型	爱好与人交往、富有合作精神、友好、热情、肯帮助人、和善	与人有关的、与感情有关的活动	咨询者、传教士、教师、社会活动家、外交家等
创新型	有雄心壮志、喜欢冒险、乐观、自信、健谈、预测性强、爱好对别人指手划脚	与权利与地位的获得有关的活动，与说服、领导有关的活动	经理、律师、公共部门任职者、政府官员等
传统型	谨慎、守秩序、服从、能自我控制、注意细节、关心小事	与细节和有计划的活动有关的	出纳员、会计、统计员、图书管理员、秘书、邮局职员等

个性理论认为，对组织和个人都适宜的职业可以通过寻求个性与组织环境的要求之间的最佳配置方式推测出来。职业的满意度、稳定性和实际成就取决于个性与职业特点的匹配程度。霍兰德对从事某种职业的人们所具有的共同特征进行研究的结果表明，人们各自有一组特征可以表明他们从事何种职业最为合适，并能取得有效成果。应用表12-1，可以自我定位确定适合自己未来发展的一类职业或者进行"霍兰德测试"问卷，寻找更加适合自己的职业。

（二）目标设定

目标设定是理想变为现实必经之路，也是付诸行动的开始，一个人事业的成败，很大程度上取决于有无正确、合理的目标。设定目标是职业生涯规划的核心，因为科学的目标设定有利于明确个人奋斗方向，便于目标达成。在继职业选择、职业生涯路线选择后，要对目标做出抉择，即以自己的才能、性格、兴趣、外部环境等要素为依据，按照一定时间顺序和步骤设计目标。通常目标分短期目标、中期目标、长期目标，各时期目标设定的内容和持续时间虽不一样，但相互之间却具有紧密的联系。

1. 短期目标

通常是指时间在一至两年内的目标，依据目标落实的时间的长短和内容又可分日目标、周目标、月目标和年目标，例如在1个月内完成预期目的前期工作，在半年内完成三分之一的任务等。这类目标是中期目标和长期目标的具体化、现实化和可操作化，是最清楚的目标。

2. 中期目标

一般为 3~5 年，它相对长期目标要具体一些，如学业阶段花 3 年的时间落实专业课程、专业技术的学习与运用，并争取在这一阶段持续参加旨在为提高技术水平的培训，获得相关证书并提高实际操作能力等。

3. 长期目标

时间为 5 年以上的目标，它通常不具体，可能随着内外部形势的变化而变化，在制定时以规划目标轮廓为主，实现过程需要很长时间，具有一定的挑战性。

（三）目标控制

1. 自我评估

制定个人评估是个人职业活动的内容之一，也是个人职业活动的基础。做个人评估可以加深自我认识和明确定位，检查在职业中自己的发展、进步和变化，真正做到掌握目标落实情况和对目标进行有效的控制。职业自我评估表对目标认定和落实有很大帮助，制定评估表能有效指引个人逐步实现各阶段目标。

表 12-2 职业自我评估表

1. 在三个领域中列举出你的五个目标（职业、人际关系和个人满足）。
2. 回过头去列出这五个目标的重要性顺序（1 的重要性最低，5 最为重要），哪项中评 4 和 5 最多。
3. 将三表合并，排列全部 15 个目标的重要性。
4. 将你列出的最重要目标放在第二部分表格之首，然后描述它，接着按如下次序讨论之。
（1）个人优势和弱点；（2）完成目标的障碍；（3）克服障碍的策略和方法；（4）目标是否现实，可以实现，可以测量；（5）达到目标后的回报是什么；（6）达到目标的步骤（所有的目标均要列出）

体育实践概论

职业目标　　　　　例：X 岁之前成为 A，Y 岁之前成为 B 等
目标重要性
1. _____　　　_____
..._____
5. _____

人际关系目标　　　例：关于家庭、朋友、俱乐部、团队成员等
1. _____　　　_____
..._____
5. _____

个人满足目标　　　例：学会弹钢琴、跑马拉松，取得硕士学位等
1. _____
..._____
5. _____

目标重要性排列（按由重要到次要的顺序）
1. _____
..._____
5. _____

选取一个重要目标，抄写在下面，通过讨论个人优势和弱点来继续下去
目标描述
_____
_____

达到目标的个人优势
1. _____
..._____
5. _____

与完成目标相关的个人弱点
1. _____
..._____
5. _____

达到目标的障碍　　　　　　　　　　克服障碍的策略方法
1. _____　　1. _____
..._____　　..._____
5. _____　　5. _____

完成目标的回报（按价值大小顺序）
1. _____

... _____
5. _____
完成目标的标志（短期和长期的）
1. _____
... _____
5. _____
达到目标的步骤（从现在开始）　　　　　　　　　　　　　截止时间
1. _____
... _____
5. _____

个人评估要求写出五个方面的内容：自己的价值取向和职业方面的表现；职业、个人满足和人际关系方面的具体目标和重要程度；已经拥有和想要掌握的技能；自身的优势和弱点；最终的目的和量度。

资料来源：胡君辰，郑绍濂.人力资源开发与管理 [M]．第2版.上海：上海复旦大学出版社，2010.

2. 适度调整

社会择业受很多复杂因素的制约，在很多时候人们难以完全按照自己的意愿为自己未来的职业定位。同样，任何目标的设定都是理想化的，在落实的过程中难免会受主观、客观、外部环境、内部因素等的影响，或需要调整进度，或需要改变计划内容以完善目标。随着社会主义市场经济的发展，在职业路线上，人们会对职业发展路线进行适当的调整，以适应各种变化。人们不仅需要面临重新认识自我和评价自我，还要在短时期内适应并完成角色转变，如体力劳动过渡到脑力劳动，手动转为机器、计算机运作等。只有不断应对外部环境变化，调整好方向，才能在职业发展过程中不断取胜。

（1）及时修正经验与观念。人的意识具有主观能动性，社会的变革、知识的更新、观念的发展变化必然会影响到自我认识的改变，通过随时修正自己的经验和控制自己的心理活动与行为，达到从内心调整自我，实现第一步调整。

（2）适应新环境。环境改变或步入新环境后，需尽快摆脱在原有的生活或职业环境中形成的各种高期望值和成就感，改变一些在原有生活或职业环境中形成的特有的行为方式和职业生活习惯，并根据现实来考虑自我的情况，只有面对现实，合理调整自我，才能逐渐形成适应新环境的行为能力。如适应新环境的衣、食、住、行，适应新的工作环境、工作方式等。

(3) 建立起良好的人际关系。良好的人际关系可以增强个体的成功感和适应性，同时也可重新确立自信心，消除因调整自我方向而产生的消极心理。如新环境独立后出现的悲观、失落、苦闷或过分自尊、盲目乐观等现象，通过建立、改善人际关系，可有效避免消极心理出现，让自己更积极面对新环境挑战。

(4) 摆正自己的位置。正确地看待他人、看待环境、看待自己，使自己的行为符合自己现在的角色，并不断学习、进取，不断提高个体的素质和职业竞争能力，找到适合自己个性发展的职业，建立起新生活的目标，积极地投身到工作、学习和生活中去，才能真正做到自我提高。

第二节　求职应聘指导

刚步入社会的应届毕业生因缺乏社会阅历与经验，时常在就业初期遇到各种问题，这些问题的发生既有内部因素，也有外部因素，只有充分做好各项准备，不断摸索与总结，才有可能避免过多问题出现。

一、求职应聘的前期准备

(一) 心理准备

1. 自信

心理学对自信的描述是：一个认为自己是优秀的人，必然会有优秀的表现。充分的自信，是求职应聘者心理的最基本要求。对于求职者来说，相信自己能胜任某项工作，就会在潜意识里不断勉励自己，为实现目标而努力，这种心理活动对应聘时的临场发挥极其有利。

[案例]

自信：

吉尼斯世界纪录创造者美国的乔伊·吉拉德曾在一年中创造了零售推销汽车平均每天四五部的纪录。当年他去应聘汽车推销员时，经理问他："你推销过汽车吗？"吉拉德回答说："我没有推销过汽车，但我推销过日用品、家用电器，我能成功地推销它们，说明我能成功地推销自己，我能够将自己推销出去，自然也能将汽车推销出去。"吉拉德的自信最终征服了经理,他给经理的第一印象不是直接推销产品,而是在第一时间将自己推销出去。他的自信与主动成为成功应聘的关键。

不自信:

"你们单位需要招几个人,比例是多少?"当问及这类问题时,显然是应聘者没有做好充分的心理准备,信心明显不足。对于用人单位来说,并不在于招几个,而在于你有没有成为百分之一或二分之一或独一无二的实力。

当然,还有因性别差异关联的例子,如"你们单位招收女性吗?"对于这样的询问,应该是应聘单位首先解决的,如果不接收女性,应聘单位将在第一时间告知应聘者,一旦应聘者这样表达,首先就给自己打了折扣,也是一种缺乏自信心的表现。常言说"巾帼不让须眉",应时刻记在心底,并在关键时刻表现出来。

谦虚过度:

有位小有名气的作家到一家杂志社求职,主编问他:"你有什么优点,擅长什么?""我没什么优点,是来这里学点东西的。"他小心翼翼地回答。"既然你没有什么专长与优点,到我这儿混饭吃吗?"结局可想而知。

应聘时应时刻告诫自己"天生我才必有用""是金子总会发光的"。如果能够在招聘者面前表现出自信、大方,你就在心理上获得了比他人更大的优势。

2. 正视现实

(1) 自由竞争、优胜劣汰。市场经济有这样一个准则:企业的商品是否具有生命力,取决于消费者对该商品的满意度,商品命运全在于它对消费者的适用程度。作为特殊"商品" 大学毕业生是否畅销,需看其能否满足社会需要,其未来发展由社会这个特殊"消费者"来决定。

(2) 正视自己作为"商品"。作为特殊"商品"的大学生们首先必须了解当前社会需要什么样的人才,缺乏什么样的人才,重视什么样的人才。大学生日常可通过网络、媒体、文献、书刊了解各渠道就业信息,当前就业形势,经济发展趋势等,尽可能对社会对当前人才、未来人才的需求做一次摸底;其次,从自己的知识、兴趣、爱好、特长以及智力、性格等方面出发,审视自己的长处与不足和社会需求之间的关系。

3. 面向未来

面对人才需求的结构性变化,我们要转变就业观念,踏实地完善自己的知识结构，提高自己的能力，避免择业方向与社会需求脱钩。

用人单位在招聘时，对人才的学历要求越来越高，同时也开始注意考察学生的综合素质，重视应聘者的动手能力、爱岗敬业精神和健康状况，可以看出，这些单位在求快速发展的同时，也在注重人才质量和稳定。像大学生一直青睐的外企就比较看重职员的全面发展，除了对专业、语言能力和电脑能力有较高要求外，应变能力、人际协调能力、心理承受能力和创造能力都要求很高；另一方面，高新技术产业、第三产业和民营经济对人才的需求也在逐年增加。一些中小型企业，虽然知名度不大，管理上亟待完善，但它小而新，充满活力，有很强的市场发展空间。像近些年涌现的民营企业，就需要大量的人才，这些新生力量都是应届生的契机。

（二）求职文稿的准备

求职应聘前做好了一定的心理准备后，还需要做一些具体的、技术层面的准备，比如个人履历、求职信、推荐信等文稿的撰写；招聘方、用人方的资料收集；甚至个人仪表、服饰的准备等。

1. 简历

简历也称履历表，其作用是将自己的重要情况表现在一张纸或表格中，让用人单位一目了然。简历的撰写技巧具体如下。

（1）资料简明扼要。对于个人的姓名、性别、生日、地址、联络电话等内容应简单扼要、翔实的带过即可，因为这一部分通常不是左右应聘单位用人的主要因素，即使想补充这方面的说明，只需在自传中加以陈述即可，避免让应聘单位看了冗长的基本资料时失去耐性。

（2）学历、经历与专长要详细。将自己的能力与经验快速、精确地展现在应聘单位面前是求职策略之一。不管是打工、兼职还是社团的经验等都可依照顺序由近及早加以罗列，让应聘单位广泛了解你的生活、工作、为人处事。

（3）自传段落分明。完整的自传代表求职者积极负责的应征态度，亦有助于求才公司对您的认识，在撰写一般的自传内容时，其实只要清楚地说明下列四大主题，应聘单位就能很快地进一步了解求职者的完整背景。

①个人基本资料的描述。应简单说明个人的成长环境、家庭成员或背景以及自己的个性、兴趣等，若在履历表的字段中已说明的部分则可视情况省略。

②工作经验及专长。详细说明自己的工作经验及专长,尤其是与欲应征的工作职务有密切相关的部分,而应届毕业生可说明在学校时的社团活动与打工经验,有服过兵役的朋友也可陈述部队中的经验与收获,这些说明将是影响应聘单位是否邀请你进一步面试的因素。

③对工作的看法及态度。对于过去所经历过的种种心得与体会,如个人处理事情的原则、待人处事的心得、与长官同僚相处之道等,皆可加以说明,这对于已有工作经验的求职者来说是非常重要的。

④生涯规划及自我期许。从自己近三个月到一年的短期计划,到两三年之后的理想,不管是事业方面,还是家庭、感情方面皆可加以说明,并可概略补充转职的原因,应聘单位可藉此了解求职者是否对自己的未来有明确的目标与规划。

(4) 切合需求。个人的学历、经历以及专长是影响应聘单位任用的关键,这一部分除了应详细交待之外,应把握与应征职务产生关联的原则,无关的经历或专长可简单带过。

(5) 注意事项。想在几百个条件相当,甚至比你优秀的竞争者中存活下来,你必须让履历表的表现方式看起来生动活泼,有几项技巧需要特别注意。

①被关注。以明确的求职目标或工作摘要开始,可以让整个履历表焦点集中、方向明确。将姓名字体放大或明显标示,让应聘单位一眼看到求职者。

②联络方式。在履历表中一定要附上详细的联络方式。包括:电话、地址、传真、电子邮箱等资料,应聘单位才能在最短的时间内联络到你。简短,用词明确,直接切入重点,会比长篇大论容易受到重视。

③重新检查履历表。履历表的内容必须真实可靠,既不能过度夸张更不能搪塞,应聘单位一旦发现履历表有不实之处,应聘者将被立即驳回。所以,在递交个人简历前,一定要仔细检查、校对履历表各项信息,避免后续问题产生。尤其是同一份简历投递到不同性质单位,某些内容需要做修改。

④经历的阐述。过去的工作经历中,有些是与目前应征的工作有一定关联的,这些将是面谈者有兴趣想了解的。一般而言,应聘方提出的很多问题都希望得到比较实际的语言加以说明,如果没有这方面的实际经验,自己会略感压力而无法在现场迅速作答,为尽可能表现真实,最好事前就作演练,假设一些问题及答案。方法是:讲述某一项任务或经验;过程中所采取的行动、对策;事件的最后结果等。将经历、经验完整而有条理地表达出来。

2. 求职信

求职信又称"自荐信"或"自荐书",是求职人向用人单位介绍自己情况以求录用的专用性文书。一般而言,求职者除了要准备一份完整的履历资料之外,还需附上六百字左右的求职信,补充自己的经历与专长。

(1) 求职信内容。

①个人基本情况和用人信息的来源。简单介绍求职者的姓名、就读院校、专业等。注明用人信息的来源,即你是从哪里得到的招聘信息,这样可以暗示你对该单位已具有初步的印象,同时表达出希望到该单位从事某方面工作的愿望。

②申请的具体工作岗位。用人单位往往为多个岗位招聘人才,因此要写清楚所要应聘的具体工作岗位,否则对方将无法回复。如果不知道对方需要什么样的人才,可以申明自己希望获得哪一类工作岗位。为了扩大求职范围,可以附带说明,除某类工作外,还愿意从事与专业相关或其他类型的工作。

③胜任工作的条件。求职信的核心部分。主要是向对方说明自己的知识、经验、专业技能,与工作要求相符合的特长、性格和能力,让对方觉得无论从哪个角度看,你都比较能胜任这项工作。

④表达面谈的愿望。表示希望对方给予回信,并且热切地希望争取一次面谈的机会。当然,求职信表达的语气应适当,既不能过于强硬与直接,给对方施加压力,也不能太过于谦虚而"隐藏"自己对岗位的渴望,求职信自始至终要注意在应聘单位面前刻画自己的美好形象。

(2) 求职信格式要求。

①称呼。求职信带有"私"事"公"办的意味,故称呼时应严谨,对读信人可直呼为"尊敬的××单位负责人"等。

②开头。一般书信的开头为问候语,但求职信的开头则大可不必,可直接说明自己写信的目的,表达时应简洁。

③正文。这是求职信写作的重点,在交代求职的原因之后,应着重介绍自己应聘、应征或寻找工作的自身条件,尤其要注意表现你的主要成绩,突出优势,甚至突出你的个性或"闪光点",让人了解到你自身条件中的吸引人处。

④结尾。如争取用人单位给你一个见面的机会,或盼望他做出肯定的答复,或表现自己渴望回复等。最后写上"此致""敬礼"的字样和最后署名。

⑤附件。即证明材料,因内容和时间的不同,排列顺序时要有所侧重,包括

学历证明、各门专业课程成绩表、科研成果证明或证书、获得的奖励证书、外语等级和计算机等级证书等。

(3) 写求职信的技巧。

①先声夺人。求职信是提供给对方认识求职者形象的工具，通过求职信给对方以良好的第一印象，对争取面试成功很重要。阅信人最先看到的不是信的内容，而是信的外观形式。用心设计工整、清洁、美观的求职信会让人感到愉快和舒服，给人以良好印。想做到这一点，首先要确保字迹工整，书写美观，设计合理，尽量选用质地好的信纸，用钢笔按正规的格式书写。当然也可打印一份像样的简历，借机检验一下打印表格和绘画的技能。

②针对性强。求职信多种多样，但大体有两种情况。一种是具有高度针对性的信，主要是针对某一单位的某一个人或某一具体问题而写的，这类求职信的内容比较真实，在很大程度上能够向应聘单位传达求职者本人的诚意，而且在写作阶段可锻炼自己的笔墨功夫。另一种求职信为"广普信"，该类求职信可用于不同的对象，而且可以大量复制，海量投递，比较节省精力和时间，但内容缺乏针对性，求职效果较差。

③突出重点。求职信要突出那些能引起对方兴趣、有助于获得工作机会的内容，主要包括专业知识、工作经验、自身特长和个性特点等。刚出校园的大学生容易产生一种错觉，以为社会上也和学校一样，重视学习成绩，认为只要学习成绩优秀就会谋到一份好职业，甚至为自己全优成绩而沾沾自喜。对自己过去的学习成绩夸夸其谈，给人以书生气的感觉。用人单位比较重视的是应聘者的经验和实际操作能力，注重实用性，所以在编辑求职信时，须简略描述成绩和学历，重点突出相关工作经验和能力。与人相处或管理人的经验、社会实践活动等，甚至旅游的体验与人生感悟都可以纳入文字中，并尽量确保内容具体、真实、可信、有说服力，向应聘单位表达自己的真实性。

④篇幅适度。求职信的文字数量决定了求职者提供的信息量，信息量越多，应聘单位越能全面了解求职者，文字量少，则传递的信息少。一般来说，求职信文字数量以两页纸为宜。应聘单位在筛选海量求职信过程中很难做到花大量时间阅读信件，如果求职信的内容冗长，阅读人很难抓住重点，有可能看到一半放弃阅读。当然，求职信也不能太短，描述不清、表达简单、缺乏基本的信息等会让阅读人认为应聘者诚意不够，这类信件可能在第一关就被淘汰。

（三）其他方面的准备

1. 对方资料的收集

对于自己不太熟悉的工作，有必要时需请教有经验的亲朋好友，请他们提供意见或建议，包括工作内容、方式方法、技巧等，一方面是积累面试经验，避免面试时一问三不知；同时借机会大致评估一下自己是否适合这项工作。如下面的一些案例，即使遇到下列问题，也不至于表现被动。

求职应聘者会遇到这样的问题："你了解我们公司（单位）吗？"假如直接回答"了解"，很有可能被问"了解有多深？"这时如果回答不上或不完整，结果会很难堪。但如果回答"不了解"，无疑是自己对自己完全否定，自己前后不搭调，应聘方肯定会认为你对这次应聘不够重视，面试通过率多半为零。对于这样的问题，可尝试委婉回复"因为是第一次接触，目前我对贵公司（单位）了解不是很深（当然，来之前做一下了解更好），但这次来参加面试，我非常渴望成为贵公司（单位）的一员，希望通过不断地工作与接触，逐步了解公司（单位）和每一位成员。"如此回复，既避免了因不了解公司而尴尬，同时也因自己表现谦虚，巧妙地转移了话题。

"你看中我公司的什么？"言外之意提问者主要让你谈报酬与前途发展两个方面。假若你过分强调福利、住房等，无疑是让对方认为你无远见、难成大器；若不提，又显得你不够真诚，让对方觉得这项工作在你心中毫无重要性。对此可以说："贵单位为职员的生活和更深层的发展提供了所需的物质条件和机遇，对于新人而言，这无疑是很重要的，我相信在单位完善的管理制度下，能够借助各种平台创造自己的价值。"

还有类似"我们一线人员不足，你愿意到一线工作吗"的问题，假若你唐突说"愿意"，可能会吃闭门羹。一线员工的工作内容难，又具有挑战性，不加思索地回复愿意是会碰壁的；而被问及能否长期从事基层工作时，如果只强调自己一定要向高层次发展，对方会觉得你好高骛远，难成大器。但假若表达不愿意，无疑面试已经结束。对此可以委婉表达："工作无轻重，复杂也好，简单也好，都与公司的发展息息相关，如果基层需要我，我非常乐意从事，从底层做起，努力成为基层岗位的优秀员工。当然，如果有机会发展，我会争取更加锻炼人、更具挑战的岗位。"诸如此类答复。

正所谓，"知己知彼，百战不殆"。现在网络发达，几乎所有大中型企业或单位都有自己的网站，利用这些资源搜集信息，相信对面试有很大帮助。虽然不一定能通过了解对方达到成功面试，但至少可以让你在后期的面试过程中减少不必要的尴尬。花点时间，事前收集信息，研究自己面试的公司绝对是应聘上策。

2. 服饰及仪容

面试时的穿着，视工作性质而有所不同，但基本上干净利落、有现代感、专业感的服饰能在第一时间给人干练的印象。女性则要避免露肩、露背、迷你裙、色彩艳丽等性感装扮。基本要求如下。

（1）力求大方。衣着整齐、落落大方是应聘者服饰的基本要求，也是个人气质体现的载体。男、女均要避免穿着太过于花哨、暴露的衣服。相对保守、中规中距是最佳的指导原则。

（2）细节的注意。小细节的忽略可能会造成你求职上的困难，尤其是个人卫生，比如手指甲未清洁干净、衣服脏乱等，这类应聘者是很难受到他人青睐的。所以身体部位的清洁、衣物上的小污点等都要在面试前处理完，切不可让面试人比你先发现他们。

3. 谨慎、心细

在实际面谈开始前，应征者是无法预料将要面临的面谈形式。面谈的一方也未必是有意地设计出一系列的行为面谈问题，但是或多或少还是会涵盖到，因为它非常的务实，让面谈者与应征者双方面都将焦点凝聚于过去的工作经验和表现。对于第一次与应聘单位人事部门人接触，需要做的就是在见面前经过反复的思考与修饰自己的经历，将工作资历中最精华的部分萃取于履历表内，并将之还原成原来比较详细的面貌，就可以从容自信地去应对面试。

二、求职渠道

求职渠道很大程度由信息来源决定，求职者拥有的信息渠道越广、掌握的信息越多，求职可选择性越大，越容易成功就业。应届生求职阶段，学子们需要及时关注学校就业信息栏岗位信息、当前就业政策，还可通过强大的互联网主动捕获海量岗位信息，以拓宽就业渠道。

（一）关注身边的就业信息

学校就业办公室或相关部门会在学生毕业阶段发布一些招聘信息及国家当前颁布的就业政策。因信息栏公布的岗位与本校所开设的专业相关，并经过专职人员的甄别和筛选确定的，比较适合本校的学生，同时校方所提供的这类信息较为准确和可靠，其重要性和安全性不言而喻。另外，信息栏公布的区域招聘会也需要应届生引起注意。招聘会能吸引大量企业或单位前来纳贤，少则几十家、多则上百家不等，提供的岗位总量很大，应届生参加此类应聘，可选择性较多，同时与不同的企业、单位、其他应聘者交流，或多或少能够拓展自己的就业视野。

另外，当前就业政策也可做一定了解，如大学生支教活动、大学生自主创业优惠贷款政策、应届毕业生服兵役政策、教师招聘考试、公务员考试、大学生村官招聘等，都可作为就业阶段的参考，在忙于求职的同时，切不可忽略这些信息。

（二）巧用网络、媒体

科技发展今天，网络、媒体在各个领域的广泛应用，为民众提供了很多方便，也为招聘单位招纳各地贤才提供了方便。在求职道路上，如果能充分利用强大的网络、媒体等，将会大大节省人力、物力、财力。如读报，报纸的广告页每天都会刊登海量招聘信息，且这些信息都在不断更新，另外，关注电视、收音机等媒体信息，广开就业渠道；又如跨市、跨省求职，此时运用互联网一来可提前了解招聘单位基本情况，二来可避免来去奔波；另外，合理利用计算机设计个性化简历、向应聘单位投递材料及文件等，传输既快又方便，免去了很多人力也节省了应届生求职成本。可以说，网络、媒体渠道是目前求职最典型、最有效的渠道。

（三）其他渠道及注意事项

除了上述所提供的两条典型渠道外，还有其他比较灵活的渠道。通过自己的亲朋好友协助搜集信息，或通过他们，争取了解应聘单位的实际情况。总而言之，求职渠道越多越广，岗位信息容量越多，可选择性也越大，越容易成功就业。不过需要注意的是，汇集的就业信息多而杂，真实性也是有虚有实，信息多时要仔细梳理，做到"对症下药"；另一方面则需要保持头脑清醒，鉴别信息真伪。一些不法分子会抓住求职者急于找到工作的心理，使用各种不法手段骗钱骗人，如打着"超高薪"待遇的口号招聘，或未上岗先付费培训或以各种形式敲诈勒索、危及应聘者生命安全等，这些都需要引起应聘者的警惕，尤其是社会阅历缺乏的应届毕业生，求职时一定要重视岗位信息真实性的鉴别，避免就业阶段出差错。

三、面试

（一）概念

面试是指在特定时间、地点进行的有预先精心设计好的明确目的和程序的谈话。通过测评者与被测评者双方面对面的观察、交谈等双向沟通的方式，了解被测评者的素质特征、能力状况以及求职动机等情况的测评技术。

（二）面试考察内容和特点

当前的面试，内容五花八门，从考察人的素质到人的相貌，应有尽有。将现行面试的考察内容进行归纳，不外乎以下几个方面：首先是一般能力，包括语言表达能力、综合分析能力、组织协调能力、判断决策能力、创新能力等；其次是个性品质，包括价值取向、求职动机、进取意识等；再次是知识经验，包括知识广度、专业知识深度、相关经验等；最后是个人的身体特征，包括身体素质、个人仪表、健康状况等。

面试考察有以下基本特点。

(1) 以观察和谈话为主要工具。心理学认为，人的气质、性格、能力往往是通过一个人的外部行为特征表现出来的，人的外部行为特征主要是一个人的语言行为和非语言行为。通过面试，对一个人的语言行为和非语言行为的观察与分析，可以了解一个人内在的心理素质状况。

(2) 面试时间的持续性。面试与其他测试方法的一个明显区别，是面试不在同一时间展开，而是逐个地持续进行，直至全部面试完毕。

(3) 面试内容的随机性。面试内容因应聘工作岗位、应试人经历背景、应试人在面试中回答问题情况的不同而无法固定。面试内容既要在事先拟定，做到有的放矢，又要因人而异，灵活掌握。

(4) 面试的双向沟通性。面试中，应试者并不完全处于被动状态，主考人通过观察和言语问答来评价应试者，而应试者也可以通过主考官行为来判断其偏好、价值判断标准及对自己表现的满意度，从而调整自己的行为。

(三) 面试的主要形式

面试的形式多种多样，依据面试所参与的人员数目、面试媒介等，可将面试分为以下几种。

1. 个别面试

在这种形式下，一个应招者与一个面试人员面对面地交谈，有利于双方建立较为亲密的关系，加深相互了解。但由于只有一个面试人员，所以决策时难免有偏颇。这类面试在常年招聘的单位用得比较多，如一些员工流动性较大的私企、工厂，常年进行新员工招聘，是为了填补流失员工的空位，保证公司、工厂正常运行。

2. 小组面试

通常是由两三个人组成面试小组对各个应招者分别进行面试。面试小组可由人事部门及其他专业部门的人员组成，从多种角度对应招者进行考察，提高判断的准确性，克服个人偏见。

这类面试非常正式，在公务员招聘、人事单位招聘、企业重要职位招聘等场合普遍应用。相对说来，小组面试要比一对一面试更为客观。面试结果不完全取决于一位面试官的意见，能够尽量做到公平、公正，但小组面试也存在着一些不足：应聘者统一组织工作、应聘者面试过程的心理压力问题以及面试考官选拔工作等。

3. 成组面试

通常由面试小组（由两三人组成）同时对几个应招者（最好是五六个）同时进行面试。在面试人员的引导下，完成一些测试和练习。在这个过程中，对应试者的逻辑思维能力、解决实际问题的能力、人际交往能力、领导能力等进行测试，以便于作出用人决策。

采用成组面试，应试人员压力较小，便于发挥自己的真实水平，而且由于应试人员同处于一个起跑线，人员对比清晰，评分比较公正，面试效率较高，这种面试方法能够较为客观地对应聘者的能力、性格、特长等进行衡量，对应聘者的逻辑思维能力、解决实际问题能力、协调能力、人际交往能力、领导能力等进行同场测试，有利于考官找到合适的人选。

4. 电话面试

电话面试是一种通过手机、固话等通讯工具对面试者进行考核和筛选的面试渠道。采用的是不亲身接触、仅通过言语传递信息来了解面试者的身份、简历、应聘职位和应聘能力的方式。电话面试注意事项如下。

(1) 当接到面试电话通知时，一定要问清楚应聘的公司名称、职位、面试地点（包括乘车或开车的路线）、时间等基本信息，并尽量按要求的时间参加面试。

(2) 上网查一下该单位的相关背景和应聘职位的相关情况。对单位所属行业、产品、项目、发展沿革、组织结构、企业文化、薪酬水平、员工稳定性、单位发展历程等做进一步了解。

5. 视频面试

视频面试是指用人单位与求职者足不出户利用连通了互联网的电脑，通过视频摄像头和耳麦进行语音、视频、文字等即时沟通交流的招聘面试行为。

随着网络招聘竞争白热化和各家人才服务网站同质化加重，视频招聘成为新时代网络招聘的新宠。据观察，已有少数网站打出视频面试的亮色，其中也不乏佼佼者，而且现在新兴的招聘网站都将此作为竞争的利剑，以面试网招聘频道为例，将在线视频面试作为将来盈利的核心，并推出"个人认证+文字简历+视频面试+专业技能测试+视频录像"五位一体的招聘模式，突破了传统。在人才流动、追求效率的现代社会，视频招聘无疑将是未来行业招聘的新方向。

(四) 体育专业面试

体育专业应届毕业生谋求体育相关职位时，面试前的工作与其他专业无明显不同，唯有后期的面试形式、内容因岗位不同而有所差异。应聘前通过网上报名或现场确认，将自己的基本信息提供给招聘单位，招聘单位按需求，筛选笔试名单，并采用电子邮件、电话或网站信息公布等方式通知应聘者笔试时间、地点、考试内容、范围等，经过笔试后采用上述方式通知入围者参加面试。

1. 体育专业文职岗位面试

由于体育专业文职岗位是公务员岗位，其面试流程与公务员面试相同，为结构化面试，面试时会采用"小组面试"，即应聘者与多位考官面对面，完成一系列基本知识、相关理论方面的提问，之后考官根据应聘者的临场表现综合评定、打分、统计、确定名次。

该类岗位面试一般流程为：通知面试、抽签排序、抽题准备、入场面试、主考人请面试者进行个人自述（限时5分钟）、主考人宣读面试者试题后面试者答题（限时15分钟）、计分员计分、监督员审核、主考人公布面试者成绩、主考人宣布面试者退场。

需要指出的是，文职人员需要具备较强的语言表达能力，面试时要注意说话的内容、语气及所表现出的诚意。说话颠三倒四、逻辑紊乱，会让考官觉得无法担当大任；而大话连篇、华而不实、缺乏诚意，也会让考官产生不信任感。有些考题会与自己事先准备的相同或相似，但即便如此，也不要在对方话音刚落的时候立即"抢答"，这样会让考官觉得应聘者没有用心倾听，认为面试者是一个性情急躁、草率之人。切记当考官提出问题后，应避免急于回答，而是略作思考后再开口，一方面是让自己整理答题思路，留给自己思考问题的缓冲时间；另一方面则是让考官看到自己沉着稳定，当然，思考时间不宜过长。

从面试策略上来讲，面试阶段考官提问的重点不在于面试者回答的正确与否，而在于回答者言辞是否让人信服，且通过答题，将自己对问题的客观理解或专业素质表现出来。一般考官提出的问题会有两面性或故意设置"陷阱"，既可以肯定，也可以否定，回答这类问题时，切忌简单地肯定或否定，而要辩证分析考官问题，从正反两面回答，同时还要逻辑严密、思路清晰，尽量拿出充分的依据。

2. 体育专业术科岗位面试

对于具有实操的专职岗位来说，面试成为决定录取成败的关键，这类面试由一个或多个环节组成，如体育教师、教练员、指导员等岗位应聘，应聘者需要在面试阶段展示个人专项技术、技能和进行专业授课、制定运动计划等，通过一系列实操，将自己的专业性充分展现出来。

（1）体育教师面试。体育教师是学校体育教育活动开展的实施者，也是促进学生身心健康、全面发展的引导者，工作内容既包括组织学生参与体育运动，传授运动技术、技能，又包括学生的思想、行为教育，面试既要考察体育教师的运动技能、又要通过授课了解应聘者专业知识面和综合素质，相比其他专业教师岗位面试而言，体育教师岗位应聘无论是面试内容还是面试形式，都要复杂一些。

该类岗位面试流程是：面试通知、抽签排序、抽题准备、入场说课/试讲、结构化面试、技术测试。应聘单位组织面试人员完成"面试说课""结构化面试""技能展示"等工作，每项分值占面试成绩的比重略有不同，有的单位注重考察应聘者教学、专业素质方面的能力，如面试说课和上理论课，占面试成绩的60%左右，其他项共占40%；一些单位则注重考察应聘者的专项技术、技能，项目比重可能会达到60%~70%。这类面试优点在于通过一系列实操筛选优秀专职人员，具有较强的公平、公正性，目前大多数中小学、高校均采用这种面试形式。

(2) 教练员面试。教练员是运动训练中直接负责培养和训练运动员的专职人员。对运动员的思想、身体、技术等要全面负责，具有专项运动的理论知识和较高的技术水平，掌握先进的教学和训练方法。

教练员与体育教师工作有许多共同点，面试方式也类似，但侧重点完全不同。体育教师注重通过运动这一媒介促进学生身心健康，全面发展，而教练员的工作强调最大限度挖掘运动员潜力，通过科学训练不断提高运动员技术、技能，以求在比赛中创造优异的成绩。教练员面试既看重应聘者的技术、技能，也强调应聘者专项运动理论运用的能力，如考察应聘者在运动训练学、运动员选材、运动心理、运动员管理、运动生理、运动生物力学、运动损伤、专项技术理论等知识，制定运动员训练周期计划等，这些内容是今后训练工作经常应用的，是一名称职的教练员必须具备的。

(3) 社会体育指导员。社会体育指导员是在竞技体育、学校体育、部队体育以外的群众性体育活动中从事技能传授、锻炼指导和组织管理工作的人员。其从事的工作主要包括：指导社会体育活动者学习、掌握体育健身的知识、技能和方法；组织人们进行健身、娱乐、康复等活动；协助开展体质测定、监测、评价等活动；承担经营、管理及服务工作。

从事或准备从事社会体育指导员工作的人员，必须经过正规的职业培训并参加相应等级的考试，才能获取相应级别的社会体育指导员国家职业资格证书。要想晋级到更高一级别的社会体育指导员，就必须在持有低一级别国家职业资格证书的基础上，达到一定的条件并通过相应的考核后，才能实现晋级。如持有相应的运动员等级证书、体育院校的毕业证书，则可以直接参加相应等级的考试，以获得证书（详细信息可参考"国家体育总局体育职业资格工作网"http：//www.sportosta.gov.cn）。在面试阶段，应聘单位会综合评定面试者体育赛事安排、活动组织、开展、指导、经营、管理、监测等各方面能力。

【思考题】

1. 职业规划制定的现实意义是什么？
2. 如何进行职业定位？
3. 如何做到职业目标控制？
4. 就业前需要做哪些准备工作？
5. 就业阶段哪些渠道有助于成功就业？
6. 体育专业学生如何进行面试？

参考文献

[1] 李相如. 体育社会实践教程 [M]. 北京：人民体育出版社，2005.

[2] 胡树祥，吴满意，等. 大学生社会实践教育理论与方法 [M]. 北京：人民出版社，2010.

[3] 冯艾，范冰. 大学生社会实践导读 [M]. 北京：社会科学文献出版社，2005.

[4] 李杰凯. 论轻体育与体育项目的软式化发展趋势 [J]. 沈阳体育学院学报，1998（4）.

[5] 张连江，李杰凯. 论学校体育运动项目教材化问题 [J]. 上海体育学院学报，2005（6）.

[6] 龙佩林. 全球化与中华民族传统体育的发展 [J]. 民族教育研究，2002（1）.

[7] 段辉涛. 对少数民族传统体育项目竞赛规则的思考及对策研究 [J]. 南京体育学院学报，2003（3）.

[8] 王景连. 绿色体育——东西方体育精神的结合点 [J]. 成都体育院学报，1997（1）.

[9] 于涛. 历史必然性与中西体育的分殊与融合 [J]. 天津体育学院学报，1997（1）.

[10] 陈刚. 非奥运项目的社会价值 [D]. 江苏：南京师范大学，2008.

[11] 衣朋华. 斗拐斗出特色体育项目——脚斗士成为我国首个拥有自主知识产权的体育项目 [N]. 中国知识产权报，2006-04-06.

[12] 国家体育总局. 体育运动项目立项管理办法（2007-01-04）[EB/OL]. http://www.sport.gov.cn/nl6/index.html（国家体育总局网站）

[13] 孙葆丽. 奥林匹克运动项目 [M]. 北京：大众文艺出版社，2000.

[14] 毛振明，毛振钢. 体育教学内容改革与新体育运动项目 [M]. 北京：北京体育大学出版社，2002.

[15] 国家体育总局. 改革开放30年的中国体育 [M]. 北京：人民体育出版社，2008.

[16] 田麦久,等. 体育发展战略研究与学科建设 [M]. 北京: 北京体育大学出版社, 2004.

[17] 李王伟, 刘麟. 论时代的变迁与民族体育项目的嬗变 [J]. 科技创新导报, 2007 (4).

[18] 李江. 世界体育项目分类与比较研究 [J]. 北京农学院学报, 1997 (1).

[19] 李宗浩,等. 奥林匹克运动项目分类及其项目群特征的研究 [J]. 天津体育学院学报, 2006, 21 (6).

[20] 戴跃侬. 加强实践教学提高人才培养质量 [J]. 中国大学教学, 2005 (8): 43-44.

[21] 邵兵. 管理专业的课堂实践教学方法 [J]. 高等教育, 2011 (10): 46.

[22] 张学民, 申继亮. 国外教师职业发展及其促进的理论与实践 [J]. 教师教育, 2003 (4): 31-36.

[23] 覃成强. 论英语教师的教学信念与课堂教学实践的关系 [J]. 外语教学, 2007 (9): 40-44.

[24] 何变弟, 杨增洪. 浅谈课堂教学的方法与技巧 [J]. 吕梁教育学院学报, 2005 (6): 16-18.

[25] 徐光寿. 试论高校思想政治理论课实践教学的校本模式 [J]. 思想教育研究, 2012 (2): 59-62.

[26] 周云, 邓雪松. 提高教学质量的途径和方法的探讨与实践 [J]. 高等建筑教育, 2001 (12): 44-45.

[27] 杨会萍. 当前课堂教学实践中主体性发挥存在的问题及建议 [J]. 中国教育学刊, 2005 (4): 29-36.

[28] 于福. 高校课堂教学实践探析 [J]. 长春大学学报, 2009 (8): 104-106.

[29] 元莹. 基于课堂教学实践的视角对中国基础教育课程改革的思考 [J]. 吉林省教育学院学报, 2007 (7): 34-36.

[30] 卢晓燕, 王文亮. 论体育教学的组织与管理 [J]. 教学与管理, 2007.24 (2).

[31] 马爱民. 课堂教学组织与管理应侧重强化的几个方面 [J]. 辽宁省教育行政学院学报, 2004 (8).

[32] 姜霞. 体育课堂组织教学与管理的创新和实践 [J]. 教学与管理, 2009 (33).

[33] 李伟. 实践范式转换与实践教学改革 [M]. 北京: 教育科技出版社,

2010.

[34] 夏建文. 课堂实践教学：教育结果公平的有效探索 [A]. 教学实践研究，2011 (3)：287-288.

[35] 李学明. 课堂教学实践 [J]. 四川省社会主义学院学报，2000 (11)：5-8.

[36] 梁开奎. 课堂教学实践与学生论文写作能力关系之探讨 [J]. 百色学院学报，2012 (7)：133-136.

[37] 王小川. 立足课堂教学实践中的新课程理念 [R]. 生活，2005 (18).

[38] 兰玲. 谈高职文科类课程课堂实践教学环节的改革 [J]. 实验实训，2009 (4)：115.

[39] 张纯容，施晓秋. 问题与案例驱动的课堂实践教学分级模式探索 [J]. 实验室研究与探索，2012 (1)：146-148.

[40] 张美华. 国际经济与贸易专业课堂实践教学体系的整合 [J]. 辽宁经济管理干部学院学报，2008 (3)：95-96.

[41] 陈爱华. 高职院校思想政治理论课的课堂实践教学 [J]. 教育与职业，2012 (2)：153-154.

[42] 陈君静. 运用微格教学加强高师课堂教学实践 [J]. 宁波师院学报，1991 (2)：110-113.

[43] 谷力. 冲突与和谐：课堂教学改革实践观 [J]. 南京社会科学，2005 (8)：90-94.

[44] 张丽华. 关于课堂教学实践的反思 [J]. 教育理论与实践，2007 (8)：60-61.

[45] 许建新. "三环七标一体化"课堂教学实践的探索与研究 [J]. 内蒙古师范大学学报（教育科学版），2006 (6)：204-206.

[46] 吕丛，李如密. 课堂教学中教师"知错犯错"的艺术 [J]. 江苏教育研究，2012 (2)：16-19.

[47] 覃成强. 论英语教师的教学信念与课堂教学实践的关系——一项基于认知调查和课堂观察的研究 [J]. 外语教学，2007 (9)：40-44.

[48] 孙镭. 高校户外运动类体育课的组织与管理研究 [J]. 赤峰学院学报，2010，26 (2)：158-159.

[49] 吴萍. 教学实习中要注重课堂教学的组织管理 [J]. 大理学院学报，2006，5 (7)：79-80.

[50] 简文彬，樊秀峰. 递进与综合并举的实践教学体系构建及实践 [J].

中国地质教育，2009（9）：91-94.

[51] 章庆. 以解决问题为中心的信息科技课堂教学实践研究［D］. 上海：上海师范大学，2011：1-72.

[52] 陈钢，周玲妹，杨竟鸣. "互动式"课堂教学实践的再思考［J］. 河南教育学院学报（自然科学版），2004（12）：54-56.

[53] 束洪春. 工科大学生第二课堂教育与创新能力培养探索［J］. 科技创新导刊，2008，28：127.

[54] 刘三宝. 加强第二课堂建设，培养学生创新能力［J］. 科技信息，2008（24）：192-193.

[55] 马国华. 关于我国体育院校学生第二课堂活动研究［J］. 科技信息，2011（17）：160.

[56] 况华荣，刘波兰. 开展高校第二课堂 提高学生综合素质［J］. 科技信息，2010（21）：748，692.

[57] 魏保立，魏冠义. 大学生第二课堂与科技创新能力培养途径探讨［J］. 科技信息，2007（16）：242-243.

[58] 王桂云. 第二课堂与大学生创新能力培养［J］. 今日科苑，2009（18）：296.

[59] 蔡可化. 第二课堂活动平台构建与大学生创新能力培养［J］. 中国校外教育，2008（12）：38-39.

[60] 李晶. 关于高校第二课堂的思考［J］. 知识经济，2008（6）：154，140.

[61] 蔡志奇. 浅议高校第二课堂与实践教学的有机结合［J］. 中外校外教育，2009（8）：236，288.

[62] 张丽丽. 拓展第二课堂育人空间［J］. 政工学刊，2007（5）：53-54.

[63] 刘兵. 完善高校第二课堂培养模式研究［J］. 中国高等教育，2008（18）：59-60.

[64] 赵娇洁. 大力培养创新型人才 积极实施高校第二课堂培养模式［J］. 中国科技创新导刊，2010（8）：16.

[65] 李文讯，黄怡然，佟晓辉. 高校第二课堂与专业技能教学相结合的实践与思考［J］. 中医管理杂志，2011，(19) 10：940-942.

[66] 张晓霞，孙张静. 中欧教育实习现状及改革趋势探索［J］. 教育与教学研究，2011（11）.

[67] 高治，王兵，陈兴胜. 体育院系体育教育专业教育实习模式优化研究

[J]. 武汉体育学院学报, 2009, 43 (2).
[68] 国家中长期教育改革和发展规划纲要（2010—2020 年）
[69] 教育部财政部关于实施高等学校本科教学质量与教学改革工程的意见, 2007.
[70] 孟洪武, 柳建营. 职业生涯规划与指导 [M]. 北京: 中国传媒大学出版社, 2011.
[71] 张伟健. 体育教育实习指导 [M]. 广州: 暨南大学出版社, 2007.
[72] 张伟, 孟昭琴. 体育教育实习 [M]. 北京: 高等教育出版社, 2004.
[73] 夏思永. 体育教育实习理论与实践 [M]. 重庆: 西南师范大学出版社, 2006.
[74] 林泽炎. 大学生实习制度的规范与完善.中国大学生就业, 2007 (12).
[75] 迈克尔·辛格尔特里. 大众传播研究现代方法与应用 [M]. 北京: 华夏出版社, 2000.
[76] 周登嵩, 董渝华. 我国当前体育科研成果的选题现状与特征 [J]. 北京体育大学学报, 2001 (4).
[77] 王华倬, 刘海元. 学校体育学科发展综述.http: //www.csss.cn/cn/n_2610.html 2011-10-27
[78] 黄亚玲. 中国体育社团的研究 [D]. 北京体育大学, 2003.
[79] 姚国建, 等. 应用写作 [M].合肥: 安徽大学出版社, 2008.
[80] 中国公文写作研究会.公文写作规范与要领 [M].北京: 中央文献出版社, 2006.
[81] 余庆华, 等. 大学应用文写作 [M].北京: 中国水利水电出版社, 2008.
[82] 贾琼. 我国高校大学生创新能力培养文献综述 [J]. 辽宁教育行政学院学报, 2009 (9): 58-62.
[83] 眭依凡. 大学: 如何培养创新型人才——兼谈美国著名大学的成功经验 [J]. 中国高教研究, 2006 (12): 3-9.
[84] 国务院. 国家行政机关公文处理办法.2000-8-24.
[85] 顾兴义, 彭康. 新编应用写作教程 [M].北京: 北京理工大学出版社, 2009.
[86] 应用文写作研究会. 应用文写作教程 [M]. 广州: 暨南大学出版社, 2005.
[87] 王景科. 大学应用文写作 [M]. 济南: 山东人民出版社, 2007.

[88] 林超然. 写作, 是中国教育短板 [J]. 中国社会科学报, 2011, 239 (4): 1-2.

[89] 刘书林. 中华腾飞的一百道难题 [M]. 北京: 中国青年出版社, 1996.

[90] 魏斯亮. 培养学生创新能力的研究 [J]. 华东交通大学学报, 2003 (3).

[91] 梅雷迪斯·D.高尔 (MeredithD.Gall), 等. 教育研究方法导论 [M]. 第六版. 南京: 江苏教育出版社, 2002.

[92] 郑也夫. 与本科生谈: 论文与治学 [M]. 济南: 山东人民出版社, 2008.

[93] 段明莲, 张久珍, 李凤堂. 学位论文撰写与参考文献著录规范 [M]. 北京: 北京大学出版社, 2009.

[94] 刘良华. 教育研究方法: 专题与案例 [M]. 上海: 华东师范大学出版社, 2007.

[95] 姚家新. 全国体育院校 2008 届优秀学士论文集 [C]. 北京: 人民体育出版社, 2009.

[96] 姜龙江. 全国体育院校 2008 届优秀学士论文集 [C]. 北京: 人民体育出版社, 2009.

[97] 周济. 注重培养创新人才增强高水平大学创新能力 [J]. 中国高等教育, 2006 (15/16), 4-9.

[98] 李捷. 中国高校人才素质能力实证研究 [J]. 科学学与科学技术管理, 2001 (3), 46-48.

[99] 夏征农, 陈至立. 辞海 [M]. 上海: 上海辞书出版社, 2010.

[100] 郭世英. 就业指导 [M]. 石家庄: 河北科学技术出版社, 2002.

[101] 冷余生, 解飞厚. 高等教育学 [M]. 武汉: 湖北人民出版社, 2001.

[102] 全国高等学校学生信息咨询与就业指导中心. 全国高校毕业生就业状况 (2009—2010) [M]. 北京: 北京大学出版社, 2011.

[103] 麦可思研究院. 2011 年中国大学生就业报告 [M]. 北京: 社会科学文献出版社, 2011.

[104] 麦可思研究院. 2012 年中国大学生就业报告 [M]. 北京: 社会科学文献出版社, 2012.

[105] 曾湘泉. 中国就业战略报告 (2008—2010): "双转型"背景下的就业能力提升战略研究 [M]. 北京: 中国人民大学出版社, 2010.

[106] 霍华德·W·菲格勒. 文科学习与职业指导 [M]. 北京: 中国劳动社会

保障出版社，2007.

[107] 王树宏，李金龙. 我国社会体育专业毕业生就业现状与分析 [J]. 北京体育大学学报，2008（10）.

[108] 刘丙权. 体育教育专业学生就业现状及对策研究 [J]. 沈阳体育学院学报，2005（2）.

[109] 曾剑斌. 我国体育教育专业毕业生就业现状与期望的调查研究——以华东地区11所高等师范院校为例 [J]. 北京体育大学学报，2011（2）.

[110] 郝鑫. 体育教育专业毕业生就业困难原因及对策分析 [J]. 管理观察，2008（14）.

[111] 冀晓斌. 从体育专业学生就业现状看其职业生涯规划的必要性 [J]. 教育与职业，2009（17）.

[112] 哈增红. 体育专业女大学生就业问题的研究 [J]. 教育与职业，2011（2）.

[113] 江勇，等. 体育学专业大学生预见就业不确定性认知因素及特点研究 [J]. 心理研究，2008（3）.

[114] 雷琳. 高校开展大学生职业生涯规划教育的必要性研究 [J]. 出国与就业，2010（17）.

[115] 俞文钊. 职业心理与职业指导 [M]. 北京：人民教育出版社，1996.

[116] 中国职业规划师（CCDM）认证培训教材

[117] 刘远我. 面试究竟考察啥 [J]. 人力资源，2007.（4）.

[118] 董志林. 解读"面试"——面试形式和机制问题研究 [J]. 干部人事月刊，2002（8）：10.

作者简介

李相如，教授，北京市教学名师，现为首都体育学院休闲与社会体育学院院长，中国体育科学学会体质专业委员会常委，中国休闲体育研究会秘书长，中国休闲哲学专业委员会常委，国家体育总局体育行业技能鉴定专家委员会委员，北京市学术创新团队带头人，国家社科基金项目同行评议专家等。主要研究方向：休闲体育和社会体育研究。主持国家级社科基金项目、省部级课题以及委托课题20余项。曾获国家级教学成果奖二等奖第二成员，省部级科技进步三等奖，教学成果三等奖。主编专著、教材20余部，其中在《体育科学》发表论文12篇，在其他体育刊物发表论文150余篇，在国际及全国一级学术会议宣读或入选论文20余篇。

周家颖，博士，祖籍湖北当阳市。西安体育学院教授，博士研究生导师，西安体育学院体育教育系主任，国家级体育教育学特色专业建设点负责人，国家级田径精品课程负责人，国家田径奥林匹克高水平后备人才训练基地负责人。全国高等院校体育教育训练学研究会常委，中国体育科学学会全国田径运动专项委员会常委，中华全国体育总会第八届委员会委员，陕西省田径运动协会副主席。

作者简介

王月华，教授，博士，硕士生导师。吉林体育学院教务处处长。吉林省第3届高校教学名师。吉林省社会科学"十二五"规划学科专家、北京大学体育教研部学校体育中心研究员、吉林省高等教育学会高校体育专业委员会秘书长、中国高等教育学会社会体育研究会常务理事。出版专著3部，发表论文40余篇，现主持国家社科基金项目1项、国家科技支撑计划课题1项。

徐焰，博士，教授，博士生导师，广州体育学院党委委员，体育教育系主任，全国高等院校体育教学训练研究会常务理事，广东社会学学会体育社会学专业委员会常务委员，广东省高等学校教师专业技术资格评审委员会委员。主要研究方向是体育教育和休闲体育。曾获省部级教学成果奖3项，主持和参与国家级、省部级科研课题10多项，出版专著《专业化视野下体育教师教育的反思与建构》、教材《休闲体育行为》等10多部，发表学术论文60多篇。

马卫平，男，中共党员，1959年12月生，湖南长沙人，博士，教授，博士生导师。现任湖南师范大学学校校友总会秘书长，中国体育科学学会会员，全国田径理论研究会副会长，湖南省体育科学学会常务理事。先后在《体育科学》《体育学刊》《北京体育大学学报》《上海体育学院学报》《武汉体育学院学报》等国内核心期刊上发表研究论文50余篇。主编或参编教材2部，出版专著2本。研究方向：体育人文社会学。

王志强，男，1972年生，博士，教授，硕士研究生导师，田径国家级裁判，铁人三项国际级裁判，武汉体育学院学报编辑委员会委员、学位委员会委员、教务处处长，中国体育科学学会会员，湖北省田径裁判委员会委员，中国铁人三项运动协会技术委员会委员，国家体育总局"优秀中青年专业技术人才百人计划"培养对象。

王慧琳，博士，教授，中国体育科学学会学校体育分会委员，天津市学校体育研究中心副主任，北京体育大学博士，中国人民大学博士后，波兰佛罗茨瓦夫体育大学和美国印地安那大学作访问学者。主要研究方向：学校体育学。

赵琦，南京体育学院运动系副主任、副教授、硕士生导师，北京体育大学硕士研究生毕业。现任中国体育科学学会运动训练学分会田径专业发展委员会常委，全国田径理论研究会委员。长期从事田径、体能、运动训练学的教学与专业队体能训练工作，负责学生的专业实习组织管理工作。先后撰写、发表论文8篇，主编、参编教材5部，承担或参与省级、院级课题11个。

作者简介

邹本旭（1974—）管理学博士、副教授、硕士生导师，沈阳体育学院社会体育学院副院长、优秀青年骨干、休闲体育专业负责人，辽宁省中青年决策咨询专家库专家、辽宁省第五批"百千万人才工程"千人层次人选。主要研究方向：休闲体育。

张建会，女，博士，河北体育学院副教授。中国体育科学学会会员，中国高等教育学会体育专业委员会休闲体育研究会理事。近三年出版学术著作2部，参编国家体育总局统编教材2部，发表核心期刊学术论文10余篇，2011年获得河北省石家庄市青年科技奖称号，并获得国家体育总局"十一五"哲学社会科学研究成果二等奖一项，北京市第十二届哲学社会科学优秀成果奖二等奖一项。

张基振，博士，教授，山东体育学院休闲体育专业负责人，主要研究方向是民间体育文化、休闲体育。出版专著2本，在中文核心期刊发表论文十余篇，主持省部级课题2项，多次参加国际国内学术会议。现兼任山东省保龄球协会委员，山东省直机关柔力球委员会秘书长。

鹿志海，男，硕士，首都体育学院教师。2011年赴美国明尼苏达大学进修。近三年主编、参编教材7本，主持、参与国家课题、市局级课题5项，主要研究方向：户外体育与休闲体育。

图书在版编目(CIP)数据

体育实践概论 / 李相如主编. –北京：人民体育出版社，2014
体育院校通用教材
ISBN 978-7-5009-4610-6

Ⅰ.①体⋯　Ⅱ.①李⋯　Ⅲ.①体育–基本知识　Ⅳ.①G8

中国版本图书馆 CIP 数据核字（2014）第 046786 号

*

人民体育出版社出版发行
三河兴达印务有限公司印刷
新 华 书 店 经 销

*

787×960　16 开本　20.5 印张　250 千字
2014 年 6 月第 1 版　2014 年 6 月第 1 次印刷
印数：1—3,000 册

*

ISBN 978-7-5009-4610-6
定价：39.00 元

社址：北京市东城区体育馆路 8 号（天坛公园东门）
电话：67151482（发行部）　　邮编：100061
传真：67151483　　　　　　　邮购：67118491
网址：www.sportspublish.com
（购买本社图书，如遇有缺损页可与发行部联系）